MANUEL
THÉORIQUE ET PRATIQUE
DES
SYNONYMES
FRANÇAIS
A L'USAGE
DES COLLÈGES, DES MAISONS D'ÉDUCATION ET DES ÉTRANGERS

PAR BESCHERELLE

Livre de l'Élève. — Exercices

PARIS

PAUL DUPONT, Éditeur Rue de Grenelle-Saint-Honoré, 45	**BESCHERELLE**, Professeur Rue de la Monnaie, 9
JUNG-TREUTTEL 19, Rue de Lille. Même Maison à Leipsig, 10, Querstrasse	**DENTU**, Libraire-Éditeur Galerie Vitrée, 13, Palais-Royal.

1864

MANUEL

THÉORIQUE ET PRATIQUE

DES

SYNONYMES FRANÇAIS

Paris.—Impr. Paul Dupont, rue de Grenelle-St-Honoré, 45.

MANUEL

THÉORIQUE ET PRATIQUE

DES

SYNONYMES

FRANÇAIS

A L'USAGE
DES COLLÉGES, DES MAISONS D'ÉDUCATION, ET DES ÉTRANGERS

PAR BESCHERELLE

Livre de l'Élève. — Exercices.

PARIS

| PAUL DUPONT, Éditeur | BESCHERELLE, Professeur |
| Rue de Grenelle-Saint-Honoré, 45 | Rue de la Monnaie, 9 |

JUNG-TREUTTEL
19, Rue de Lille.
Même Maison a Leipsig, 10, Querstrasse

DENTU, Libraire-Éditeur
Galerie Vitrée, 13 et 17, Palais-Royal

1864

PRÉFACE

Plus il y a de lumières chez une nation, plus elle est éclairée, et plus elle est facile à gouverner. C'est donc à tort que des esprits timorés s'effrayent de l'immense quantité de livres qui s'impriment. Assurément, il y a de mauvais livres, des livres dangereux ; mais les bons livres, les livres utiles seront toujours goûtés et recherchés, surtout ceux qui ont pour objet l'étude de notre langue.

Intimement convaincu de cette vérité, nous n'avons pas craint de travailler à un *Manuel théorique et pratique des synonymes français*, ouvrage qui nous était demandé depuis longtemps, et qui, selon nous, faisait lacune au milieu de tous les ouvrages de ce genre.

On ne saurait admettre, comme livres classiques, tous les dictionnaires de synonymes connus jusqu'à présent ; ce sont plutôt des ouvrages de bibliothèque, très-estimables, à la vérité, mais qui ne sont consultés parfois que par l'homme de lettres, le savant et le littérateur. L'ouvrage qui manquait à tous nos établissements universitaires est, sans contredit, notre *Manuel des synonymes*.

Afin de le rendre éminemment classique, nous l'avons divisé en deux volumes, *livre du maître* et *livre de l'élève.* Très-peu étendus, ils présentent, l'un et l'autre, l'explication simple et concise de tous nos synonymes. Nous nous sommes efforcé d'apporter dans la rédaction toute la brièveté et toute la clarté possibles. Dans les deux volumes, chaque groupe de synonymes est suivi d'un *exercice*, avec cette seule différence que le *livre du maître* contient entre parenthèses le mot propre, tandis que dans le *livre de l'élève*, ce mot, que celui-ci doit trouver, est remplacé par des points. Ces deux livres sont si inséparables qu'il nous paraîtrait difficile d'étudier l'un sans l'autre.

L'étude de la langue, sous le rapport de la synonymie, est, à nos yeux, d'une telle importance, qu'il serait bien à désirer que cette étude se fît dans les hautes classes, au moins à la place de la grammaire, dont les élèves, parvenus à ce degré, doivent avoir une connaissance plus que suffisante.

Ce n'est pas seulement le peuple qui se sert de mots impropres, et que l'on entend dire *conséquent* pour *considérable*, *fortuné* pour *riche*, etc. Nos plus grands écrivains, sans en excepter ni Boileau, ni Racine, ni Voltaire, ont manqué trop souvent à la propriété des termes, et il n'en faut pas davantage pour justifier, nous ne dirons pas la nécessité, mais l'indispensabilité d'un ouvrage comme celui que nous publions.

A proprement parler, il n'y a point de synonymes, puisque leur emploi n'a pas également lieu dans toutes les circonstances. On ne doit les considérer que comme des variantes qui sont nécessaires pour éviter les répétitions et rompre la sécheresse et la monotonie du discours. Leur ressemblance permet qu'on se serve indifféremment des uns et des autres, et leur différence fait qu'on emploie les uns à l'exclusion des autres, quand il s'agit d'exprimer des idées distinctes. Ainsi, quoique *fécond* et *fertile* soient synonymes en un sens, ils cessent de l'être dans un autre. Par exemple, on dit bien d'un terrain, qu'il est *fertile* ou *fécond*; mais on ne dit pas de la nature, qu'elle est *fertile*; il faut dire qu'elle est *féconde*. Il y a de ces différences en grand nombre dans notre langue, et si délicates qu'on ne peut les connaître qu'en en faisant une étude spéciale, si l'on veut parler ou écrire avec pureté, élégance et précision.

A cet égard, nous verrions avec plaisir l'Université adopter notre *Manuel des synonymes*, persuadé qu'élèves et professeurs en retireraient tous les avantages qu'on a lieu d'en attendre.

En terminant, nous n'avons pas besoin de dire que tous nos *exercices* ont été faits avec un soin scrupuleux, et que toutes les phrases qu'ils renferment, tirées des sources les plus pures, expriment des pensées, des sentiments d'une moralité parfaite.

En un mot, notre *Manuel des synonymes* s'adresse à toutes les classes de la société et à toutes les maisons d'éducation. Il ne sera pas moins utile à tous les étrangers qui désirent avoir de notre langue une connaissance approfondie.

MANUEL

CLASSIQUE ET PRATIQUE

DES

SYNONYMES FRANÇAIS

A

1. **Abaissement, bassesse.** Par vertu, l'âme se tient dans un état d'*abaissement* volontaire ; par correction, on la retient dans un état d'*abaissement* passager. L'homme voit l'*abaissement* de sa fortune, et l'esclave l'*abaissement* de sa condition sociale ; mais leur honneur peut rester intact ; l'honneur n'est incompatible qu'avec la *bassesse*. En littérature, l'*abaissement* du style lui ôte quelque chose de son élévation, de sa naïveté ; la *bassesse* du style le salit et le rend trivial.

2. **Abaisser, rabaisser, ravaler, avilir, humilier.** *Abaisser*, c'est diminuer la hauteur physique ou le prix moral d'une chose ; *rabaisser*, c'est diminuer davantage ; *ravaler*, c'est jeter bien bas ce qui avait beaucoup d'élévation morale ; *avilir*, c'est imprimer la honte et la flétrissure ; *humilier*, c'est abaisser l'orgueil jusqu'à terre, surtout devant Dieu. On s'*abaisse* par modestie ; on se *rabaisse* par simplicité ; on se *ravale* par faiblesse ; on s'*avilit* par lâcheté ; on s'*humilie* par la pénitence.

EXERCICE (1, 2).

L'élévation du mercure annonce assez généralement le retour à la sécheresse ; l'(............) indique la pluie et les orages. Après l'(............) des Carthaginois, Rome n'eut presque plus que de petites guerres ou de grandes victoires. Ceux mêmes qui ne nous font pas une guerre ouverte, désirent notre (............). Le pêcheur est souvent élevé aux

honneurs, tandis que l'homme de bien vit dans l'(..........
........). On respecte dans l'(...............) ceux qui se sont
respectés dans la grandeur. L'avarice est la première preuve
de la (..........) de l'âme. La ruse se sent toujours des (.....
........) du cœur. La servitude (.........) les hommes jusqu'à
s'en faire aimer. L'homme qui se respecte ne s'(..........) que
devant Dieu. L'égoïsme (..........) l'homme, le concentre en
lui-même, au lieu de l'élever, de le développer. Il n'y a
d'homme vil que celui qui s'(.......). La servitude (........) le
despotisme. Celui qui croit connaître la gloire de Dieu et sa
nature, la (........).

3. **Abandonnement, cession, abdication, renonciation, démission, désistement.** On fait un *abandonnement* ou une *cession* de ses biens, une *abdication* de son pouvoir, une *renonciation* à ses droits ; on reçoit ou l'on donne *démission* de ses charges ; on donne *désistement* de sa plainte.

EXERCICE (3).

Charles-Quint fit (............) de l'empire. On se sent bien humilié quand on se trouve dans (l'.................) de tous ses parents et de tous ses amis. Moyennant une rente viagère, le père a fait (........) de tous ses biens à ses enfants. Dès qu'on renonce à une succession, il faut envoyer sa (............) en bonne et due forme. Dès qu'on n'est plus content d'un fonctionnaire, on le force à donner sa (............). Au lieu de plaider, de payer des avocats et des avoués, les parties s'accommodent et envoient leur (............).

4. **Abandonner, délaisser.** On *abandonne* les personnes et les choses ; on ne *délaisse* que les personnes. On *abandonne* ceux qu'on devrait secourir ; on *délaisse* ceux qu'on pourrait secourir. Nos parents, nos amis nous *abandonnent* ; les hommes nous *délaissent*. On quitte momentanément son ouvrage ; on l'*abandonne* pour ne plus le reprendre.

5. **Abattre, démolir, renverser, ruiner, détruire.** On *abat* ce qui est élevé ; on *démolit* ce qui est bâti ; on *renverse* ce qui est sur pied ; on *ruine* ce qui se dégrade ; on *détruit* l'apparence et l'ordre des choses.

6. **Abdiquer, résigner, se démettre.** Un ministre se

démet de ses fonctions; un dignitaire *résigne* sa dignité; un prince, un roi, un empereur *abdiquent*.

EXERCICE (4, 5, 6).

L'homme (......,..) par le malheur n'est plus un homme. Par suite d'un bon héritage, il s'est (........) de son emploi. Stanislas hasarda pour (............) le pouvoir plus qu'il n'avait fait pour s'en emparer. Dieu (.............) quelquefois les méchants à leur sens réprouvé. Les mauvais exemples d'une mère portent quelquefois une fille à s'(............ ....). Dieu ne (...........) jamais ceux qui espèrent en lui. Il vaut mieux (...........) une ville, que de la peupler d'habitants malheureux faute de subsistance. On a (.........) bien des maisons pour en construire de plus belles. Les fatigues excessives, les austérités outrées (...........) la santé. Le pavé (........) les pieds des chevaux. Le vent (...........) de très-grands arbres.

7. **Abhorrer, exécrer, détester.** *Détester* a moins de force qu'*abhorrer*; *exécrer* exprime ce qu'il y a de plus extrême. On *déteste* par conviction et par raisonnement; on *abhorre* par instinct, par antipathie naturelle; on *exècre* en vouant à la haine de Dieu et des hommes.

8. **Abjection, bassesse.** L'*abjection* est le résultat du libertinage et du crime; la *bassesse* vient du peu de naissance, de condition, de fortune. Moralement parlant, l'honnête homme ne tombe jamais dans l'*abjection*; socialement parlant, l'homme de cœur se relève de la *bassesse*.

EXERCICE (7, 8).

De toutes les (............), la plus honteuse, c'est l'adulation. On se jette dans l'(............) par sa faute, au même titre qu'on se rend méprisable par son inconduite. Il n'y a point de (....... ...) qu'on ne fasse pour de l'argent. Le caractère français répugne à la (...........). Si vous êtes méchant, vous serez (.........); si vous êtes bon, vous serez quelquefois joué; si vous êtes juste, vous serez toujours respecté. Dieu a défendu aux hommes de se (...........), parce qu'ils sont frères, et qu'il est notre père à tous. On aime un bon plaisant, on (..........) un caustique. Le cœur de l'homme (..........) le vide; il veut être rempli d'un sujet. Répandre des calomnies, c'est le moyen de se faire (..........).

9. Abolir, abréger. *Abolir* se dit des institutions, des usages, des coutumes. *Abroger* se dit simplement des lois. On *abolit* un principe en vertu duquel existe une loi ; on *abroge* la loi qui manifeste ce principe. Une loi est *abolie* par le non usage ; elle est *abrogée* par un acte positif. En fait, une loi est *abolie* ; en droit, elle est *abrogée*.

10. Abominable, détestable, exécrable. Ce qui est *abominable* excite l'aversion, la terreur ; ce qui est *détestable*, la haine, le soulèvement ; ce qui est *exécrable*, l'indignation, l'horreur. L'hypocrisie est un vice *abominable* ; l'avarice, un vice *détestable* ; le fanatisme barbare, un vice *exécrable*. *Abominable* tient aux mœurs ; *détestable*, au goût, aux sensations ; *exécrable*, à la conformation. Le premier marque une sale corruption, le second de la dépravation, et le dernier une révoltante difformité.

EXERCICE (9, 10).

Les lois absurdes s'(............) d'elles-mêmes. Ceux qui condamnèrent Socrate à boire la ciguë prononcèrent une sentence inique et (............). Il n'y a que le pouvoir souverain qui ait le droit d'(............) une loi. Le peuple romain a quelquefois (............) ce que ses magistrats avaient ordonné de bon et d'avantageux pour la république. Les Anglais n'(............) ; aucune de leurs institutions ; ils n'(............) aucune de leurs lois. Le changement de goût, aidé de la politique, a (............) en France les joûtes, les tournois et les autres divertissements brillants. L'idolâtrie est (............) aux yeux des chrétiens. Le parricide est un crime (............). Qui dit froid écrivain dit (............) auteur.

---

11. Abrégé, épitomé, précis, sommaire. L'*abrégé* est la réduction d'un grand ouvrage dans le style qui convient à celui qui abrége ; l'*épitomé* est une réduction plus succincte, en conservant les propres expressions de l'original ; le *précis*, moins étendu que l'*abrégé* et l'*épitomé*, ne donne qu'une idée juste de l'ouvrage ; le *sommaire*, moins étendu encore, indique simplement les principales choses, mais sans liaisons, et se met ordinairement à la place de chaque chapitre, ou de chaque division principale.

12. Absolution, pardon, rémission. L'*absolution* regarde principalement la personne du coupable qu'elle rétablit dans les droits de l'innocence ; la *rémission* concerne particulièrement la peine dont le crime doit être puni, et arrête l'exécution de cette peine ; le *pardon* est l'oubli de l'offense, et réconcilie le coupable avec la personne offensée.

EXERCICE (11, 12).

Celui qui compte sur la (............) de ses péchés, ne se gêne pas pour en commettre. L'amour est la plénitude et l'(............) de toute la loi. Il y a des livres dont beaucoup de chapitres ne sont pas plus longs que leurs (............). Il n'est peut-être pas d'(............) mieux fait que celui de l'histoire romaine par Eutrope. On ne doit et l'on ne peut traiter l'histoire générale qu'en (............). L'absolution prodiguée enhardit au péché. La vengeance est d'un esclave et le (............) d'un roi. Bossuet a fait un (............) de l'histoire universelle.

---

13. **Absorber, engloutir.** *Absorber* exprime l'action lente et successive de détruire, en commençant par une partie pour arriver à sa totalité ; *engloutir* marque une action prompte, rapide, instantanée, saisissant le tout à la fois, sans le détailler par parties. Le premier a un rapport particulier à la consommation et à la destruction ; le second dit proprement quelque chose qui enveloppe, emporte et fait disparaître tout d'un coup. Ainsi le feu *absorbe*, et l'eau *engloutit*.

14. **Abstrait, distrait.** *Abstrait* marque une inattention habituelle ; *distrait*, une inattention passagère. Nos propres pensées nous rendent *abstraits*. Nous sommes *distraits* par des objets extérieurs. Les personnes qui ont de grandes affaires, qui se livrent à de profondes études, sont ordinairement *abstraites*. Les jeunes gens désœuvrés et folâtres sont *distraits*.

EXERCICE (13, 14).

On est (............) pour être trop appliqué à une seule chose, et (............) par inapplication ou légèreté. Le noir (............) la lumière. Le Rhin, à la fin de son cours, se perd dans des sables qui l'(............). L'éponge (............) l'eau. Tout passe et s'(............) dans l'éternité. Un gros brochet (............) une carpe tout entière. La mer a (............) bien des vaisseaux, bien des richesses. La Bruyère a peint le (............) dans ses Caractères. Nous devons à Regnard la comédie du (............).

Une voix faible est (..........) dans un grand chœur de musique. L'odeur de la tubéreuse (.........) l'odeur de la plupart des autres fleurs.

15. **Académicien, académiste.** L'*académicien* s'occupe des sciences et des lettres ; l'*académiste* ne se livre qu'à la gymnastique.

16. **Accablement, abattement, découragement.** L'*abattement* atteint le corps et l âme ; le *découragement* n'atteint que l'âme avec plus de force que l'abattement, dont il est la suite, et mène à l'*accablement* qui anéantit, en quelque sorte, les facultés physiques et morales de l'homme.

17. **Avoir accès, aborder, approcher, accoster.** On *aborde* une personne à qui l'on veut parler ; on *approche* d'elle quand on recherche ses bonnes grâces ; on a *accès* auprès d'elle quand on est connu ; on l'*accoste* quand on est admis dans sa familiarité.

EXERCICE (15, 16, 17).

Les (................) et les péripatéticiens étaient opposés sur plusieurs points. L'Académie de peinture a nommé quelques femmes (..................). C'est un des premiers (.............) de Paris, pour les armes, pour l'équitation. L'ingratitude fait tomber dans l'(.............). Lorsque la société marche dans la route de la raison, c'est le (................) qu'il faut éviter. Les maladies qui ruinent le corps jettent l'âme dans l'(..............). Les fortifications de Paris en défendent l'(.......). Il y a des gens qu'il est difficile d'(........). Tout ce qui nous (..........) n'est attentif qu'à s'accommoder à nos désirs. Allez dans la rue, à la Bourse, au Palais, dans les marchés, on voit une foule de gens s'(...........).

18. **Accidentellement, fortuitement.** Tous les deux s'emploient en bonne ou en mauvaise part. Le premier dépend du hasard des circonstances, le second tient du destin. La fièvre vient *accidentellement*. La mort nous surprend *fortuitement*.

19. **Accompagner, escorter.** On *accompagne* par égard ou par amitié ; on *escorte* par précaution.

20. **Accompli, parfait.** Ce qui est *parfait* a toutes les qualités nécessaires ; ce qui est *accompli* a, de plus, toutes les qualités accessoires. Une femme belle et instruite, qu

DES SYNONYMES.

est bonne épouse, bonne mère, bonne ménagère, est une femme *parfaite;* l'esprit, les talents, les grâces, les agréments, joints à ces qualités, en font une femme *accomplie.*

EXERCICE (18, 19, 20).

L'homme le plus (............) est celui qui a moins de défaut que les autres. Il n'y a que les sciences, les beaux-arts et les vertus qui donnent des plaisirs (.... .....). Le (.........) consiste dans le juste milieu. La blancheur, la rondeur, ne sont qu'(...................) dans les sujets où elles se trouvent. Les maisons magnifiques, bâties comme (...............), s'élèvent tous les jours dans Paris. Le bon esprit (..............) presque toujours le vrai talent. Les rois qui n'ont rien à craindre n'ont pas besoin d'être (.........). Le respect (..... ....) toujours le véritable amour.

---

21. **Accorder, concilier.** On *accorde* les opinions qui se contrarient, on *concilie* les passages qui semblent se contredire. On *accorde* les différends, on *concilie* les cœurs par des paroles et des manières attrayantes; on les *accorde* par l'union des sentiments.

22. **Accorder, réconcilier, raccommoder.** On *accorde* les personnes qui se disputent pour des opinions; on *raccommode* des gens qui ont des différends personnels; on *réconcilie* ceux que de mauvais services ont rendus ennemis. *Accorder* et *raccommoder* s'appliquent aux personnes et aux choses; *réconcilier* ne se dit que des personnes.

23. **Accusateur, dénonciateur, délateur.** Le premier révèle, poursuit un crime par intérêt personnel, il se nomme hardiment; le second, par amour de sa patrie, par humanité, il ne se cache pas; le troisième, par vengeance ou par méchanceté, il se cache avec soin.

EXERCICE (21, 22, 23).

Au lieu d'(............) leurs penchants avec la religion, la plupart tâchent de (..........) leurs penchants avec la religion. Les (............) abondent où la délation est récompensée. A Rome et chez les Grecs, tout citoyen pouvait se porter (..............), soit au nom de la morale publique, soit au nom de l'intérêt privé. Au dernier jour, nos crimes se présenteront comme autant de cruels (...............). Il y avait deux

(..............) par chaque quartier de Rome; il y en avait aussi dans les différentes villes de l'empire romain. Les lois naturelles et les lois sociales sont toujours en contradiction; la religion seule peut les (............). Les ennemis qui se (............) tiennent souvent plus fortement l'un à l'autre que des amis qui ne se sont point brouillés. Ceux qui croient que la grâce (...............) tout aisément, ne se gênent jamais sur rien.

24. **Achever, finir, terminer.** *Achever* se dit d'un ouvrage permanent : *finir*, d'une occupation passagère ; *terminer*, des discussions, des différends et des courses.

25. **A couvert, à l'abri.** *A l'abri*, désigne quelque chose qui défend, qui protége ; *à couvert*, quelque chose qui dérobe, qui cache. On se met *à l'abri*, quand on veut être défendu contre un mal qui peut atteindre; on se met *à couvert*, quand on ne veut pas se faire voir.

26. **Acquiescer, céder, se rendre.** On *acquiesce* par amour de la paix ; on *cède* par déférence ou par nécessité ; on *se rend* par faiblesse ou par conviction.

27. **Acquitté, quitte.** On *s'acquitte* d'un premier payement; on est *quitte* quand on les a tous faits.

28. **Acre, âpre.** Le premier exprime une impression piquante ; le second dit quelque chose de rude qui provient d'un défaut de maturité.

29. **Acrimonie, âcreté.** *Acrimonie* exprime une qualité active et mordicante des humeurs ; *âcreté* convient à plusieurs sortes de choses : c'est une sorte de saveur qui produit une impression trop piquante.

EXERCICE (24, 25, 26, 27, 28, 29).

On n'est pas méchant pour être (.....) aux méchants. De toutes les passions humaines, l'orgueil est celle qui (..... ...) le plus difficilement à la raison. On met (... ......) des coups du sort le bien que l'on donne à ses amis. Qu'il est doux de vivre dans un pays où les lois nous mettent (............) de la volonté des hommes! Pour que la vie se (..........) bien, il faut qu'elle ait été bien employée. On éprouve du regret en (..........) un bon livre comme en se séparant d'un bon ami. Puisque Dieu, souverainement intelligent, juste et bon, ne

DES SYNONYMES. 17

punit pas toujours le crime, et ne récompense pas toujours la vertu sur la terre, à la mort tout ne peut être (......). L'étude commence un honnête homme, le commerce du monde l'(......). Le sel est (......), le froid est (......). C'est par la greffe qu'on a trouvé le secret d'adoucir l'amertume et l'(......) des fruits qui viennent dans les forêts. C'est à l'(......) du sang, et surtout à celle des humeurs, qu'il faut attribuer la fureur de beaucoup d'hommes devenus atroces pendant la révolution. Les médecins ont disputé longtemps sur l'(......) des humeurs. Quand on a payé un service par un autre, on est (......).

30. **Acte, action.** *Acte,* dans une pièce de théâtre, et même dans une acception plus étendue, n'est qu'une partie de l'*action;* la prise d'une ville est un *acte* de l'*action* de conquérir.

31. **Acteur, comédien.** *Acteur,* se dit de celui qui joue un rôle quelconque dans n'importe quelle pièce de théâtre ; *comédien,* se dit de celui qui remplit un rôle quelconque dans ce qu'on nomme comédie. *Acteur* est un nom générique; *comédien* un nom spécifique.

32. **Bonnes actions, bonnes œuvres.** Les *bonnes actions* sont faites par un principe de vertu ; les *bonnes œuvres* par un principe de charité envers le prochain. Toute *bonne œuvre* est une *bonne action* ; mais toute *bonne action* n'est pas une *bonne œuvre.*

EXERCICE (30, 31, 32).

Le seul (......) de la vie de l'homme qui atteigne toujours son but, c'est l'accomplissement de son devoir. Les (......) sont plus sincères que les paroles. Mourir est la seule belle (......) de l'avare. La voix de la renommée console moins un mourant que le souvenir d'une bonne (......). Toutes les (......) de la Divinité sont pleines de sa providence. Si Dieu juge par les (......), c'est croire en lui que d'être homme de bien. Les (......) se divisent en scènes. Les anciens avaient imposé au poëte dramatique l'obligation de partager son (......) en cinq (......). Trop ou trop peu de nourriture trouble les (......) de l'esprit. La vertu consiste dans l'habitude des (......), comme le vice dans l'habitude des mauvaises. Chacun sera jugé selon ses bonnes ou ses mauvaises (......). Ce sont les bonnes pièces qui font les bons (......).

Les (............) d'aujourd'hui semblent se distinguer par des qualités morales qui ne font pas toujours les talents, mais qui les rendent plus estimables.

33. **Actuellement, à présent, présentement, maintenant.** *A présent*, indique un temps présent, par opposition à un autre plus indéfini; *présentement*, signifie dans le moment, sans délai; *actuellement*, exprime l'instant où l'on parle, où l'action se fait: *maintenant*, désigne la continuation d'une chose, la liaison d'une partie à une autre.

34. **Adage, proverbe.** Le *proverbe* est une sentence populaire, un mot familier et plein de sens; l'*adage*, un proverbe piquant et plein de sel.

35. **Adhérent, attaché, annexé.** Les branches sont *adhérentes* au tronc; les voiles sont *attachées* au mât; il y a des emplois que l'on a *annexés* à d'autres pour les rendre plus considérables.

36. **Adjectif, épithète.** L'*adjectif* est nécessaire pour compléter le sens de la proposition; l'*épithète* n'est souvent qu'utile; elle sert à l'agrément, à l'énergie du discours. L'*adjectif* appartient à la grammaire et à la logique; l'*épithète* appartient à la poésie et à l'éloquence.

EXERCICE (33, 34, 35, 36).

L'instruction des hommes a dû commencer par des (............), et doit finir par des pensées. L'Orient est le pays des (.........). Chaque nation a ses (.........). (...............) l'Amérique est en feu. Il y a bien des choses qui ne sont plus d'usage (............). Ce ne sont pas les logements qui manquent à Paris; on ne fait pas un pas sans voir un écriteau sur lequel on lit: appartement à louer (................). Les noirs d'Haïti étaient esclaves; (..............) ils sont libres. L'(..........) doit s'accorder avec le substantif en genre et en nombre. Lorsque les (............) sont froides ou surabondantes, elles ressemblent à ces bracelets et à ces colliers qu'un mauvais peintre avait mis aux Grâces. Le calice, dans le rosier est (............) à l'ovaire. Dieu a voulu que des imperfections fussent (............) à notre nature. La Bretagne fut (...........) au royaume de France par le mariage de l'héritière de cette province avec Charles VIII.

37. Admettre, recevoir. On *admet* quelqu'un dans une société particulière ; on *reçoit* à une charge. On *admet* dans sa familiarité et sa confidence ; on *reçoit* dans les maisons et dans les sociétés. Les ministres étrangers sont *admis* à l'audience du prince, et *reçus* à sa cour.

38. Administration, gouvernement, régime. Le *gouvernement* dirige la chose publique le *régime* est la règle établie par le gouvernement ; l'*administration* est la manière d'exécuter ce qui est ordonné par le *gouvernement* et réglé par le *régime*.

39. Adorer, honorer, révérer. En matière de religion, on *adore* Dieu, on *honore* les saints, on *révère* les reliques et les images. En fait de culte civil, on *adore* une mère, un père, une épouse ; on *honore* les honnêtes gens ; on *révère* les personnes illustres.

40. Adoucir, mitiger, modérer, tempérer. On *adoucit* en introduisant quelque chose de doux ; on *mitige* en rendant moins sévère ; on *modère* en retenant dans les limites ; on *tempère* en diminuant l'excès.

EXERCICE (37, 38, 39, 40).

Les Provinces-Unies (............) dans leur sein toutes les religions par une tolérance politique. Les premiers chrétiens (............), dans leurs maisons, les hommes apostoliques comme des anges de Dieu. L'homme n'a d'autre moyen pour (.........) son sort que de pratiquer la vertu. L'âge (..........) toutes les passions. Il y a certaines lois qui demandent à être (............). Il faut (...... ....) ses désirs. Pendant le cours entier de mon (................), dit Périclès, je n'ai fait entrer le deuil dans aucune famille. Pour faire taire la censure la plus mutinée, il faut être ferme, constant, sincère, égal pour tous dans l'(...... ....) de la justice. Un (......... ....) est le centre de la plupart des hommes. Parce qu'il se trouve des fous, des furieux dans une nation, faut-il la mettre tout entière au (.........) de Charenton. Ce ne sont pas les places qui (............) les hommes, mais les hommes qui (............) les places. Toutes les créatures louent Dieu, tout ce qui sent le bénit, tout ce qui pense l'(.........). Il faut (...... ...) les Saintes-Écritures.

---

41. Adresse, dextérité, habileté. La *dextérité* se dit des choses du corps ; l'*adresse*, de la conduite des affaires et des intrigues de second ordre ; l'*habileté*, du commerce ou des hautes affaires.

42. Adresse, souplesse, finesse, ruse, artifice. L'*adresse* emploie les moyens ; la *souplesse* évite les obstacles ; la *finesse* insinue d'une façon insensible ; la *ruse* trompe ; l'*artifice* surprend.

43. Adroit, habile, entendu, fin, souple, rusé. L'homme *fin* ne se laisse pas tromper ; l'homme *rusé* cherche quelquefois à tromper les autres ; l'homme *habile* agit avec discernement ; l'homme *entendu* procède avec ordre ; l'homme *souple* évite les obstacles ; l'homme *adroit* profite de tous les avantages.

EXERCICE (41, 42. 43).

La souveraine (.........) consiste à bien connaître le prix des choses. Dans l'homme, la (.........) ne peut se trouver avec l'élévation de l'âme. il faut connaître toutes les (............) et n'en point user. Les (......) servent mieux à la guerre que la force. La bonne foi est une fidélité sans défiance et sans (.........). On vit la cour de Rome terrible au roi de France Henri III, (.........) avec Louis XIII. Les balles, les baguettes, le cerceau, la corde, sont des jeux qui exigent une certaine (.........), et fortifient les enfants. Il faut autant d'audace pour exécuter un projet, que de (..........) pour le conduire. Le prince de Condé tenait pour maxime qu'un (........) général peut bien être vaincu, mais qu'il ne lui est pas permis d'être surpris. Il y a des peintres fort (..........) dans leur art. Si l'on n'est pas entièrement (...), on est bientôt pénétré à la cour jusqu'au fond de l'âme. Il faut avoir les mains (.........) pour jouer des gobelets. Le renard est très-(......)..

---

44. Adroit, industrieux, ingénieux. Celui-ci imagine, le second trouve les moyens d'exécution, et le premier les emploie et réussit, guidé, secondé par les autres.

45. Adulateur, flatteur, flagorneur, louangeur. Le *louangeur* loue pour louer ; le *flatteur*, pour plaire ; l'*adulateur* met dans la flatterie de la fausseté ; le *flagorneur* loue à chaque instant et avec maladresse.

46. Affabilité, civilité, politesse. L'*affabilité* est dans

DES SYNONYMES. 21

l'extérieur, les manières ; la *civilité* y ajoute les discours ; la *politesse* réunit quelquefois le tout.

EXERCICE (44, 45, 46).

Les charlatans, plus (.........) que les voleurs, arrivent au même but, sans courir les mêmes risques. La France est fertile et (...... ....,..). Les solitudes américaines, devenues des campagnes labourées, voient s'élever des villes commerciales et (................). Vauban était plus qu'(............) ; c'était un homme de génie. La (.........) empêche de mettre nos vices au jour. La (...........) est l'oubli constant de soi, pour ne s'occuper que des autres. La grandeur ne manque guère d'(..............). Le (.........) vit aux dépens de celui qui l'écoute. Quand on est riche et ignorant, on se voit entouré de parasites et de (............). L'(...........) du souverain relève l'éclat et la majesté du trône.

47. **Affamé, famélique.** Un auteur *famélique* est celui que la misère réduit à être habituellement *affamé*. Un auteur *affamé* n'est pas toujours *famélique*.

48. **Affectation, afféterie.** L'*affectation* a pour objet les pensées, les sentiments ; l'*afféterie* ne regarde que les petites manières.

49. **Affecter une chose, se piquer d'une chose.** On *se pique* en soi ; on *affecte* au dehors. Celui qui *se pique* d'être brave, croit être tel ; celui qui l'*affecte* veut le paraître.

50. **Affection, dévouement.** Le *dévouement* est un effet de l'*affection*, et n'a jamais lieu sans elle ; l'*affection* vient du cœur, elle est involontaire ; le *dévouement* vient de l'esprit, de la volonté déterminée par le sentiment.

EXERCICE (47, 48, 49, 50).

Ventre (........) n'a pas d'oreilles. Le peuple (.........) ne sait pas craindre. Les écrivains des xive, xve et xvie siècles étaient, dans toute la rigueur de l'expression, de véritables auteurs (............). L'(.............) est la caricature du naturel. L'(..............) est à la nature ce que le rouge et le blanc sont à la beauté. Poppée, la plus spirituelle et la plus belle dame de son temps, prit d'abord Néron par ses (............) et par ses caresses. Il n'y a guère de petits-maîtres

sans (............), ni de petites-maîtresses sans (............).
Il y a autant de faiblesse à fuir la mode qu'à l'(............). Ne
vous (........) jamais d'une folle vitesse. Tout chrétien doit (...
..........) principalement de soumission à la volonté de Dieu.
Il n'y a pas de moyen plus sûr de gagner l'(............) des
autres que de leur donner la sienne. Admirons tous le (....
..............) de ces missionnaires qui vont conquérir, à travers mille dangers, les peuples barbares à la religion et à la civilisation chrétienne.

51. **Affermer, louer.** On *afferme* des biens ruraux; on *loue* des logements, des ustensiles, des animaux, etc.

52. **Affermir, assurer.** On *affermit* par des fondements solides ou par de bons appuis; on *assure* par la consistance de la position ou par des liens qui assujettissent; on *affermit* son esprit par l'évidence des preuves; on *assure* sa conduite par l'équité et les lois.

53. **Affliction, chagrin, peine, tristesse.** La mort d'un père nous jette dans l'*affliction*; la perte d'un procès nous donne du *chagrin*; le malheur d'un ami nous cause de la *peine*; ce qui ne procure pas le plaisir qu'on en attendait, nous met dans la *tristesse*. L'*affliction* abat; le *chagrin* démoralise; la *peine* fait souffrir; la *tristesse* rend mélancolique.

54. **Affligé, fâché, attristé, contristé, mortifié.** Ce qui *afflige* est plus grand que ce qui *fâche*. On est *affligé* de la perte d'un objet aimé, d'une grande maladie, d'un bouleversement de fortune; on est *fâché* d'une perte au jeu, d'un contre-temps, d'une légère indisposition. *Attristé* désigne un mal plus apparent que profond, il ne fait qu'effleurer le cœur. *Contristé* indique une douleur plus grande et plus prochaine. *Mortifié* attaque directement l'amour-propre. Une personne sensible s'*afflige*; un petit esprit se *fâche*; une personne mélancolique s'*attriste*; un homme passionné est *contristé* de l'insuccès; un homme vain se trouve souvent *mortifié*.

EXERCICE (51, 52, 53, 54).

La méthode d'(............) les terres est de toutes la plus avantageuse aux propriétaires et aux cultivateurs. On peut placer son argent dans des entreprises de culture, en (............) des terres. Pendant que Rome était (............) d'une peste épouvantable, saint Grégoire le Grand fut élevé, malgré lui, sur le siége de saint Pierre. L'Eglise, paisible sous Constantin, fut cruellement (..........) en Perse. On n'est pas (........) de voir un méchant renversé dans la boue, mais il ne faut pas l'y tourner et retourner pendant des heures entières. On est toujours (..........) d'un refus. On est (..........) d'un événement malheureux. Celui qui offense Dieu doit en avoir l'âme (............). Les fondements de la terre sont au Seigneur, et sur eux il a (..........) le monde. Dieu réserve le salut à ceux qui ont le cœur droit, et (............) les pas de ceux qui marchent dans l'innocence. Les décrets de Cyrus (............) le repos des Juifs. Le droit des armes est nécessaire pour la conservation des droits de la société, et les guerres ne sont permises que pour (..........) la paix. Le temps amortit les (............). La prière rend l'(............) moins douloureuse, et la joie plus pure. La (............) attendrit l'âme, une profonde (............) l'endurcit. Les (............) abrègent la vie. Le juge prononce les (........) que la loi inflige.

55. **Affluence, concours, foule, multitude.** Il y a *affluence* partout où l'on arrive en grand nombre ; *concours*, partout où plusieurs personnes courent ensemble au même endroit ; *foule*, partout où l'on est pressé ; *multitude*, dans tout espace capable de contenir une grande quantité d'individus, rapprochés ou séparés. Il y a *affluence* d'étrangers dans une ville, *concours* à une foire, *foule* à la porte d'un théâtre, *multitude* d'hommes sur la terre.

56. **Affranchir, délivrer.** On *affranchit* son esclave ; on *délivre* un captif.

57. **Affres, transes, angoisses.** Les *affres* sont produites par l'aspect d'un objet affreux, par le sentiment profond du danger de la mort ; les *transes* sont causées par l'extrême appréhension d'un mal prochain, sans idée de sa cause ; les *angoisses* sont causées par un besoin dévorant, une inquiétude excessive.

58. **Affreux, horrible, effroyable, épouvantable.** On détourne la vue de ce qui est *affreux* ; on éprouve de l'aversion pour ce qui est *horrible* ; on n'ose approcher de ce qui est *effroyable* ; on est saisi d'étonnement et de terreur pour ce qui est *épouvantable*.

MANUEL

EXERCICE (55, 56, 57, 58).

La foi et la pensée ont (..........) la terre. Souvent des chrétiens pieux et zélés achetaient des esclaves pour les (...........). Pygmalion n'est plus ; les justes dieux en ont (............) la terre. La mort n'a rien d'(............) pour qui n'a rien à craindre. L'(...........) des eaux qui proviennent de la fonte des neiges, fait déborder les rivières. Les maux de la guerre sont (............). L'étendue des cieux est (..............). Les ruisseaux roulent, bondissent avec l'impétuosité des torrents ; les cascades deviennent d'(................) chûtes d'eau. Pour devenir habile en quelque profession que ce soit, il faut le (...........) de la nature, de l'étude et de l'exercice. L'humidité ne favorise la végétation que par le (............) de la chaleur. L'histoire ne serait qu'une liste continuelle, si l'on pouvait citer toutes les belles actions, qui, devenues simples et ordinaires, se perdent dans la (........). Le sort de la (............) est d'être gouvernée par un petit nombre.

59. **Affront, insulte, outrage, avanie.** L'*affront* est un trait de reproche ou de mépris lancé en face de témoins ; l'*insulte* est une attaque faite avec insolence ; l'*outrage* ajoute encore à l'insulte par un excès de violence ; l'*avanie* est un traitement humiliant et scandaleux.

60. **Agir, faire.** On *fait* une chose ; on *agit* pour la faire.

61. **Agitation, tourment.** L'homme du monde est *agité* par le tourbillon des plaisirs ; le pauvre est *tourmenté* par la misère.

62. **Agité, ému, troublé.** Le cœur est *ému* par un sentiment, *agité* par plusieurs, *troublé* par leur désordre. La compassion *émeut*; l'indignation d'un crime, la pitié pour le coupable *agitent*; l'amour et la jalousie *troublent* le cœur et la raison.

63. **Agrandir, augmenter.** *Agrandir* se dit de l'étendue ; *augmenter*, du nombre, de l'élévation, de la puissance.

EXERCICE (59, 60, 61, 62, 63).

Chacun a sa manière d'(.....) et de penser. Dieu a (.....) le ciel et la terre. Au milieu de l'(............) des choses humaines, la religion se soutient toujours avec une force invin-

DES SYNONYMES. 25

cible. Les enfants donnent quelquefois bien du (..........) à
leur père. La religion chrétienne a eu pour objet la perfection des âmes qu'elle attendrit, qu'elle échauffe, qu'elle
épure, qu'elle (..........). Corneille (..........) ses héros. On
(..........) son bonheur en le partageant avec ses amis.
L'admiration, comme la flamme, diminue dès qu'elle n'(..........) plus. Des bouleaux (..........) par les brises, et dispersés
çà et là dans les savanes, formaient des îles d'ombres flottantes
sur une mer immense de lumière. On sort d'une représentation
le cœur encore tout (......) du récit de l'infortune d'un héros
fabuleux. Faut-il s'étonner si Sainte-Thérèse, n'étant (..........)
d'aucune passion, recevait les lumières du Saint-Esprit? On
pardonne une offense et non pas un (..........). Les petits débiteurs sont exposés à bien des misères, à bien des (..........).
Les punitions chez les Japonais sont regardées comme la vengeance d'une (..........) faite au prince. Les justes ne doivent
attendre des pécheurs que des rebuts et des (..........).

64. **Agréable, délectable, délicieux.** Ce qui satisfait la volonté, ce qui plaît à l'esprit, est *agréable*; ce qui cause un grand plaisir, une puissance entière, est *délicieux*; ce qui flatte le goût et la mollesse, est *délectable*.

65. **Agréable, gracieux.** On est *gracieux* par l'air et les manières; l'esprit et l'humeur rendent *agréable*. La grâce est naturelle; l'*agrément*, factice.

66. **Agréger, associer.** On est *associé* à un corps, à une entreprise, pour en partager les travaux, les bénéfices; on est *agrégé* à un corps pour jouir des mêmes honneurs.

67. **Agriculteur, cultivateur, colon.** L'*agriculteur* est attaché à l'art; le *cultivateur*, au domaine; le *colon*, aux champs, et plus particulièrement à un sol étranger.

68. **Aider, assister, secourir.** On est *aidé* dans la peine; *assisté* dans le besoin; *secouru* dans le danger.

EXERCICE (64, 65, 66, 67, 68).

(......)-toi, le ciel t'(..........). Les longs discours n'avancent
pas plus les affaires qu'une robe traînante n'(......) à la course.
Que Dieu vous (..........)! Il faut (..........) les pauvres. S'agit-il de (..........) ou de forcer une ville, le prince saura profiter
de tous les moments. La classe des (..........) ne devrait-elle pas être la plus estimée de toutes? Jadis l'(..........)

arrosait la terre de ses sueurs, et les fruits étaient pour autrui. Les (............) sont des Antées auxquels la terre donne sans cesse des forces lorsqu'ils la touchent. Les (.........) sont des Français, ils en ont le caractère et la dignité ; ils ne peuvent pas ê're esclaves ; il faudrait pour cela leur ôter la faculté de penser, de parler et d'écrire. Il faut subir un examen avant d'être (........) à une faculté. Marc-Aurèle (........) son frère à l'empire. Il n'est rien de plus (...........) que de bien conduire une affaire qui tend à l'utilité publique. Le sérieux n'est jamais (...........), il n'attire point ; il approche trop du sévère, qui rebute. La bonne chère n'est (...........) qu'autant que la santé fournit de l'appétit. Quelle condition vous paraît la plus (............) et la plus libre, ou du berger ou des brebis ? Les grands malheurs ont cela d'avantageux qu'ils font paraître la mort (............).

69. **Aiguillonner, encourager, exciter, irriter, animer, pousser à, porter à.** On *aiguillonne*, en piquant dans les endroits sensibles ; on *encourage*, en aidant la faiblesse ; on *excite*, en pressant fortement ; on *irrite*, en s'insinuant assez avant dans l'esprit ; on *anime*, en communiquant de la chaleur ; on *pousse*, en donnant de l'impulsion ; on *porte*, en menant sans résistance.

70. **Aimer mieux, aimer plus.** Le premier marque la qualité ; le second, la quantité.

71. **Aimer, chérir.** On *aime* tout ce qui plaît ; on *chérit* ce qui fait en quelque sorte partie de soi.

72. **Air, manières.** L'*air* est un don de la nature ; les *manières*, un produit de l'éducation. L'*air* prévient ; les *manières* engagent.

73. **Air, mine, physionomie.** L'*air* regarde plus particulièrement l'extérieur ; la *mine* dépend presque toujours du visage, quelquefois de la taille ; la *physionomie* ne se considère que dans le visage et s'entend de l'expression particulière qui résulte de l'ensemble des traits.

74. **Ais, planche.** *Ais*, ne se dit que du bois ; *planche*, se dit aussi du cuivre, d'une partie de jardin, etc.

EXERCICE (70, 71, 72, 73, 74).

On pique et l'on (............) les bœufs lorsqu'ils sont à la charrue. Sully (............) surtout l'agriculture. Dieu

(........) l'homme d'un souffle de vie. La nature nous (........) à aimer nos semblables ; la religion nous en fait un devoir ; l'ordre social, une nécessité. L'homme civilisé sans religion est un demi-sauvage que la nature et l'intérêt (...........) aux crimes. Il est rare qu'une œuvre d'art soulève quelque animosité sans (..........) d'autre part quelque sympathie. Il y aura toujours des mécontents qui (.............) le peuple à la révolte. Le soir venu, elle me mène à la porte de la chambre, et là me montre entre les (....) une petite ouverture. Ceux qui ont la compréhension difficile sont des tables ou (............) de cuivre, où l'on ne grave qu'avec assez de peine, mais qui conservent aussi beaucoup plus longtemps que celles de bois ce qu'on y écrit. Le bouvier participe de l'(....) stupide et de la pesanteur du bœuf. Rien n'est, à mon avis, si trompeur que la (......). Il ne faut pas toujours se fier sur la (........). Les défauts détruisent la (...............), et rendent désagréables ou difformes les plus beaux visages. Il y a cette différence entre les mœurs et les (...........), que celles-ci regardent plus la conduite extérieure, et celles-là la conduite intérieure. Le cœur de l'homme est fait pour (.......). Vous (..........) Dieu de tout votre cœur, de toute votre âme et de toutes vos forces. Il ne s'agit pas d'aimer plus, mais d'aimer (........). Toute mère aime, (........) ses enfants.

---

75. **Aises, commodités.** Les *aises* disent quelque chose qui tient de la mollesse ; les *commodités* expriment la satisfaction facile des besoins ou de ce qui a été préparé avec ordre et convenance.

76. **Aise, content, ravi.** Le premier dit moins que les deux autres, et le troisième dit plus que le second. On est bien *aise* d'apprendre la musique ; on est *content* de la savoir ; on est *ravi* d'entendre et d'exécuter les plus grands morceaux.

77. **Aisé, facile.** *Aisé* exclut la peine qui naît de la chose ; *facile* exclut la peine qui naît des obstacles, des oppositions. Une entrée est facile lorsque rien ne gêne le passage ; elle est *aisée* quand elle est large et commode à passer.

78. **Ajouter, augmenter.** On *ajoute* une chose à une autre ; on *augmente* la chose même.

79. Ajustement, parure. Ce qui appartient à l'habillement complet est l'*ajustement*; ce qui y ajoute est *parure*; celle-ci est superflue; celui-là est nécessaire.

EXERCICE (75, 76, 77, 78, 79).

Le Christ de Burgos porte un jupon blanc brodé d'or qui lui descend jusqu'aux genoux ; cet (............) produit un effet singulier. Les richesses sont au mérite ce que la (........) est aux belles personnes. Le malheur (.......) un nouveau lustre à la gloire des grands hommes. Quand le bonheur d'autrui ne coûte rien au nôtre, il l'(............). Il est cent fois plus (.....) d'être heureux que de le paraître. Il n'est pas (.......) de peindre comme Raphaël. Les étrangers qui viennent à Paris sont fort (......) d'y séjourner quelque temps. Personne n'est (.........) de ceux qui ne sont (..........) de personne. Si des plantes on remonte aux insectes, on sera (......) de la tendresse avec laquelle la nature les a traités. On n'a pas toutes ses (......) dans le monde. Le véritable artiste songe moins aux biens et aux (..............) de la vie, qu'à des acquisitions d'honneur et de gloire.

80. Alarme, appréhension, crainte, frayeur, peur, effroi, terreur, épouvante. L'*alarme* naît de ce qu'on apprend; l'*effroi*, de ce qu'on voit; la *terreur*, de ce qu'on imagine; la *frayeur*, de ce qui surprend; l'*épouvante*, de ce qu'on présume; la *crainte*, de ce qu'on sent; la *peur*, de l'opinion qu'on a; l'*appréhension*, de ce qu'on attend.

81. Alarmé, effrayé, épouvanté. On est *alarmé* d'un danger que l'on craint; *effrayé* d'un danger passé qu'on a couru sans s'en apercevoir; *épouvanté* d'un danger présent et pressant. *Épouvanté* dit plus qu'*effrayé*, et celui-ci plus qu'*alarmé*.

EXERCICE (80, 81).

La présence subite de l'ennemi donne l'(........). M. de Choiseul, (.........) de ce changement, fit d'inutiles représentations pour l'empêcher. Portez au fond de votre cœur une vive et continuelle (..............) de déplaire à Dieu. Durant les premiers âges, les hommes (.........) de tout, n'ont rien vu de mort dans la nature. L'invasion subite des Turcs jeta dans tout le monde chrétien l'étonnement et l'(...,.........). L'imagination même reste (............) devant la grandeur de la création. Je crains Dieu, cher Abner, et n'ai point d'autre (..........). Le vrai courage n'est pas toujours exempt de (..........). Le commun des hommes, surtout ceux de la campagne, voient la mort sans (.........). Regarder tous les devoirs de la société sans une espèce de (..........), c'est marquer qu'on ne s'est jamais mis en peine de les observer comme il faut. Dès qu'on se met en tête d'avoir (......), une bagatelle imprime de la (..........). Tous les publicistes sont d'accord sur la fragilité des lois qui n'ont de base que la (..........).

82. **Aliment, nourriture, subsistance.** La *subsistance* est la cause ; l'*aliment*, le moyen ; la *nourriture*, l'effet ou la fin. Pour *subsister*, on prend des *aliments* dont la propriété est de nourrir.

83. **Etre allé, avoir été.** Le premier exprime l'état; le second, l'action. Quand quelqu'un est sorti, on dit : *où est-il allé?* et quand il est rentré : *où a-t-il été?* Parce que les actes ont lieu dans la période où l'on est ; mais si cette période est entièrement écoulée, on peut dire : *il est allé* ou *il a été*.

84. **Allégir, aménuiser, aiguiser.** *Allégir*, se dit d'un corps considérable que l'on diminue sur toutes les faces; *aménuiser*, d'un petit corps que l'on diminue davantage sur une seule face; *aiguiser*, d'un corps que l'on diminue par les bords, les extrémités.

85. **Alléguer, citer.** On *allègue* des faits, des raisons, pour maintenir, pour défendre ; on *cite* des auteurs, des textes pour s'autoriser, s'appuyer.

EXERCICE (82, 83, 84, 85).

Les végétaux et les animaux fournissent seuls des (..............) à l'homme. Les mauvaises herbes s'approprient une partie de la (..............) des plantes utiles, et en hâtent le dépérissement. L'esprit a besoin de (..............) aussi bien que le corps. L'autel doit fournir à la (..............) du prêtre, non à son luxe. Nous sommes (......) hier aux Champs-Elysées, et nous avons (....) de la place de la Concorde à l'Arc-de-Triomphe. Il faut (........) cette poutre. Le travail (..........) l'esprit comme les guerres (...........) le courage. Il faut (............) cette planche. Plusieurs orateurs (............) des autorités et des passages qu'ils forment eux-mêmes. Il est possible d'(..........) qu'à l'âge de vingt et un ans l'homme n'a pas encore reçu les leçons de l'expérience, et que sa vie est troublée par la passion. Les philologues, pour montrer la signification des mots, (......) les phrases où les auteurs connus les ont employés.

86. **Alliance, ligue, confédération, coalition.** L'*alliance* est une union d'amitié et de convenance ; la *ligue*, une union de desseins et de forces ; la *confédération*, une union d'intérêt et d'appui ; la *coalition*, une union entre des partis, contre quelque dessein nuisible à tous.

87. **Allures, démarches.** Les *allures* sont habituelles, les *démarches* sont accidentelles. On a des *allures* pour cacher ses desseins ; on fait des *démarches* pour obtenir un résultat.

88. **Allonger, prolonger, proroger.** On *allonge* une robe ; on *prolonge* une avenue, un travail ; on *proroge* une loi, une assemblée. *Allonger*, c'est ajouter ; *prolonger*, c'est éloigner indéfiniment au delà du terme ; *proroger*, c'est reculer au delà de la durée prescrite.

EXERCICE (86, 87, 88).

Lorsque le Tout-Puissant eut créé l'homme à son image, et qu'il l'eût animé d'un souffle de vie, il fit (.........) avec lui. La (...............) de Bar est célèbre dans l'histoire de Pologne. La Russie et l'Angleterre étaient à la tête de la (......,...). La politique transcendante de Henri IV apaisa la (.....) en appelant aux affaires de l'Etat les hommes de mérite de tous les partis. On connaît les gens à leur (......). C'est l'esprit du monde qui forme nos désirs, qui anime toutes nos (............). L'éléphant (.........) sa trompe ; le héron (........) son cou ; l'impatience (.........) les instants. Dieu, qui ne nous devait rien, nous a donné la vie ; s'il la (...........), ce sera un effet de sa munificence. L'empereur (..........) tous les ans, pour quelques mois, les chambres législatives.

89. **Amant, galant, ami.** On est *amant* par amour ; *galant* par courtoisie ; *ami* par affection réciproque. Paul et Virginie étaient deux tendres *amants*. Les chevaliers français étaient les plus *galants* de toute l'Europe ; Damon et Pithias étaient deux véritables *amis*.

90. **Amant, amoureux.** Dès qu'on a de l'amour pour une femme, on est *amoureux*; on n'est *amant* que lorsque l'amour que l'on ressent a été témoigné et agréé ; on devient *amoureux* d'une femme dont les qualités physiques et morales nous captivent ; on s'en fait *l'amant* quand on peut s'en faire aimer.

EXERCICE (89, 90).

Les poëtes ont été souvent appelés les (………) des Muses. On ne peut guère empêcher un homme d'être (…………) ; il ne prend guère le titre d'(………) qu'on ne le lui permette. On appelle les âmes saintes les chastes (………) de Jésus-Christ. Chacun se dit (……) ; mais fou qui s'y repose. Qui possède un (……) possède un grand trésor. Un roi ne sait jamais s'il a de vrais (………). Les troubadours n'étaient pas moins (………) ni plus discrets que les chevaliers. L'air (………) est ce qui achève les honnêtes gens et ce qui les rend aimables. La cour de Henri II était (………) et polie : on n'y songeait qu'à plaire, à aimer et à être aimé. Querelles d'(………), renouvellement d'amour. C'est une grande difformité dans la nature qu'un vieillard (………).

---

91. **Amasser, entasser, accumuler, amonceler.** On *amasse* pour jouir ; on *entasse* pour garder ; on *accumule* pour posséder en grande quantité ; on *amoncèle* en mettant les choses les unes sur les autres. La prévoyance *amasse*, l'avarice *entasse*, l'avidité *accumule*, et, après avoir accumulé, elle *amoncèle*.

92. **Ambassadeur, envoyé, député.** Les *ambassadeurs* et les *envoyés* parlent et agissent au nom de leurs souverains ; les *députés* ne parlent qu'au nom de quelque société ou corps particulier. Les premiers ont une qualité représentative attachée à leur titre ; les seconds ne paraissent que comme simples ministres autorisés.

93. **Ambiguïté, double sens, équivoque.** L'*ambiguïté* est susceptible de diverses interprétations ; le *double sens* et l'*équivoque* n'en offrent l'un et l'autre que deux. On se sert de *l'équivoque* pour tromper ; de *l'ambiguïté* pour embarrasser ; du *double sens* pour se ménager un faux-fuyant.

EXERCICE (91, 92, 93).

La vieillesse chagrine incessamment (………). A force

d'(..........) sou sur sou, Rembrandt (............) une grande fortune. Les avares ne songent qu'à (............) trésors sur trésors. Le Rhin se perd dans les sables qu'il a lui-même (............). (............) les richesses si vous voulez être toujours pauvre et malheureux. David fit la guerre aux Ammonites pour venger l'injure faite à ses (............). François Ier n'hésita pas à déclarer la guerre à Charles-Quint, soupçonné d'avoir fait périr Riacon et Frégose, (............ ......) de France. Les (..........) ont un caractère officiel, mais ils n'ont pas de représentation. La personne du (..........) est inviolable. La brièveté plaît à notre langue ; elle prend plaisir à renfermer, sans affectation ni (............), beaucoup de sens en peu de mots. Il est bas et indigne d'un honnête homme d'user d'(............). Les oracles avaient un (...... ....).

94. **Ame faible, cœur faible, esprit faible.** Une *âme faible* se laisse aller à ceux qui la gouverne ; un *cœur faible* change facilement d'inclinations ; un esprit faible est accessible à toutes les impressions et s'y laisse entraîner.

95. **Amendement, correction, réforme.** Pour s'*amender*, il faut se *corriger*, et l'un et l'autre produisent la *réforme* des mœurs.

96. **Amitié, amour, tendresse, affection, inclination.** L'*amitié* se forme avec le temps par la convenance des mœurs et la conformité des caractères ; l'*amour* se forme sans examen et sans réflexion la : *tendresse* est moins une action qu'une situation du cœur ; la sensibilité en fait le caractère. L'*affection* est moins forte et moins active que l'*amitié*, et plus tranquille que l'*amour ;* l'*inclination* est une disposition à aimer qui vient de quelque chose qui plaît.

EXERCICE (94, 95, 96).

Un (......) faible peut subsister avec un esprit fort. Les (......) faibles sont cruelles. L'(........) faible reçoit les impressions sans les combattre, embrasse les opinions sans examen, et s'effraie sans cause. La distance est prodigieuse entre l'aveu de vos défauts et leur (............). Un censeur cherche à s'élever au-dessus de celui qu'il censure par la supériorité de sa (............). Les partisans de la (............) sont toujours très-répandus dans la plus grande partie du Nouveau-Monde. L'(........) ne convient qu'à des cœurs vertueux. L'(........) divin est la source de toutes les vertus. Il n'y a pas de moyen plus sûr de gagner l'(..........) des autres que de leur donner la sienne. La pêche, la chasse, sont des (..............) innocentes. Il y a plus d'égoïsme et de vanité que de (............) dans les amitiés du monde.

97. **Amour, amourette.** La différence qui existe entre le sérieux et le badin, fait celle de l'*amour* et de l'*amourette*. Celle-ci amuse ; celui-là occupe.

98. **Amour, galanterie.** La *galanterie* est jointe à l'idée de conquête, par faux honneur ou par vanité ; l'*amour* consiste dans un sentiment tendre, délicat et respectueux. Celui-ci est dans le cœur ; celle-là n'est que dans l'esprit, le langage et les manières affectées.

99. **Ampoulé, emphatique, boursoufflé.** Le style est *ampoulé*, par de grands mots vides de sens ; *emphatique*, par des termes recherchés et ridiculement choisis ; *boursoufflé*, par des images pompeuses et des phrases magnifiques pour n'exprimer que des pensées communes.

100. **Amusement, divertissement, récréation, réjouissance.** L'*amusement* est une occupation légère et qui plaît ; le *divertissement* est accompagné de plaisirs plus vifs et plus étendus ; la *récréation* désigne un terme court de délassement ; la *réjouissance* se marque par des actions extérieures.

101. **Amuser, divertir.** Le plaisir qui nous *amuse* est léger et frivole ; le plaisir qui nous *divertit* est plus vif, plus fort, plus senti.

EXERCICE (97, 98, 99, 100, 101).

Le style (..........) apparaît surtout aux époques de décadence littéraire. La flatterie, qui exagère tout, le fond et la forme, se préserve difficilement du style (............). Un style (..............) déplaît infiniment aux gens de goût. Un ton, un air, un langage (..............) nous fait rire. Partout la lutte, le pugilat, les courses, font partie des (..............) du peuple. Les nymphes se mirent à cueillir des fleurs pour (............) Télémaque. Les fêtes sont des jours consacrés par la religion, par l'Etat, par la tradition, à la célébration des jeux et aux (...................). Les femmes veulent bien qu'on les aime, mais elles veulent aussi qu'on les (............). La (..............) redonne des forces pour mieux travailler. Esther, au milieu des plaisirs d'une cour superbe, savait se dérober aux (................) publiques, pour offrir à Dieu le pain de sa douleur et le sacrifice de ses larmes. Le rossignol élève ses concerts dans les bocages témoins de ses premières (..........). La (.............) française est célèbre dans toute l'Europe. Les jeunes gens légers et irréfléchis se marient quelquefois par (............).

102. **An, année.** On doit entendre par *an* une période déterminée et indivisible de 365 jours ; par *année*, une période déterminée et divisible. L'un se dit sans considérer les faits qui s'y sont accomplis ; l'autre, au contraire, en considération de ces mêmes faits. L'*an* et l'*année* expriment exactement les mêmes différences que l'on remarque dans la cuiller et la cuillerée, le jour et la journée, le matin et la matinée, le soir et la soirée. L'*an* se joint à des nombres ; l'*année* à des qualifications. L'*an* deux, l'*an* trois, l'*an* quatre. Une *année* fertile, une *année* stérile.

103. **Ancêtres, aïeux, pères.** Ces trois mots expriment une gradation d'ancienneté. Le siècle de nos *pères* a touché au nôtre ; nos *aïeux* les ont devancés, et ceux-ci le sont par nos *ancêtres*.

104. **Ancêtres, prédécesseurs.** Le premier est relatif à l'ordre naturel ; le second à l'ordre politique et social. Nous succédons à nos *ancêtres* par voie de génération ; leur sang coule dans nos veines. Nous succédons à nos *prédécesseurs* par voie de fait et de substitution ; leurs emplois ont passé de leurs mains dans les nôtres.

105. **Anciennement, jadis, autrefois.** *Anciennement* se dit particulièrement des usages, des coutumes, des mœurs d'un autre âge que le nôtre ; *jadis* indique un temps éloigné, mais beaucoup plus rapproché ; *autrefois* semble exprimer une époque moins reculée encore. *Aujourd'hui* est le contraire de *jadis ;* à *présent* est l'opposé d'*autrefois*.

EXERCICE (102, 103, 104, 105).

Telle était l'ardeur et la facilité de Pitt, qu'à l'âge de douze (....) il ne rencontrait plus de difficultés dans les auteurs latins.

Les Perses représentaient l'(.......) par un anneau ; les Egyptiens, par un serpent mordant sa queue. Tant qu'on peut se parer de son propre mérite, on n'emprunte pas celui de ses (........). Qui sert bien son pays n'a pas besoin d'(..........). Nos (........) ont péché, nos (......) ne sont plus. Nos (................) faisaient mieux que nous. (....................) on faisait moins d'esprit, mais il y avait plus de morale. La lecture des divines Ecritures faisait (............) les plus chères délices des premiers fidèles. Dans Florence (........) vivait un médecin.

---

106. **Ane, ignorant.** On est *âne* par disposition d'esprit; *ignorant*, par défaut d'instruction.

107. **Anéantir, détruire.** Il peut rester quelques vestiges de ce qu'on *détruit*; mais ce que l'on *anéantit* disparaît entièrement.

108. **Anesse, bourrique.** *Anesse* s'entend de l'animal dans l'ordre naturel ; *bourrique*, d'une bête de somme.

109. **Animal, bête brute.** On est *bête* quand on fait les choses sans esprit ni raison ; *animal*, quand on a des mouvements brusques ; *brute*, si l'on est d'une grossièreté, d'une stupidité achevée.

EXERCICE (106, 107, 108, 109).

Il ne faudrait à Dieu qu'un signe pour (............) l'univers. Les rois de Perse avaient (..........) les temples des Grecs, Alexandre les rétablit. Le temps (............) les constructions les plus solides, il (............) les pyramides d'Egypte et les temples gigantesques de l'Inde, creusés dans le granit. Les (........) étaient la monture ordinaire des Israélites. Dieu et les rois sont mal servis et mal loués par les (............). L'(.........), lorsqu'on la sépare de ses petits, passe à travers les flammes pour aller les rejoindre. Beaucoup font les savants et parlent comme des (..............). Dans certaines terres nouvellement découvertes, à peine sont-ce des hommes qui les habitent ; ce sont des (............) à figure humaine. Les bêtes ne sont pas si (........) que l'on pense. L'instinct tient lieu de raison aux (..........).

---

110. **Annuler, infirmer, casser, révoquer.** *Annuler*, se dit de toutes sortes d'actes, soit législatifs, soit conventionnels; *infirmer*, ne se dit que des jugements pro-

noncés par des juges subalternes ; *casser*, renferme une idée accessoire d'ignominie, lorsqu'on le dit des personnes en place et des actes ; *révoquer*, c'est, quant aux personnes, leur ôter simplement et sans accessoire d'ignominie, leur place ou leur dignité ; c'est, quant aux actes, déclarer qu'ils perdent leur vigueur et demeurent comme non avenus.

111. **Antérieur, antécédent, précédent.** *Antécédent*, est placé avant ; *antérieur*, a existé auparavant ; *précédent*, a une priorité de temps ou d'ordre.

112. **Antiphrase; contre-vérité.** L'*antiphrase* est une figure par laquelle on emploie un mot dans un sens contraire à sa véritable signification ; la *contre-vérité* est une proposition où l'on doit entendre l'opposé du sens qu'elle renferme. L'*antiphrase* est dans les mots ; la *contre-vérité*, dans la pensée.

113. **Antre, caverne, grotte.** L'*antre* est un enfoncement profond, noir et obscur, qui n'inspire que de l'horreur et de l'effroi ; la *caverne* est une grande cavité couverte d'une sorte de voûte et cachée ; la *grotte* est une petite caverne naturellement parée, ou susceptible de l'être.

EXERCICE (110, 111, 112, 113).

Dans un (.......) obscur se retirait Protée. C'est d'une (..........) de voleurs que sortirent les plus grands conquérants de l'univers. Au bas d'une petite colline se présente une (.......). Procréer des enfants, et négliger leur éducation, c'est (..........) pour eux le bienfait de la vie. La cour de cassation a (.......) l'arrêt de la cour de Douai. La cour impériale peut (...........) les jugements du tribunal de première instance. Quand le gouvernement change, ce sont les préfets qui sont principalement (..........). Les temps (.............) aux époques historiques sont restés plongés dans une obscurité profonde. Il y a en Dieu la volonté (.............) de sauver tous les hommes ; mais la perversité des hommes le force à ne pas l'accomplir à l'égard de tous. Autant à mon (............) voyage j'avais vu Paris par son côté défavorable, autant à celui-ci je le vis par son côté brillant.

DES SYNONYMES.

114. Apaiser, calmer. Le vent s'*apaise*; la mer se *calme*. On *apaise* le courroux, la fureur; on *calme* l'irritation. Une soumission nous *apaise*; une lueur d'espérance nous *calme*. *Apaiser*, c'est ramener à la paix; *calmer*, c'est ramener au calme.

115. Apocryphe, supposé. Ce qui est *apocryphe* n'est ni prouvé, ni authentique; ce qui est *supposé* est faux et controuvé.

116. Apothéose, déification. L'*apothéose* était une cérémonie par laquelle les anciens Romains plaçaient leurs empereurs au rang des dieux; la *déification* est l'acte d'une imagination superstitieuse qui voit la divinité où il n'y a que la créature, et qui, en conséquence, lui rend un culte de religion.

EXERCICE (114, 115, 116).

L'idée de l'(............) a pris naissance dans les Etats monarchiques; telle est l'origine du polythéisme. La religion chrétienne, ne connaissant qu'un seul Dieu, rejette toutes les (............) du paganisme. Le premier effet des remèdes est de (........) l'imagination. Quand la sagesse et la vertu parlent, elles (..........) toutes les passions. Il est difficile de s'imaginer que la nature ait appris aux hommes à (.........) Dieu par le sang des victimes. Le troisième et le quatrième livre d'Esdras sont (.............). La recherche d'un détroit (.........) fut poursuivie avec ardeur.

---

117. Appareils, apprêts, préparatifs. On commence les *préparatifs* d'un festin, on en fait ensuite les *apprêts*, et l'on n'en dresse l'*appareil* qu'au moment du service.

118. Appas, attraits, charmes. On doit les *attraits*, les *charmes* à la nature; les *appas* tiennent plus de l'art. La vertu a des *attraits*, la richesse a des *appas*, le plaisir a des *charmes*.

119. Appât, leurre, piége, embûche. L'*appât* et le *leurre* agissent pour nous tromper; le *piége* et l'*embûche* attendent que nous y donnions; dans l'un on est pris, on est surpris par l'autre.

120. Appeler, évoquer, invoquer. On *appelle* les personnes, les animaux; on *évoque* les esprits; on *invoque* la Divinité.

121. **Applaudissements, louanges.** Les *applaudissements* partent de la sensibilité au plaisir que nous font les choses; une simple acclamation, un battement de mains suffisent pour les exprimer. Les *louanges* ont leur source dans le discernement de l'esprit, et ne peuvent être énoncées que par la parole.

EXERCICE (117, 118, 119, 120, 121).

La gloire a des (......). Insensiblement on se laisse aller aux (......) trompeurs d'une passion. Dieu s'est servi autrefois des chastes (..........) de deux saintes héroïnes pour délivrer ses fidèles des mains de leurs ennemis. Rien ne peut résister aux (..........) d'une belle femme. Les cultes sont à la religion ce que l'(........) est au pouvoir. Le régal fut petit et sans beaucoup d'(........). Il ne faut pas perdre son temps en (............) inutiles. Un tonnerre d'(................ ....) éclata dans tout le théâtre. Chaque jour, en séance publique, on (........) les membres de l'assemblée. Moïse défendit, sous peine de la vie, d'(........) les âmes des morts, pratique sacrilège en usage chez les Chananéens. Les moucherons, les vers, etc., sont de bons (........) pour prendre les poissons. Les apparences cachent les (............) qu'on nous tend. Les catholiques romains (............) les saints. Le grand (........) des hommes, c'est l'avenir. Lorsque le loup tombe dans un (......), il est si sot et si longtemps épouvanté, qu'on peut le tuer sans qu'il se défende, ou le prendre vivant sans qu'il résiste. Les (..........) seraient d'un grand prix si elles pouvaient nous donner les perfections dont on nous loue.

---

122. **Application, méditation, contention.** L'*application* est une attention suivie et sérieuse; la *méditation* est une attention détaillée et réfléchie; la *contention* est une attention forte et pénible. L'*application* suppose la volonté de savoir; la *méditation* suppose le désir d'approfondir; la *contention* suppose de la difficulté.

123. **Apposer, appliquer.** *Apposer* se dit de ce qu'on adapte à une chose comme partie intégrante du tout; de plus, il est du style de pratique. *Appliquer* se dit d'une chose qu'on impose sur une autre. On *appose* les scellés; on *applique* un **emplâtre**.

DES SYNONYMES.

124. **Apprécier, estimer, priser.** *Apprécier*, c'est juger du prix courant des choses dans le commerce de la vente et de l'achat; *estimer*, c'est juger de la valeur réelle et intrinsèque de la chose; *priser*, c'est mettre un prix à ce qui n'en a pas encore, du moins de connu.

125. **Apprendre, s'instruire.** On *apprend* d'un maître en écoutant ses leçons; on *s'instruit* par soi-même en faisant des recherches.

126. **Apprêter, préparer, disposer.** On *apprête* pour ce qu'on va faire; on *prépare* pour être en état de le faire; on *dispose* pour s'arranger à pouvoir le faire.

EXERCICE (122, 123, 124, 125, 126).

La frugalité des Persans n'exclut pas une grande recherche dans la manière d'(..........) leur nourriture. L'homme propose et Dieu (..........). La science d'un architecte, c'est de bien (..........) les membres, les parties d'un bâtiment. Souvent on (..........) les douleurs en croyant (..........) le plaisir. Pour savoir l'anglais, il faut l'(..........) deux fois, l'une à le lire, l'autre à le parler. On s'(..........) mieux par la pratique que par la théorie. Les Etats croulent pour ne pas savoir (..........) les millions. On est rarement maître de se faire aimer, on l'est toujours de se faire (..........). Tous les hommes devraient (..........) la vertu; la plupart ne (..........) que les richesses. La préparation pour le sacerdoce n'est pas une (..........) de quelques jours, mais une étude de toute la vie. La théologie et la métaphysique réclament une (..........) d'esprit peu commune, puisqu'elles s'efforcent de percer les voiles mystérieux qui enveloppent et la divinité et la nature de l'homme. On s'élève jusqu'à Dieu par la foi et la (..........) de ses mystères. Les dieux (..........) quelquefois des remèdes violents à des maux extrêmes. Les scellés peuvent être (..........) sur les effets mobiliers d'une personne dans un grand nombre de cas.

---

127. **Apprêté, composé, affecté.** *Apprêté*, se dit de ce qui a de l'apprêt; *composé*, de ce qui est arrangé avec art; *affecté*, de ce qui est recherché, exagéré. On est *apprêté*, en voulant se donner de la consistance et du lustre; on est *composé*, en voulant se donner du poids et de l'importance; on est *affecté*, en voulant se donner des airs et du relief.

128. **Apprivoisé, privé.** Les animaux qui sont *privés*, le sont naturellement ; ceux qui son *apprivoisés*, ne le sont que par l'art et contre nature.

129 **Approbation, agrément, consentement, ratification, adhésion.** L'*approbation* suppose un examen préalable ; l'*agrément*, le *consentement* et la *ratification* dépendent uniquement de la volonté, et supposent un intérêt ou une autorité; l'*adhésion* n'a rapport qu'aux opinions et à la doctrine.

130. **S'approprier, s'arroger, s'attribuer.** S'*approprier*, c'est prendre pour soi ce qui ne nous appartient pas ; s'*arroger*, c'est prétendre avec hauteur à ce qui n'est pas dû ; s'*attribuer*, c'est s'adjuger une chose de sa propre autorité.

EXERCICE (127, 128, 129, 130).

Ce n'est pas un homme ordinaire, mais c'est un auteur (..........). La simplicité (.........) est une imposture délicate. Il est difficile d'avoir beaucoup d'orgueil sans être (..........). C'est pour traverser la vaste étendue des mers que l'homme s'est (............) l'usage de la boussole. On s'(.........) des titres, des prérogatives, des prééminences. Plusieurs villes d'Allemagne s(.............) l'invention de l'imprimerie. On dompte la panthère plutôt qu'on ne l'(.................). Les coucous sont capables d'une sorte d'éducation ; plusieurs personnes en ont élevé et (..............). On se sert d'un canard (......) pour attirer les canards sauvages. La sagesse ne désire l'(..............) que pour être sûre qu'elle a bien fait. Cette maison a été vendue avec l'(.............) de tous les créanciers. La femme ne peut s'obliger sans le (................) de son mari, et l'enfant, même majeur, ne peut se marier sans le (................) de ses père et mère. Les puissances belligérantes ont donné leur (............) au traité. La (.............) est réellement de l'essence du contrat, et l'indispensable complément du traité.

---

131. **Appui, soutien, support.** L'*appui* fortifie, on le met tout auprès ; le *soutien*, on le place au-dessous ; le *support* aide, il sert de jambage.

132. **Appuyer, accoter.** *Accoter*, se dit dans le style familier, en jardinage, dans la marine, dans le blason, etc.;

appuyer, s'emploie au propre et au figuré. On *appuie* un mur; on *accole* un arbre, une colonne.

133. **Aptitude, disposition, penchant.** L'*aptitude* vient de l'esprit; la *disposition*, du tempérament; le *penchant*, du cœur.

134. **Aride, sec.** Un lieu est *aride* quand il manque habituellement d'humidité : les déserts de l'Afrique sont *arides*; un lieu est *sec* quand il est momentanément privé d'humidité : la terre est *sèche* à l'époque des fortes chaleurs.

EXERCICE (131, 132, 133, 134).

L'homme est faible et a besoin d'(.......), Le trône des rois est (........) sur la clémence et la justice. On (........) un corps quelconque en l'(...........) de côté contre un autre corps. Le génie n'est autre chose qu'une grande (..........) à la patience. L'autruche confie son nid aux sables (........) du désert. Le grand (.........) de la vieillesse est une longue habitude de la vertu. En cherchant un (..........) étranger nous paralysons nos facultés les plus nobles. Si la naissance peut donner les plus grandes (..............), c'est l'application toute seule qui fait les grands hommes. L'arbrisseau qui fournit le coton à nos manufactures demande un sol (...) et pierreux.

135. **Arme, armure.** L'*arme* se dit de l'instrument qui sert soit pour l'attaque soit pour la défense ; *armure*, ne se dit que de ce qui sert à protéger, à couvrir le corps ou une de ses parties.

136. **Armes, armoiries.** On dit *armes* lorsqu'il s'agit de telles armes en particulier ou du blason de ces armes : les *armes* de France, les *armes* de l'empire d'Autriche. On dit *armoiries*, si l'on considère ces symboles en général : l'origine, la haute antiquité des *armoiries*.

137. **Aromate, parfum.** L'*aromate* se dit de la substance qui exhale une odeur aromatique ; le *parfum*, de l'odeur *aromatique* elle-même.

138. **Arracher, ravir.** *Arracher*, suppose l'emploi de la force, de la violence ; *ravir*, fait entendre une idée de violence accompagnée souvent de ruse et d'adresse.

139. **Arranger, ranger.** On *range* ce que l'on met à sa

place, à son rang, comme un livre, un habit; on *arrange* ce que l'on met en ordre, comme une bibliothèque, des meubles, un appartement.

140. **Arrêter, retenir.** Pour *arrêter*, il suffit d'interrompre momentanément le mouvement; pour *retenir*, il faut le suspendre. On *arrête* un voleur, on le *retient* en prison.

EXERCICE (135, 136, 137, 138, 139, 140).

Le soldat effréné (..........) la fille des bras de sa mère, et lui (......) l'honneur. L'emploi des (........) remonte presque à l'origine du monde. L'origine des (............) est assez incertaine; ce qu'on peut dire, c'est que l'usage d'avoir des (............) ne remonte pas au-delà des premiers tournois, et que c'est à partir du xviie siècle qu'elles sont devenues héréditaires. Godefroi de Bouillon menait 70,000 hommes de pied et 10,000 cavaliers couverts d'une (.........) complète. Rien ne peut (.........) l'essor du génie. Les Turcs ont manifestement (........) plusieurs usages des peuples conquis. Une femme serait au désespoir si la nature l'avait faite telle que la mode l'(.........). Les gardes firent (........) le peuple. La religion est l'(.........) qui empêche la science de se corrompre. Les (..........) entêtent. La plupart des (...........) viennent de l'Orient.

---

141. **Art, métier, profession.** Le *métier* s'applique à l'ouvrier; la *profession*, à l'homme de tel ordre ou de telle classe; l'*art*, à celui qui s'occupe d'un travail d'esprit.

142. **Artisan, ouvrier, artiste.** L'*artisan* exerce un art mécanique; l'*ouvrier* fait un ouvrage manuel; l'*artiste* s'entend de celui qui se livre à des arts d'agrément comme la peinture, la sculpture, la musique, etc.

143. **Ascendant, empire, influence.** L'*ascendant* est un pouvoir moral, celui d'un vieillard respectable, d'un père vertueux; *empire* est le pouvoir de la force; *influence*, celui de l'éloquence, de la persuasion, de l'insinuation, de l'entraînement.

144. **Asile, refuge.** L'*asile* est un lieu où l'on est en sûreté contre le danger, où l'on est à l'abri de quelque mal, d'où l'on ne peut être enlevé; le *refuge* est le lieu où l'on

DES SYNONYMES.

se sauve pour éviter un péril, un danger pressant. L'*asile* ne se prend que pour une retraite honnête et respectable, et il n'en est pas de même du *refuge*. La solitude est un *asile* pour l'homme sage ; les brigands ont des *refuges* comme les bêtes féroces.

EXERCICE (141, 142, 143, 144).

L'(....) d'écrire et l'(....) de penser sont inséparables. Il n'y a aucun (........) qui n'ait son apprentissage. Le service est en France la (............) la plus honorée. Depuis que le nombre des propriétaires a fait plus que tripler en France, les (............) de désordres ne trouvent plus d'appui dans les campagnes. L'observation doit diriger le crayon de l'(........). L'(............) est plus fort que nous. L'(............) de la beauté est passager, mais celui de la vertu subsiste toujours. Il faut peu de chose pour modifier l'(............) du climat. Les temples sont des (........) qu'on dirait n'être faits que pour les malheureux. Les (............) et les marchands qu'on voit en Pologne sont des Écossais, des Français et surtout des Juifs. Paris est l'(........) et le (........) des malheureux.

---

145. **Aspect, vue.** Le premier se dit de l'objet qu'on voit ; le second, de la personne qui voit.

146. **Aspirer, prétendre.** On *aspire* après la possession d'un bien ; si l'on y a des droits, il est juste d'y *prétendre*.

147. **Assembler, joindre, unir.** On *assemble* les pièces d'une machine pour les disposer ; on les *joint* pour juger de leur effet, puis on les *unit* pour les dresser et s'en servir.

148. **Assembler, rassembler.** On *assemble* une armée par la réunion des corps que l'on forme ; on la *rassemble* en rappelant les troupes en semestre.

149. **Assez, suffisamment.** *Assez* se rapporte à la quantité qu'on veut avoir ; *suffisamment*, à la quantité qu'on veut employer. L'avare n'a jamais *assez* d'argent ; le prodigue n'en a jamais *suffisamment*.

EXERCICE (145, 146, 147, 148, 149).

Celui qui aime le travail a (........) de soi-même. Tout homme est (............) noble, qui est vertueux et utile.

Dieu ne s'est fait homme que pour (............) autour de lui des exemples pour tous les états. Un souverain qui ne (............) pas autour de lui tous les talents, tous les mérites, est un capitaine sans armée. L'(........) du vice doit, par le sentiment de réprobation qu'il excite en nous, nous ramener vers la vertu. Les vieillards ont la (....) claire et non distincte. C'est en vain qu'on (........) à la liberté sans la sauvegarde des lois. On (......) les mains pour prier Dieu. Il faut toujours tendre à la perfection sans jamais y (............). L'intérêt commun, l'amitié (......) les personnes.

---

150 **Associer, agréger.** On *associe* pour avoir des secours, pour partager les avantages des succès ; on *agrége* pour se donner un confrère, pour soutenir sa compagnie par le nombre et le choix de ses membres. Les marchands et les financiers s'*associent* ; les gens de lettres sont agrégés aux universités, aux académies.

151. **Assujettissement, sujétion.** Le premier désigne un état habituel ; le second la situation actuelle. Les lois, les bienséances nous tiennent dans l'*assujettissement* ; les soins, les travaux, sont des *sujétions*.

152. **Assurer, affirmer, confirmer.** On *assure* par le ton de la voix ; on *affirme* par serment ; on *confirme* par des preuves.

153. **Astronome, astrologue.** Le premier connaît le cours et le mouvement des astres ; le second raisonne sur leur influence et prédit les événements.

EXERCICE (150, 151, 152, 153).

L'(............) se trompe souvent dans ses prédictions. Les bergers d'Egypte, qui observèrent que quelques astres, après une certaine période, venaient correspondre au même endroit du ciel, furent les premiers (............). L'expérience (............) que l'indulgence pour soi et la dureté pour les autres n'est qu'un même vice. Plus on a lu, plus on est instruit ; plus on a médité, plus on est en état d'(............) que l'on ne sait rien. Rien n'(........) mieux le repos du cœur que le travail de l'esprit. On (........) à des entreprises ; on (........) à un corps. Marc-Aurèle (........) son frère à l'empire. La nature nous tient dans le plus constant et le plus grand (............

........), par tous les liens qui nous attachent aux hommes et aux choses. Tout état de (........) est dur par lui-même.

154. **Athée, matérialiste.** L'*athée* prétend qu'il n'y a point de Dieu ; le *matérialiste* croit qu'il est renfermé dans la matière, dans tout ce qui est créé, et qu'il en est l'âme.

155. **Atrabilaire, mélancolique.** Le *mélancolique* évite les hommes ; l'*atrabilaire* les repousse. La tristesse du premier est douce ; celle du second est sombre et farouche.

156. **Attache, attachement.** L'*attache* exprime une passion ; l'*attachement*, un sentiment. On a de l'*attache* au jeu, et de l'*attachement* pour ses amis, pour sa famille.

157. **Attachement, attache, dévouement.** L'*attachement* unit à ce que nous aimons ; l'*attache*, à ce que nous estimons comme précieux ; l'*attachement*, le *dévouement* sont plus généreux que l'*attache*, qui prend sa source dans l'égoïsme. Le *dévouement* soumet à la volonté de ceux que nous désirons servir.

158. **Attaché à l'argent, avare, intéressé.** Un homme *attaché à l'argent* aime l'épargne ; un *avare* aime la passion de l'or, pour l'or même, quoiqu'il n'en fasse aucun usage ; un homme *intéressé* cherche à gagner et ne fait rien gratuitement.

EXERCICE (154, 155, 156, 157, 158).

Dieu explique le monde et le monde le prouve ; mais l'(.........) nie Dieu en sa présence. Les avares, les gastronomes, les voluptueux, sont de vrais (................). La tristesse de l'(............) a toujours quelque chose de brusque, de rude et de sauvage. Le (...............) vit dans un état de langueur qui le rend incapable de goûter aucun plaisir. Se peut-il que nous ayons tant d'(........) à cette vie et à ses plaisirs ? Zadig avait pour Zémire un (..............) solide et vertueux. Le (.............) de Codrus et celui de Décius sont célèbres dans l'histoire. Les premiers chrétiens n'étaient pas (..........) aux richesses. L'(.......) n'amasse que pour amasser. L'(........) se refuse le nécessaire afin de se procurer le superflu dans un avenir qui n'arrive jamais. Il y a des gens qui ne font rien pour rien ; ce sont des gens fort (............), mais fort détestables.

159. **Attaquer quelqu'un, s'attaquer à quelqu'un.** *Attaquer* n'exprime qu'une simple attaque, un acte d'hostilité ; *s'attaquer* annonce une résolution décidée de prendre à partie une personne plus considérable et plus puissante que soi. Les voleurs vous *attaquent* dans les rues. Il ne faut jamais *s'attaquer* à plus puissant que soi.

160. **Attention, exactitude, vigilance.** L'*attention* fait que rien n'échappe ; l'*exactitude* empêche qu'on omette la moindre chose ; la *vigilance* fait qu'on ne néglige rien.

161. **Attention, méditation.** L'*attention* se porte sur les objets extérieurs ; la *méditation* sur nous-mêmes.

162. **Atténuer, broyer, pulvériser.** *Atténuer* se dit des fluides condensés ou coagulés ; *broyer* et *pulvériser* se disent des solides. Il faut fondre et dissoudre pour *atténuer* ; il faut *broyer* pour *pulvériser*.

EXERCICE (159, 160, 161, 162).

Antiope ne craignit pas d'(..........) de près le sanglier. Le caractère de l'envie est de s'(..........) aux plus louables actions. Il semble que le temps soit un ennemi commun contre lequel tous les hommes sont convenus de conjurer : toute leur vie n'est qu'une (..........) déplorable à s'en défaire. La qualité la plus indispensable d'un musicien est l'(..........) ; elle doit être aussi celle du convié. Nous devons nous élever jusqu'à Dieu par la foi et la (..........) de ses mystères. La (..........) du soldat est exprimée par un coq sonnant de la trompette. La diète (..........), en diminuant la surabondance des liquides dans l'économie animale. Les enfants, dans la première année de leur âge, sont incapables de (..........) les aliments. Les anciens (..........) souvent les corps par la calcination. La justice est l'organe de la vérité et la foudre qui (..........) l'imposture.

163. **Attitude, posture.** La *posture* est une manière de poser le corps plus ou moins éloignée de son habitude ordinaire ; elle est momentanée. L'*attitude* est une manière de tenir le corps, c'est une contenance ; elle est plus durable.

164 **Attraction, traction.** *Traction* se dit de l'action d'une force qui tire par le moyen d'un fil, d'une corde ou

de tout autre intermédiaire ; *attraction* s'entend de l'action d'un corps sur un autre pour l'attirer sans intermédiaire.

165. **Attraits, appas, charmes.** Les *appas* tiennent plus aux formes du corps ; les *attraits*, à l'heureuse conformation des traits et aux agréments de l'esprit ; les *charmes*, aux grâces de la personne et à l'amabilité de caractère.

166. **Attribuer, imputer.** Ces deux termes expriment l'action de mettre une chose sur le compte de quelqu'un. On la lui *attribue* par une assertion simple ; on la lui *impute* en la rejetant sur lui. *Attribuer* peut s'employer en bonne ou en mauvaise part ; *imputer* ne s'emploie le plus ordinairement qu'en mauvaise part.

EXERCICE (163, 164, 165, 166).

On serait tenté d'(..........) aux Persans l'invention des gants et des souliers. Le sénat se faisait un honneur de défendre les dieux de Romulus, auxquels il (..........) toutes les victoires de l'ancienne république. On (..........) ses fautes à autrui. Les minéraux n'ont pas de position qui leur soit propre ; les végétaux ont un port ; les animaux ont des (..........;...). Les danseurs affectent certaines (..........) bizarres. Il y a une (..........) entre le globe que nous habitons et tous les corps qui sont à sa surface. Les wagons sont emportés sur les rails par une force de (..........). Napoléon sentit un vif (..........) pour l'élégance française. Il est peu de femmes entièrement dépourvues d'(..........). La gloire a des (..........) qui charment les grands cœurs. La musique, la poésie ont de grands (..........).

---

167. **Audace, hardiesse, effronterie.** La *hardiesse* marque du courage et de l'assurance ; l'*audace*, de la hauteur et de la témérité ; l'*effronterie*, de l'impudence.

168. **Augmenter, croître.** *Croître*, c'est acquérir plus de hauteur ou de longueur ; *augmenter*, c'est s'agrandir dans quelque sens que ce soit.

169. **Augure, présage.** L'*augure* est une conjecture hasardée ; le *présage*, une conjecture raisonnable.

170. **Austère, sévère, rigoureux.** On est *austère* pour soi ; *rigoureux*, quand on est trop sévère.

171. **Austère, sévère, rude.** On est *austère* dans sa conduite ; *sévère* dans ses principes ; *rude* dans les manières.

172. **Austère, acerbe, âpre.** Ce qui est *acerbe* a besoin d'être adouci ; ce qui est *austère* a besoin d'être mitigé ; ce qui est *âpre* a besoin d'être corrigé par quelque chose d'onctueux.

EXERCICE (167, 168, 169, 170, 171, 172).

La vie (.........) consiste dans la privation des plaisirs. La Provence et le Dauphiné sont des pays (......) et raboteux. Les substances (.........) en général sont de difficile digestion, et leur abus est des plus pernicieux. Il faut avoir, pour un père trop (.......), la même obéissance qu'on a pour une loi trop dure. La bataille fut (......) et sanglante. On gâte tout, quand on veut approcher d'une perfection trop (..............). Les impies attaquent Dieu avec une (.........) insensée. L'(............) consiste à braver la honte dans ses actions et dans ses discours. Qu'il est difficile de s'arrêter par le chemin glissant qui mène de la (..........) à l'audace ! La culture des sciences, aussi bien que celle des arts (............) le penchant à la sociabilité dont elle multiplie les jouissances. Il (......) des cannes à sucre en Languedoc, mais elles n'y mûrissent pas. La crainte ou l'espérance se font des (............) de tout. L'Ecriture nous enseigne que l'humilité est un (..........) infaillible de la gloire qui doit la suivre.

---

173. **Autorité, puissance, pouvoir, empire.** L'*autorité* vient toujours de quelque mérite ; le *pouvoir* et la *puissance* viennent de la force ; l'*empire*, de la domination.

174. **Autour, à l'entour.** *Autour*, préposition, s'emploie toujours avec un complément ; *à l'entour*, adverbe, n'en admet jamais. *Une mère et ses enfants autour d'elle. Une table et ses chaises à l'entour.*

175. **Avant, devant.** Tous deux expriment une idée d'antériorité ; mais le premier a rapport au temps, et le second au lieu : Hésiode fleurissait *avant* Homère. Vous voyez l'univers prosterné devant *vous*. *Avant* exprime encore une idée de préséance, une priorité d'ordre : je marche *avant* vous. *Devant vous* exprimerait une idée de situation.

DES SYNONYMES. 49

176. **Avantage, profit, utilité.** L'*avantage* naît de la commodité des moyens ; le *profit*, du gain ; l'utilité, du service. Le livre est *utile*, ses leçons sont *profitables* ; le débit en est *avantageux*.

177. **Avare, avaricieux.** *Avare* s'entend de la passion même de l'avarice ; *avaricieux* se dit des actes particuliers de cette passion.

EXERCICE (173, 174, 175, 176, 177).

La vie de l'(......) est une comédie dont on n'applaudit que la scène qui la termine. Tout homme pécunieux est (.............). Le méchant tire (..........) de la probité du juste et de sa propre injustice. Ménagez bien l'emploi de votre temps, afin d'en tirer le meilleur (.......) possible. Toute puissance vient de Dieu, et tout ce qui vient de Dieu n'est établi que pour l'(.......) des hommes. La maison où il loge est (.......) l'église. Les Suédois, accoutumés à tout renverser (........) eux, ne redoutèrent ni danger ni fatigue. Les Génevois aiment excessivement la campagne ; on en peut juger par la quantité de maisons répandues (........) de la ville. De la maison on apercevait les loups qui rôdaient (..........). Rien n'est plus sacré que l'(..........) de Dieu sur les hommes, qui sont son ouvrage. L'(........) de la beauté est passager ; mais celui de la vertu dure toujours. La (..........) des bienfaits se fait sentir dans toute âme honnête. La vertu sincère a toujours quelque (.........) même sur l'âme des méchants.

---

178. **Avenir, futur.** Le *futur* est relatif à l'existence des événements ; l'*avenir*, aux révolutions des événements.

179. **Avertir, informer, donner avis.** On *avertit* d'un événement ; on s'*informe* des détails ; on en *donne avis* à tous ceux qu'il intéresse.

180. **Avertissement, avis, conseil.** L'*avertissement* nous informe d'une chose ; l'*avis* nous la fait envisager d'une certaine manière ; le *conseil* nous engage à la faire ou à ne la pas faire.

181. **Aveu, confession.** L'*aveu* suppose l'interrogation ; la *confession* tient un peu de l'accusation. On *avoue* ce qu'on a eu envie de cacher ; on *confesse* ce qu'on a eu tort de faire.

182. **Aveuglément, à l'aveugle.** Qui agit *à l'aveugle*, n'est pas éclairé ; qui agit *aveuglément*, ne suit pas la lumière naturelle : le premier ne voit pas, le second ne veut pas voir.

EXERCICE (178, 179, 180, 181, 182).

Soumettre (..............) la raison aux décisions de la foi, ce n'est pas croire (.............), puisque c'est la raison même qui nous éclaire sur les motifs de crédibilité. Il vaut mieux faire un (......) sincère que de s'excuser de mauvaise grâce. Il ne faut pas faire sa (............) à toutes sortes de gens. L'homme d'église écoute l'(.................) de la cloche pour savoir quand il doit se rendre aux heures canoniales. Le banquier attend l'(.....) de son correspondant pour payer les lettres de change tirées sur lui. Le plaideur prend (.........) d'un avocat pour se défendre ou pour agir contre sa partie. On voit le passé meilleur qu'il n'a été ; on trouve le présent pire qu'il n'est ; on espère l'(........) plus heureux qu'il ne sera. L'esprit humain ne peut guère juger du (.......), qu'en calculant après le passé. Une voix intérieure semble (........) les hommes qu'ils ne sont pas seuls sur la terre. Je vous donnerai (.....) de tout ce qui se passera. (............)-moi régulièrement de tout ce que vous aurez appris.

---

183. **Avisé, prudent, circonspect.** L'homme *avisé* trouve des expédients ; le *prudent* emploie les moyens de les faire réussir ; le *circonspect* évite les inconvénients qui pourraient les faire manquer.

184. **Avoir, posséder.** On *a* par le fait ; on *possède* par le droit.

185. **Avorton, embryon, fœtus.** L'*embryon* est l'animal informe ; le *fœtus* a une forme sensible ; l'*avorton* naît avant terme.

186. **Axiôme, maxime, sentence, apophthegme, aphorisme.** L'*axiôme* est une vérité capitale ; la *maxime*, une instruction majeure faite pour nous éclairer et nous guider dans la carrière de la vie ; la *sentence*, un enseignement court et frappant, qui nous apprend ce qu'il faut faire ou ce qui se passe dans la vie ; l'*apophthegme*, un dit mémorable, un trait remarquable, qui fait surtout une vive impression ; l'*aphorisme*, un enseignement doctrinal.

DES SYNONYMES.

EXERCICE (183, 184, 185, 186).

Celui qui ne sait pas profiter des circonstances est un mal (......). Les (............) ont pour parents les dieux. L'homme modeste et (............) voit les défauts d'autrui, mais n'en parle jamais. Il ne peut y (......) de sensibilité sans douleur, ni de plaisir sans la sensibilité. (............) n'est pas jouir. Les plus beaux arbres, les plus belles plantes, produisent quelquefois des (............). Ce n'est pas un homme, c'est une espèce d'(............). (............). Les maladies, suivant Hippocrate, sont guéries par la nature, et non par les remèdes, et la vertu des remèdes consiste à seconder la nature. (..........). La ligne droite est le plus court chemin d'un point à un autre. (............). Connais-toi toi-même. (............). Le malheur est le grand maître de l'hommme. (................). On demandait à Léonidas pourquoi les braves gens préfèrent l'honneur à la vie. Parce qu'ils tiennent la vie de la fortune, l'honneur de la vertu.

B

187. **Babil, bavardage, caquet.** Le *babil* annonce le plaisir de parler; le *bavardage*, celui de parler indiscrètement; le *caquet*, l'amour de parler sur des riens. Un enfant *babille*; un sot *bavarde*; une femme *caquette*.

188. **Babillard, bavard.** Le *babillard* et le *bavard* parlent trop : celui-là a besoin de parler, celui-ci de dire des sottises.

189. **Badaud, benêt, niais, nigaud.** Le *badaud* est si curieux qu'il s'arrête devant tout ce qu'il voit; le *benêt* est si simple qu'il trouve tout bien; le *niais* est si dépourvu d'expérience qu'il ne sait ni que faire, ni que penser, ni que dire; le *nigaud* est si inepte qu'il fait tout hors de propos et maladroitement.

190. **Bâillement, hiatus.** *Bâillement*, exprime l'état de la bouche pendant l'émission des sons; *hiatus*, la cacophonie qui résulte des sons.

191. **Baisser, abaisser.** On *abaisse* ce qui est trop élevé; on *baisse* ce que l'on veut mettre plus bas.

192. Balancer, hésiter. On *balance* entre deux partis quand on ne sait lequel prendre ; on hésite quand on n'ose prendre le parti qu'on voudrait.

EXERCICE (187, 188, 189, 190, 191, 192).

La nature (.........) sans cesse le mal par le bien. Une des grandes vertus militaires, c'est de n'hésiter jamais alors qu'il faut agir. Hippocrate dit que le remède des (..............) continuels et du hoquet, c'est de garder longtemps la respiration. L'(........) d'une voyelle avec elle-même est surtout désagréable, et les phrases : *je vais à Athènes, je vais à Argos*, choqueront toujours l'oreille. Dieu (.........) à ses pieds toutes les puissances du monde. Quand un chevalier, dans un tournoi, passait devant la loge où se trouvaient les juges, le prince, les dames, il (..........) sa lance par courtoisie. Quel peuple, quelle cité n'a pas ses (...........)? Londres même a les siens. Ne m'envoyez pas votre grand (........) de laquais, il ne comprend rien. Il est de ces (........) de Sologne qui ne se trompent qu'à leur profit. On ne saurait faire un pas sans trouver des (..........) qui vous regardent. On ne croit pas les (.............), même quand ils disent la vérité. Ne lui contez pas de secret ; c'est un (..........). Un long discours vide d'idées n'est qu'un (.............). Les enfants n'ont que du (......). Les femmes n'ont que du (..,.....); elles ne parlent que de bagatelles.

193. Balbutier, bégayer, bredouiller. Celui qui *balbutie* ne parle que du bout des lèvres ; celui qui *bégaie* coupe et répète les syllabes ; celui qui *bredouille* parle avec précipitation, et confond ses paroles les unes sur les autres.

194. Banqueroute, faillite. *Banqueroute* marque proprement l'effet de l'insolvabilité ; la *faillite*, l'acte qui déclare la cessation de payement.

195. Barbarie, cruauté, férocité. Il y a *barbarie* à livrer à la mort les victimes de ses passions ; *cruauté*, à la faire précéder de tortures ; *férocité*, à jouir de leur spectacle.

196. Bas, abject, vil. Ce qui est *bas* manque d'élévation ; ce qui est *abject* est dans une grande bassesse ; ce qui est *vil*, dans un grand décri. L'homme *bas* est méprisé ; l'homme *abject*, rejeté ; l'homme *vil*, dédaigné.

197. **Bassesse, abjection.** La *bassesse* se trouve dans l'humilité des situations, l'indignité des paroles, des actions et des sentiments; l'*abjection* est le résultat de la corruption et de la dépravation.

EXERCICE (193, 194, 195, 196, 197).

L'enfant qui commence à parler (..........). On ne peut guère comprendre ce qu'il dit : il ne fait que (..............). Les enfants commencent à (..........) à douze ou quinze mois. Il y a fait matériel de (..............) quand le négociant fait perdre ses créanciers, quelle que soit d'ailleurs la cause de cet événement. De tous les événements qui peuvent frapper le commerce, il n'en est pas de plus grave, de plus funeste, que la (..........). La panthère est d'une (..........) indomptable. Notre langue n'a commencé à sortir de la (..........) que vers le milieu du XVIIe siècle. Il y a de la (..........) à tuer un homme pour un soufflet. On se jette dans l'(..........) par sa faute, au même titre qu'on se rend méprisable par sa conduite. Comme Dieu et comme homme, Jésus-Christ a été tout ce qu'il y a de grand et tout ce qu'il y a d'(........). L'avarice, le mensonge, l'ivrognerie, sont les vices les plus (....). Il est ridicule de se scandaliser de la (..........) de Jésus-Christ. Il est toujours (...) et déshonorant de calomnier celui qui est malheureux.

---

198 **Bataille, combat.** La *bataille* est une action générale; le *combat*, une action particulière. Dans cette *bataille*, le *combat* fut opiniâtre.

199. **Battre, frapper.** On *bat* en redoublant les coups; on *frappe* en n'en donnant qu'un.

200. **Béatification, canonisation.** Dans l'acte de *béatification*, le pape accorde à un ordre religieux le privilége de rendre au *béatifié* un culte particulier ; dans l'acte de *canonisation* il détermine le culte qui doit être rendu par l'église au nouveau saint.

201. **Beau, joli.** Le *beau* est grand, noble, régulier, imposant ; le *joli* est délicat, mignon, agréable. Un *beau* domaine, un *joli* jardin.

202. **Beaucoup, plusieurs.** *Beaucoup* est d'usage, soit qu'il s'agisse de calcul, de mesure ou d'estimation; *plusieurs* n'est jamais employé que pour les choses qui se calculent.

203. **Beaucoup, bien**. Le premier exprime une idée de quantité, le second une idée de qualité. On peut parler *beaucoup* et ne pas parler *bien*.

EXERCICE (198, 199, 200, 201, 202, 203).

Les étoiles sont (..........) plus éloignées que la lune du soleil et de la terre. Le consul Duilius qui donna la première (..........) navale, la gagna. Les (..........) heureux exercent et enhardissent les soldats, comme les revers les fatiguent et les découragent. Le lion (...) ses flancs avec sa longue queue. La mort respecte le juste en le (..........), et ne peut ravir l'immortalité même à son corps. La (..........) n'a lieu que cinquante ans après la mort du saint. Autrefois, les évêques pouvaient procéder à la (..........) d'un saint ; depuis 1172, ce droit est réservé au pontife romain Il est (.....) de mourir pour son pays. La bécassine de Madagascar est très-(.....). Il faut bien qu'il y ait (..........) raisons d'ennui, quand tout le monde est d'accord pour bâiller. On va (.....) loin sitôt qu'on se fourvoie.

204. **Béni, bénit**. Tout ce qui est consacré par le prêtre est *bénit* ; tout ce qui est favorisé du ciel est *béni*. L'eau est *bénite* ; nos armes sont *bénies*.

205. **Bénin, doux, humain**. *Bénin* marque une inclination ou une disposition à faire le bien ; *doux* indique un caractère d'humeur qui rend très-sociable et ne rebute personne ; *humain* dénote une sensibilité sympathisante aux mœurs ou à l'état d'autrui. Un astre *bénin*. Un caractère *doux*. Un prince *humain*.

206. **Besace, bissac**. Le mendiant porte une *besace* ; le paysan, l'ouvrier pauvre, un *bissac*.

207. **Bête, brute, animal**. Bête se prend souvent par opposition à homme ; *brute* est un terme de mépris qui ne s'applique qu'en mauvaise part ; *animal* est un terme générique qui convient à tous les êtres organisés vivants.

208. **Bête, stupide, idiot**. On est *bête* faute d'intelligence ; *stupide*, faute de sentiment ; *idiot*, faute de connaissances.

EXERCICE (204, 205, 206, 207, 208).

Une mauvaise conformation dans les organes, et un défaut d'éducation dans la jeunesse, rendent inutile l'influence des

DES SYNONYMES. 55

astres les plus (........). L'ange dit à la Sainte-Vierge : Vous êtes (......) entre toutes les femmes, et Jésus, le fruit de vos entrailles, est (.....). Les drapeaux de tous les régiments ont été (..... ..) par l'archevêque lui-même. Les Arabes sont parvenus par l'influence d'une éducation (........), à faire de leurs chevaux les premiers coursiers de l'univers. Les mœurs chinoises étaient les plus (...........) et les plus sages de l'Orient. Au gueux la (........). On porte son (........) sur l'épaule. Les bêtes ne sont pas si (......) que l'on pense. Ceux qui prétendent être au-dessus des lois et de l'humanité sont au-dessous des (........). Les hommes féroces ne sont pas des hommes; ce sont des (............) à figure humaine. Il ne peut y avoir de république en France : les républicains de bonne foi sont des (.......), les autres des intrigants. Le (.........) est un sot qui ne parle pas, en cela plus supportable que le sot qui parle.

209. **Bêtise, sottise.** La *bêtise* ne voit point; la *sottise* voit de travers.

210. **Bévue, méprise, erreur.** La *bévue* est un défaut de combinaison; la *méprise* est un mauvais choix; l'*erreur*, une fausse conséquence.

211. **Bien, beaucoup, abondamment, copieusement, à foison.** *Bien*, annonce une grande quantité surprenante ou très-remarquable; *beaucoup*, dénote une grande quantité vague et indéfinie; *abondamment*, désigne une grande quantité supérieure à la quantité d'usage nécessaire ou suffisante; *copieusement*, indique une grande quantité, surtout d'objets de consommation, excédant la mesure suffisante et ordinaire; *à foison*, marque la très-grande quantité de choses qui semblent pulluler et ne point s'épuiser.

EXERCICE (209, 210, 211).

Rien n'est si près de la (......) que l'esprit sans raison. Un des attributs de la (.......) est de passer le but en toutes choses. Celui qui n'entend rien aux affaires commet à toute heure des (.......) On perd, à déterrer des (.........), un temps qu'on emploierait peut-être à découvrir des vérités. Rien n'est plus grand dans le souverain, que de vouloir être détrompé et d'avoir la force de convenir en soi-même de sa (..........). On fait (.....) des fautes quand on est jeune et qu'on ne prend conseil que de soi-même. Les lectures doivent être réglées avec (..........) de soin. Dieu nous fournit (................) tout ce qui est nécessaire à la vie. Les gens du Nord mangent et boivent (................). A Paris, avec de l'argent on trouve de tout (............).

212. Bienfaisance, bienveillance. La *bienveillance* est le désir de faire du bien ; la *bienfaisance* est l'action même.

213 Bienfait, grâce, service, bon office, plaisir. Le *bienfait* est un don ; la *grâce*, une générosité ; le *service*, une assistance, un secours ; le *bon office*, un acte ou une démarche obligeante ; le *plaisir*, un soin que l'on prend volontiers.

214. Bizarre, capricieux, quinteux, fantasque. Le *bizarre* a des goûts, des sentiments singuliers ; le *capricieux* ne sait à quoi se fixer ; le *fantasque* change au gré de son imagination ; le *quinteux* n'a jamais l'humeur égale.

215. Blâmer, censurer, réprimander. On *blâme* celui qui se conduit mal ; on *censure* celui qui s'écarte de la discipline ; on *réprimande* celui qui manque au devoir.

216. Blessure, contusion, plaie. *Blessure* se dit en général du coup que l'on reçoit ; *contusion*, de la lésion que fait sur la peau un instrument contondant ; la *plaie* est le résultat de la *blessure*, ou de la *contusion*. Au figuré, *plaie* et *blessure* se disent des souffrances morales.

EXERCICE (212, 213, 214, 215, 216).

Les (..........) faites à l'honneur, à l'amour-propre sont plus sensibles que les autres. Un corps contondant qui frappe perpendiculairement peut faire une (..............) profonde, mais peu étendue. L'esprit charitable de vouloir (........) et bosses à tout le monde est extrêmement répandu. La (..............) est une vertu qui naît de l'amour de l'humanité. On demande aux personnes qui peuvent nous être utiles l'honneur de leur (................). Il y a des gens qui oublient également les injures et les (............). Gil-Blas devient le favori de l'archevêque de Grenade et le canal de ses (........). C'est un bon (........) que vous lui avez rendu.

DES SYNONYMES.   57

Heureux les gens qui ne cherchent qu'à faire (........). Si les (..........) imposent des devoirs d'obligation à ceux qui les reçoivent, ils en exigent de délicatesse à ceux qui les rendent. Tout louer est d'un sot, tout (........) est d'un fat. Faites-vous des amis prompts à vous (...........). Les jeunes gens ont besoin d'être (...............). On trouve en Laponie et sur les côtes septentrionales de la Tartarie une race d'hommes d'une petite stature, d'une figure (.........), dont la physionomie est aussi sauvage que les mœurs. La molle indulgence des parents prépare mille peines aux enfants (..............). La mule est un animal (.............). Ayez de l'indulgence pour les femmes ; la nature les condamne souvent à être (............).

---

217. **Bluette, étincelle.** La *bluette*, pâle et faible, luit et s'évanouit presque aussitôt dans les cendres chaudes remuées ; l'*étincelle* ardente, éclatante, jaillit et pétille lorsqu'on souffle le feu pour le rendre plus vif. Figurément on dit, des *bluettes* d'esprit, des *étincelles* de génie.

218. **Bois, corne.** Le *bois* tombe et repousse ; la *corne* est permanente. Le cerf, l'élan, le daim, le renne, etc., ont des *bois*. Le bœuf, le buffle, la chèvre, etc., ont des *cornes*.

219. **Boiter, clocher.** *Boiter*, c'est marcher en se jetant de côté ; *clocher*, c'est marcher avec un pied plus court que l'autre.

220. **Bon sens, bon goût.** Le *bon sens* est une certaine droiture de l'âme, qui voit le vrai, le juste, et s'y attache ; le *bon goût* est cette même droiture par laquelle l'âme voit le bon et l'approuve. Entre le *bon sens* et le *bon goût* il y a la différence de la cause à son effet.

221. **Bonheur, chance.** *Bonheur* est plus général que *chance*, en ce qu'il embrasse tous les événements ; *chance* n'a guère de rapport qu'à ceux qui dépendent du hasard. On peut nuire ou contribuer à son *bonheur* ; la *chance* est indépendante de nous.

EXERCICE (217, 218, 219, 220, 221).

Florian, Boufflers, Parny, ont écrit divers petits poëmes qui sont de charmantes (.........). Il y a de temps en temps, dans certains ouvrages, de brillantes (............) de génie.

Le cerf a la tête parée plutôt qu'armée d'un (......) vivant qui se renouvelle chaque année. La (.......) d'abondance est l'attribut ordinaire des divinités bienfaisantes. Il ne faut qu'un cor au pied pour faire (.......). Il ne faut pas (........) devant les boiteux. La raison et le bon (.....) pénètrent dans les écoles de la barbarie. Le bon cœur et le bon (.....) font l'homme. Le type de toutes les sortes de bonheur, c'est le (........) domestique. C'est bien peu connaître les (.........) de la fortune que de s'abandonner au désespoir.

222. **Bonheur, félicité, béatitude.** Le *bonheur* marque proprement l'état de fortune; la *félicité* exprime particulièrement l'état du cœur; la *béatitude* désigne l'état de l'imagination. Le *bonheur* nous expose souvent à l'envie; notre *félicité* est en nous-même; l'idée de la *béatitude* s'étend au-delà de la vie temporelle.

223. **Bonheur, prospérité.** Le *bonheur* est l'effet du hasard; il arrive inopinément. La *prospérité* est le succès de la conduite; elle vient par degrés. Les fous ont quelquefois du *bonheur*; les sages ne *prospèrent* pas toujours.

224. **Bonnes actions, bonnes œuvres.** Par *bonnes actions*, on entend tout ce qui se fait par un principe de vertu; par *bonnes œuvres*, on n'entend guère que certaines actions qui regardent la charité du prochain.

EXERCICE (222, 223, 224).

La vertu consiste dans l'habitude des bonnes (.........), comme le vice dans l'habitude des mauvaises. Chacun sera jugé selon ses bonnes ou mauvaises (.........). La mémoire d'un (.........) passé ne fait qu'augmenter le déplaisir de l'avoir perdu. La (.........) des impies n'a jamais passé à leurs descendants. La fin principale et la première loi d'un gouvernement est le (.........) des peuples. Il n'est point pour l'homme de (.........) durable et tranquille hors de Dieu. La vraie (.........) consiste dans la vue de Dieu. Les personnes vraiment pieuses éprouvent dans le monde les avantages de la (.........).

225. **Bonté, bénignité, débonnaireté.** La *bonté* est l'inclination à faire du bien; douce, facile, indulgente, propice, généreuse, elle est *bénignité*; avec une grande faci-

lité, la plus tendre clémence, la patience, la longanimité, la mansuétude, elle devient *débonnaireté*.

226. **Bonté, humanité, sensibilité.** La *bonté* est un caractère ; l'*humanité*, une vertu ; la *sensibilité*, une qualité de l'âme. La *bonté* s'étend sur tout ce qu'elle connaît ; l'*humanité*, sur tout ce qui est ; la *sensibilité* sur tout ce qui l'émeut.

EXERCICE (225, 226).

Lorsque Dieu forma le cœur, il y mit premièrement la (......). Dieu est la (......) souveraine. Epaminondas avait l'extrême valeur jointe à l'extrême (............). Quant à l'empereur François, on connaît sa (...............) qui le rend toujours dupe des intrigants. La (...............) répand partout un charme indicible. Pythagore, qui étendait l'(............) jusqu'aux animaux, fut brûlé vif par les Crotoniates. Le plaisir et la douleur sont les deux extrêmes de la (...............).

---

227. **Bord, côte, rivage, rive.** Le *bord* et la *rive* n'ont point ou n'ont guère d'étendue ; le *bord*, moins que la *rive*. Les *côtes* et les *rivages* ont une étendue plus ou moins considérable ; les *côtes*, beaucoup plus que les *rivages*. On dit les *bords* Indiens, les *bords* Africains ; et les *côtes de France*, les *côtes d'Angleterre*. On dit, au contraire, les *rives de la Seine*, les *rivages de la mer*.

228. **Bouderie, fâcherie, humeur.** La *bouderie* est un signe de faiblesse ; la *fâcherie*, un signe de grande sensibilité ; l'*humeur*, une preuve de l'amertume du caractère.

229. **Bouffon, facétieux, plaisant.** Ce qui est *plaisant*, récrée, divertit ; ce qui est *facétieux* est comique ; ce qui est *bouffon* est risible à l'excès, sans goût et sans vraisemblance.

230. **Boulevard, rempart.** Le *rempart* présente une fortification simple ; le *boulevard*, une fortification composée, ajoutée au rempart.

EXERCICE (227, 228, 229, 230).

La (............) est l'arme offensive et défensive des âmes faibles et timides. La concurrence des intérêts, les exigences de vanité, sont les causes les plus fréquentes de la (............).

Le bonheur ou le malheur de l'homme ne dépend pas moins de son (.........) que de sa fortune. C'est à Jean du Bellay que Paris doit ses (............). Les (........) du Rhin, de la Loire, du lac de Côme, sont fort pittoresques. La France a plus de deux mille kilomètres de (........). Le Ranelagh est parfois témoin de scènes (............) et divertissantes. Molière n'est pas seulement plaisant, il est (............). Le Pont-Euxin est un immense bassin presque partout entouré de montagnes plus ou moins éloignées du (........). Des bois de peupliers ombragent les (........) de la Durance. Il y a une sorte d'esprit à saisir un côté (...........) dans un sujet sérieux.

---

231. **Bout, extrémité, fin.** Le *bout* répond à un autre bout ; l'*extrémité*, au centre, la *fin*, au commencement. Ainsi, l'on dit : le *bout* de l'allée, l'*extrémité* du royaume, la *fin* de la vie.

232. **Bref, court, succinct.** *Bref*, s'applique à la durée ; *court*, à la durée et à la matière ; *succinct*, est l'opposé de *diffus*, Un *bref* délai, une robe *courte*, un orateur *succinct*.

233. **Brouiller, embrouiller.** Déranger les choses, c'est les *brouiller* ; ne pas savoir les arranger, c'est les *embrouiller*.

234. **But, vues, dessein.** Le *but*, c'est où l'on veut aller ; les *vues*, c'est ce qu'on veut se procurer ; le *dessein*, c'est ce qu'on veut exécuter. On se propose un *but*, on a des *vues*, on forme un *dessein*.

EXERCICE (231, 232, 233, 234).

C'est un grand mal pour l'homme d'arriver trop tôt au (......) de ses désirs. On parcourt une chose d'un (......) à l'autre ; on pénètre de ses (............) jusque dans son centre ; on la suit depuis son origine jusqu'à la (...). Les commandants ont le parler (......). Il y a des cerises à (........) queue. Il faut être aussi (............) que possible. L'intérêt, la flatterie et la vanité ont tout (.........) depuis longtemps chez les hommes. Plus on dispute sur une matière, plus on l'(............). Celui qui passe le (......) le manque comme celui qui n'y atteint pas. Vous voyez un ordre constant dans tous les (..........) de Dieu. Il faut penser et agir en (....) de notre salut.

C

235. Cabale, complot, conspiration, conjuration. La *cabale* est une intrigue conduite secrètement ; le *complot* est un coup décisif qu'on veut exécuter inopinément ; la *conspiration* est une trame sourde pour combattre un pouvoir odieux ; la *conjuration* est une confédération pour opérer violemment une révolution politique.

236. Cabane, hutte, chaumière. La *cabane* est la demeure du pauvre ; la *chaumière*, celle du laboureur ; la *hutte*, celle du sauvage.

237. Cabaret, taverne, auberge, hôtellerie. Dans le *cabaret*, on vend du vin en détail, soit pour l'emporter, soit pour le boire dans le lieu même ; dans la *taverne*, on boit crapuleusement, à l'excès ; dans l'*auberge*, on donne à boire et à manger ; dans l'*hôtellerie*, les voyageurs et les passants sont logés, nourris et couchés pour de l'argent.

238. Cacher, dissimuler, déguiser. On *cache* par le silence ; on *dissimule* par les démarches ; on *déguise* par les propos.

EXERCICE (235, 236, 237, 238).

Vingt ans de la vie de Racine ont été stériles pour la gloire française : voilà l'ouvrage de la (.........). C'est vers le milieu du siècle dernier que la (.......) applaudissante et sifflante prit pied dans nos spectacles. Le pauvre est heureux dans sa (.........). Le (.........) est un lieu où l'on vend la folie par bouteilles. Des palais superbes (.........) des soucis cruels. Le (.........) a pour objet de nuire, et toujours ses vues sont criminelles. La (.......) d'un pauvre nègre, sans industrie, me plaît sous un calebassier qui porte toutes les pièces de son ménage. Les ivrognes ne quittent pas la (.........). L'art de (............) est l'art de la vengeance. Dans les villages on ne trouve que des (.............). J'entrai dans une (.........) pour reprendre les forces qui me manquaient. La nature nous donne une (...... ......), non une habitation. L'élégance exige une fierté noble, un air facile et naturel qui, sans nuire à la correction, en (......... ..) l'étude et le travail. Catilina se propose, dans sa (... ....), de détruire les derniers des Romains et sa patrie, s'il ne parvient à l'asservir. La (......... ....) de Bedmar prépare la ruine de la république de Venise. L'indulgence pour le vice est une (..............) contre la vertu.

239. **Caducité, décrépitude,** *Caducité* désigne la décadence, une ruine prochaine ; la *décrépitude* annonce la destruction, les derniers effets d'une dissolution graduelle.

240. **Calamité, malheur, infortune.** La *calamité* est un mal qui atteint tout le monde ; le *malheur*, un mal individuel ; l'*infortune*, une privation des moyens d'existence. La peste est une *calamité* ; un incendie est un *malheur* qui peut réduire à l'*infortune*.

241. **Calculer, compter, supputer.** *Calculer*, c'est opérer arithmétiquement sur les quantités ; *compter*, c'est énumérer ; *supputer*, c'est combiner des nombres.

242. **Calendrier, almanach.** Le *calendrier* indique simplement les mois, les semaines, les jours, les fêtes ; l'*almanach* ajoute à cette nomenclature des observations astronomiques, des instructions pour le labourage, le jardinage.

EXERCICE (239, 240, 241, 242).

Par un décret du 9 septembre 1805, Napoléon abolit le (.. ....) républicain et rétablit le (............) grégorien généralement usité. Les (..............) sont devenus des espèces d'agendas que l'on approprie au goût et à l'usage des diverses classes de la société. Les victoires traînent après elles autant de (............) que les plus sanglantes défaites. Le (...........) et la pauvreté ramènent à l'égalité. La mort termine toutes nos (..............). La crainte ne (.........) ni ne raisonne. La terre (.........) peu de rois bienfaisants. Il a fallu (............) les temps pour faire un calendrier. La (... ....) commence à l'âge de soixante-dix ans et va jusqu'à la (..............).

243. **Candeur, naïveté, ingénuité.** L'*ingénuité* peut être une suite de la sottise, quand elle n'est pas l'effet de l'in-

expérience; mais la *naïveté* n'est souvent que l'ignorance des choses de convention, faciles à apprendre et bonnes à dédaigner; la *candeur* est la première marque d'une belle âme.

244. **Capacité, habileté.** *Capacité* a plus de rapport à la connaissance des préceptes; *habileté* en a davantage à leur application: l'une s'acquiert par l'étude, l'autre par la pratique. Qui a de la *capacité* est propre à entreprendre; qui a de l'*habileté* est propre à réussir.

245. **Captif, esclave, prisonnier, serf.** Le *captif* est un prisonnier de guerre qu'on réduit à l'esclavage; l'*esclave* travaille pour un maître; le *prisonnier* est simplement privé de sa liberté; le *serf* est sous la domination d'un seigneur et lui appartient. On rachète un *captif*, on affranchit un *esclave*, on délivre un *prisonnier*, on émancipe un *serf*.

246. **Caresser, flatter, cajoler, flagorner.** On *caresse* ceux qu'on aime; on *flatte* ceux qui peuvent servir ou nuire; on *cajole* les gens faciles à tromper et à gagner; on *flagorne* des maîtres, des supérieurs.

EXERCICE (243, 244, 245, 246).

La (..........), c'est le cristal dont le moindre souffle ternit la pureté; un rien l'altère et la fait disparaître. Les peuples de l'Asie ne peuvent être esclaves, ils naissent en état de liberté et d'(..........). Le rondeau, né gaulois, a la (..........). La (.........) exclut le sublime. L'homme a en lui la (.........,.) de connaître la vérité. C'est une grande (..........) de savoir cacher son habileté. Les rois (..........) ornaient ordinairement le triomphe des généraux romains. Les religieux étaient établis pour la rédemption des (..........). Les Romains eurent à soutenir une guerre contre leurs (..........) révoltés. Un (...........) sans argent est un oiseau à qui l'on a coupé les ailes. Louis XVI affranchit les derniers (......) de France La faiblesse de l'homme, c'est d'aimer qu'on le (.........). Les hommes aiment ordinairement ceux qui les (.........). On ne corrige pas plus les nations que leurs chefs en les (.............). Ce n'est pas mon métier de (.........) personne.

247. **Carnassier, carnivore.** L'animal *carnassier* est celui qui ne peut vivre que de chair; le *carnivore* vit de

chair et d'autres aliments. Le tigre, le lion, le loup, sont des animaux *carnassiers* ; l'homme, le chien, le chat, des animaux *carnivores*.

248. **Casser, briser, rompre**. On *casse* en frappant, en choquant, en heurtant ; on *brise* toute sorte de corps solides, dès qu'on les met en pièces par une action violente; on *rompt* en faisant céder, fléchir, enfoncer, ployer sous le poids, la charge, l'effort, plus que la chose ne le comporte.

249. **Caustique, satirique, mordant**. L'esprit *satirique* se joue avec malice et gaîté ; le *caustique* est taquin, il a de l'humeur; le *mordant* est méchant, il a de la haine.

250. **Caution, garant, répondant**. La *caution* s'engage pour des intérêts ou sous des peines pécuniaires ; le *garant*, pour des possessions; le *répondant*, pour des dommages. On est *caution* d'une personne; on est *garant* d'un fait ; on *répond* d'un événement.

251. **Célébrité, gloire**. Des actions d'éclat, soit en bien, soit en mal, procurent la *célébrité;* on n'acquiert la *gloire* que par des actions nobles.

EXERCICE (247, 248, 249, 250, 251).

La (..........) que donne l'histoire à ceux qui ont cultivé la vertu, et l'infamie dont elle note les scélérats, sont de puissants moyens pour inspirer l'amour de la vertu et l'horreur du vice. La (.......) est une récompense morale accordée par la société aux vertus d'éclat. Le sage est diablement sujet à (..........). Tout citoyen est naturellement (.........) de ses actions. Il faut avoir des motifs très-puissants pour (..........) d'un événement futur, casuel, incertain. On aime un bon plaisant, on abhorre un (............). Juvénal, jusqu'à l'excès, poussa sa (............) hyperbole. On compare les (..............) à des chiens qui aboient et qui mordent tout le monde. Les peuples du nord sont fort (................) en comparaison des méridionaux. L'homme est à la fois (.............), herbivore et frugivore. La peur (......) les jambes à l'homme, pourquoi ne (............) elle pas les ailes à l'oiseau. Le vin, pris à l'excès, (......) la tête. Les nègres sont bornés, parce que l'esclavage (.. ...) tous les ressorts de l'âme. L'intérêt le plus vil arme le frère contre le frère, l'ami contre l'ami, (........) tous les liens du sang et de l'amitié.

DES SYNONYMES.

252. Certain, sûr, assuré, évident. *Certain* se dit des choses dont on peut prouver l'existence ; *sûr*, des choses ou des personnes sur lesquelles on peut compter, auxquelles on peut se fier ; *assuré*, a un rapport particulier à la durée des choses et au témoignage des hommes ; ce qui est *évident* est tel, parce que l'esprit aperçoit tout d'un coup la liaison des idées qui le composent.

253. Certes, certainement, avec certitude. Vous savez une chose *avec certitude*, de science certaine, sans aucun doute ; vous l'affirmez *certainement*, sans crainte, et *certes* vous la garantissez en homme qui certifie, qui doit être cru, qui répond de la chose, qu'on n'aurait garde de contredire.

254. Chagrin, tristesse, mélancolie. Le *chagrin* vient du mécontentement ; la *tristesse* est ordinairement causée par les grandes afflictions ; la *mélancolie* est l'effet du tempérament. L'esprit devient inquiet dans le *chagrin* ; le cœur est accablé dans la *tristesse* ; le sang s'altère dans la *mélancolie*.

255. Chanceler, vaciller. Ce qui *chancelle* n'est pas ferme ; ce qui *vacille* n'est pas fixe. Le corps de l'ivrogne *chancelle* ; sa langue *vacille*.

256. Chancir, moisir. Tous deux expriment un changement à la surface de certains corps, qu'une fermentation intérieure dispose à la corruption. *Chancir* se dit des premiers signes de ce changement ; *moisir* se dit du changement entier.

EXERCICE (252, 253, 254, 255, 256).

La vertu d'un cœur noble est la marque (..........). (............) les hommes sont bien aveugles. Il y a (........) un beau dévouement à défendre la veuve et l'orphelin. S'il fallait douter de tout, on ne saurait rien avec (............). Le parti le plus (........) était de s'emparer des passages des montagnes. S'il y a dans le monde une maxime (............) et certaine, c'est celle-ci : Ne fais pas aux autres ce que tu ne voudrais pas qu'on te fît. Rien n'est si (....) que la mort. Il n'est point de (..........) et de douleur que le temps n'adoucisse et le plus souvent n'efface. Les anciens médecins regardaient la (.............) comme capable de produire les affections, les maladies hypocondriaques. La (......

......) ruine la santé. Nos plaisirs les plus doux ne vont point sans (..........). L'intérêt (..........) dans les circonstances délicates ; la vertu va droit au but et ne tombe pas. Dès que les confitures sont à l'humidité, elles commencent à (..........). M. Mathieu ne laisse pas (.........) l'argent entre les mains de ceux qui lui doivent. La faiblesse (........) dans ses résolutions.

257. **Change, troc, échange, permutation.** On *change* une pièce pour de la monnaie ; on *troque* une chose pour une autre ; on *échange* des terres, des prisonniers ; on *permute* des emplois.

258. **Changement, variation, variété.** Le *changement* est la différence d'une chose à une autre ; la *variation* est la modification de l'objet même ; la *variété* est une modification de l'espèce. Il y a des *changements* de règne ; des *variations* dans la température, des *variétés* dans les espèces.

259. **Chanteur, chantre.** On ne dit *chanteur* que pour le chant profane, et l'on dit *chantre* pour le chant d'église.

EXERCICE (257, 258, 259).

Roger était un excellent (..........). Si le rossignol est le (.........) des bois, le serin est le musicien de la chambre. (..............) de corbillon fait appétit de pain béni. Il y a peu d'hommes qui aient un caractère fixe. Le cœur est aussi sujet aux (..........) que le visage. La (........) dans l'unité est un des principes de la vie. Lorsque le (.........) se fait d'une ville à l'autre, somme égale pour somme égale, on dit qu'il est au pair. L'argent et l'or, ces gages d'(.........), doivent être des mesures invariables. Les (..............) de consonnes sont très-fréquentes dans les verbes grecs. Troc pour (.....), quatre vaches pour deux bœufs.

260. **Charge, fardeau, faix.** *Charge*, ce qu'on doit ou ce qu'on peut porter ; *fardeau*, ce qu'on porte ; *faix*, ce qui excède les forces.

261. **Charme, enchantement, sort.** Le *charme* arrête les effets ordinaires et naturels des causes ; l'*enchantement* se dit de l'illusion des sens ; le *sort* exprime l'idée de quelque chose qui nuit ou qui trouble la raison.

262. **Charmoie, charmille.** La *charmoie* est un lieu planté de charmes; la *charmille*, un plant de jeunes charmes, tels que ceux dont on forme des palissades.

263. **Chasteté, continence.** La *chasteté* prescrit des règles à l'usage des plaisirs; la *continence* en interdit absolument l'usage. Tel est *chaste* qui n'est pas *continent*; réciproquement, tel est *continent* qui n'est pas *chaste*.

264. **Châtier, punir.** On *châtie* celui qui fait une faute, afin de l'empêcher d'y retomber, de le corriger, de le rendre meilleur; on *punit* celui qui a fait un crime ou commis un délit par application de la loi qu'il a enfreinte. Les pères *châtient* leurs enfants; la loi *punit* les malfaiteurs.

265. **Le chaud, la chaleur.** La *chaleur* est une cause dont le *chaud* est l'effet; le *chaud* accable, la *chaleur* dévore.

EXERCICE (260, 261, 262, 263, 264, 265).

Arrière ceux dont la bouche souffle le (.......) et le froid. Le vent du midi perd sa (.........) en passant sur des montagnes de glaces. Qui aime bien (........) bien. Dieu, irrité de la corruption des hommes, leur envoya le déluge pour les (........). Avant d'être un devoir de morale, la (..........) est une loi de conservation que la nature impose à tous les êtres vivants. La croix est le sceau de l'alliance que les vierges ont avec Jésus-Christ; leurs corps lui appartiennent par la ....) qu'elles lui vouent. Charles XII était d'une (........ ....) incroyable chez un prince. C'est une (..........) bien pesante qu'un fardeau de quatre-vingts ans. Le chameau patient traverse le désert en portant commodément son (.....), et il s'y accoutume comme à une bosse de plus. C'est un pesant (..........) qu'une couronne. La nouveauté a un (..........) dont on se défend malaisément. De superbes édifices sortent comme par (.................) du sein de la terre. Le (.....) jeté par un magicien ne peut être levé que par un (..............) plus puissant, moyen fort ingénieusement imaginé pour imposer aux dupes une double contribution. On plante de la (............) pour faire des palissades.

266. **Chérir, aimer.** *Aimer*, c'est être attaché par goût, par sentiment; *chérir*, c'est aimer avec tendresse, prédilection. Il ne suffit pas qu'un prince *aime* son peuple, il

faut qu'il le *chérisse*; il faut que le soin de le rendre heureux soit son propre bonheur.

267. Chétif, mauvais. L'inutilité et le peu de valeur rendent une chose *chétive*; les défauts et la perte de son mérite la rendent *mauvaise*. Nous ne sommes que de *chétives* créatures aux yeux de Dieu, parce qu'il n'a pas besoin de nous. Nous serions de *mauvais* chrétiens si nous manquions de foi. En fait de choses d'usage, *chétif* renchérit encore sur *mauvais*: un *chétif*, un *mauvais* accoutrement.

268. Choir, faillir, tomber. *Choir* et *faillir*, qui est toujours pris dans un sens moral, se disent des personnes; *tomber*, des personnes et des choses. On se laisse *choir*; il faut prendre garde de *faillir*; une maison en ruines peut (*tomber*).

269. Choisir, élire. *Choisir*, c'est se déterminer, par la comparaison qu'on fait des choses en faveur de ce qu'on juge être le mieux; *élire*, c'est nommer à une dignité, à un emploi, ou à quelque chose de semblable. On *choisit* les plus capables, les plus influents; on les *élit* députés.

270. Choisir, faire choix. *Choisir* se dit ordinairement de choses dont on veut faire usage; *faire choix* se dit proprement des personnes qu'on veut élever à quelque dignité, charge ou emploi. Louis XIV *choisit* Versailles pour le lieu de sa résidence ordinaire; il *fit choix* du maréchal Villeroi pour être gouverneur de son petit-fils Louis XV.

271. Choisir, préférer. *Choisir*, c'est prendre une chose au lieu d'une autre; *préférer*, c'est mettre une chose au-dessus d'une autre. Louis XIV *choisit* le séjour de Versailles; Boileau *préférait* Racine à Corneille.

EXERCICE (266, 267, 268, 269, 270, 271).

Dieu fit (.......) de Cyrus avant qu'il vît le jour. Devine si tu veux, et (.........) si tu l'oses. Entre Dieu et le monde il n'y a pas à (.........). Entre deux maux il faut (.........) le moindre. Ceux que Dieu a (....) jouiront de la béatitude éternelle. Prenez garde de (.........) Il est dans la nature humaine de (.........) Dieu veut que de vos tables somptueuses vous laissiez du moins (........) quelques miettes pour soulager les pauvres. Il y a des années où il se fait de (.........) récoltes.

DES SYNONYMES. 69

La chair du renard est moins (..........) que celle du loup.
Les objets que l'homme (........) le plus sont ceux qui lui offrent le plus d'espérance. Vous (..........) Dieu de tout votre cœur, de toute votre âme et de toutes vos forces.

272. **Choquer, heurter.** Le premier exprime un choc léger ; le second un choc rude : on *choque* les verres, on ne les *heurte* pas. Figurément, *choquer* signifie blesser, offenser ; *heurter* signifie léser, contrarier ; on *choque* l'amour-propre : on *heurte* les préjugés.

273. **Ciel, paradis.** Le *ciel* est le séjour de la Divinité ; le *paradis*, celui des bienheureux. Le *paradis* est dans le *ciel*.

274. **Circonspection, considération, égards, ménagements.** La *circonspection* est l'effet d'une prudence qui ne risque rien ; la *considération* est une suite de l'estime ou du devoir ; les *égards* sont les fruits d'une belle éducation ; les *ménagements* ont pour but de ne pas choquer ou faire de la peine.

275. **Circonstance, conjoncture, occurrence.** La *circonstance* a rapport à une affaire ou à une action ; la *conjoncture* a rapport au temps ; l'*occurrence* est une circonstance favorable qui se présente sans qu'on la cherche. On consulte les *conjonctures*, on prévoit les *circonstances*, on profite de l'*occurrence*.

276. **Cité, ville.** La *ville* est l'enclave des murailles, ou la population renfermée dans cette enclave ; la *cité* est le peuple d'une contrée, ou la contrée même gouvernée par les mêmes lois, les mêmes comtumes, les mêmes magistrats. La *ville*, les maisons et les murs de Carthage rasés, la *cité* ou le corps civil restait encore.

EXERCICE (272, 273, 274, 275, 276).

J'aime ceux qui ont toujours de l'esprit sans (..........) personne, et je hais ceux qui n'en ont que pour déplaire. Nos opinions font partie de nous-mêmes ; ceux qui les (..........) nous blessent. La pratique de l'Evangile est le chemin du (....). Le (..........) est à ceux qui nourrissent pour l'amour de Dieu, les malheureux sans ressources, les orphelins et les esclaves. Avec les princes, il faut agir avec une grande (.....

.. ………..). La (……………..) est le revenu du mérite de toute une vie. Respectez-vous, les (……….) ont leur prix. On se fait toujours des ennemis de ceux avec qui on rompt sans (……………). Les écrits composés pour les (……….. ………) passent avec elles. Il y a peu de règles générales et de mesures certaines pour bien gouverner ; l'on suit les temps et les (, …………..), et cela roule sur les vues et sur la prudence de ceux qui règnent. Tout narrateur y met du sien selon les (……………). Le Seigneur a détruit la reine des (…….). Sous Tibère, on comptait soixante quatre (……) dans les Gaules. Coulommiers est une petite (.. ..) située sur un bras du grand Morin. Sens est une (…..) très-ancienne de la Celtique.

277. **Citer, alléguer.** On *cite* les auteurs ; on *allègue* les faits et les raisons.

278. **Civilité, politesse.** La *civilité* est un mémorial qui a ses règles, mais de convention ; la *politesse* consiste à faire et à dire tout ce qui peut plaire, et cela avec des manières nobles, aisées, fines et délicates. Un homme du peuple, un paysan même, peuvent être *civils* ; il n'y a qu'un homme du monde qui puisse être *poli*.

279. **Civisme, patriotisme.** Par *civisme*, il faut entendre le dévouement envers tous ses concitoyens ; par *patriotisme*, le dévouement à la patrie. Le *civisme* est la conduite ; le *patriotisme* est le sentiment qui la dirige.

280. **Clarté, perspicacité.** La *clarté* est ennemie du phébus et du galimathias ; la *perspicacité* écarte les tours amphibologiques, les expressions louches, les phrases équivoques.

281. **Cloître, couvent, monastère.** L'idée propre de *cloître* est celle de clôture ; l'idée propre de *couvent*, celle de communauté ; l'idée propre de *monastère*, celle de solitude. On s'enferme dans un *cloître*, on se met dans un *couvent*, on se retire dans un *monastère*.

282. **Clore, fermer.** La *clôture* est plus vaste, plus rigoureuse, plus stable que la *fermeture*. Un jardin est *clos* de murs ; un passage, un magasin, une boutique est *fermée* à telle heure.

283. **Clystère, lavement, remède** *Clystère* n'est plus

employé que dans le burlesque; *lavement*, dans les livres de médecine; un terme plus honnête a été substitué à ces deux mots, celui de *remède*.

EXERCICE (277, 278, 279, 280, 281, 282, 283).

Les Egyptiens ont été les inventeurs du (.........), ou au moins les premiers qui l'aient mis en usage. Le (.........) des pieds était chez les Juifs une civilité ordinaire qu'ils faisaient à leurs hôtes en arrivant. Quels sont les maux qui n'aient en même temps leur (.........)? Mettre Napoléon à Saint-Denis, c'était (......) entièrement la parenthèse impériale. Des bancs de sable (.........) l'entrée du port. Quand on n'a plus rien à faire avec le monde, on se retire dans un (.........). Bien des jeunes filles sont élevées au (.........). Dans le ixe siècle, les Normands vinrent piller et détruire le (............) de Lagny. La première qualité par où se recommande le style de Napoléon, c'est la (.......), une (.......) lumineuse, qui laisse constamment voir la pensée avec toutes ses nuances. Que votre expression ait cette (............) que Quintilien regarde comme la première et la plus importante qualité du discours. Le (.........) est une vertu politique, l'élément vital des démocraties. Le (.........) demandant une préférence continuelle de l'intérêt public au sien propre, donne toutes les vertus particulières. Le (............) est une fièvre sublime qui, dans ses accès, triomphe de la nature. Les philologues, pour montrer la signification des mots, (......t) les phrases où les auteurs connus les ont employés. Plusieurs orateurs (............ des autorités et des passages qu'ils forment eux-mêmes. C'est manquer à la (.........), chez les peuples mahométans, que de découvrir sa tête et d'ôter son turban. On s'aperçoit aujourd'hui jusque dans le fond d'une boutique que la (............) a gagné toutes les conditions.

284. **Cœur, courage, valeur, bravoure, intrépidité.**
Le *cœur* bannit la crainte et la surmonte; le *courage* est impatient d'attaquer; la *valeur* agit avec vigueur; la *bravoure* ne connaît pas la peur; l'*intrépidité* voit le péril et l'affronte.

285. **Colère, courroux, emportement.** La *colère* marque une passion intérieure de plus ou moins de durée; le *courroux* ne respire que la vengeance; l'*emportement* éclate et passe promptement.

286. **Colère, colérique.** *Colère* marque le fait; *colérique*, l'inclination. Un homme *colère* peut n'être pas *colérique*, et l'homme *colérique* peut n'être pas *colère*.

EXERCICE (284, 285, 286).

Le (......) bannit la crainte et la surmonte; il ne permet pas de reculer et tient ferme dans l'occasion. Le vrai (............) est de savoir souffrir. La (............) est une qualité innée, on ne se la donne pas. La seule (........) défend mal un Etat. Garde-toi de l'homme (........), fuis l'homme dissimulé. La (.......) est une passion fougueuse qui court aux armes sans attendre le consentement de la raison. Quand les vents sont déchaînés, la mer est en (............). On pardonne l'(............) à une juste indignation. Les peuples Mongols sont bien plus (............) que les Hindous, sous les mêmes climats.

287. **Commandement, ordre, précepte, injonction, jussion.** Le *commandement* se donne en vertu du pouvoir qu'on a de commander; l'*ordre*, en vertu de l'autorité dont on est revêtu; le *précepte*, en vertu des connaissances qu'on a acquises; l'*injonction* se fait en vertu de la décision d'une autorité administrative, militaire ou judiciaire; la *jussion*, en vertu de la volonté du souverain.

288. **Commentaire, glose.** La *glose* est plus littérale; le *commentaire*, plus libre.

289. **Commerce, négoce, trafic.** Le *commerce* est un échange de valeurs pour valeurs; le *négoce* est une partie du commerce exercée par des gens voués à cette profession; le *trafic* fait passer les marchandises de mains en mains.

290. **Commis, employé.** Le *commis* a une commission, il a ses instructions; l'*employé* a un emploi, il obéit à un chef. Le *commis* dirige par lui-même; l'*employé* agit par la volonté d'un autre.

291. **Complaire, plaire.** *Complaire*, c'est agir en vue d'être agréable; *plaire*, c'est être effectivement agréable. Le premier est un moyen pour parvenir au second.

EXERCICE (287, 288, 289, 290, 291).

Il faut déférer aux ordres de ses supérieurs, et chercher

DES SYNONYMES. 73

tous les moyens de leur (............). L'envie de (........) est à l'esprit ce que la parure est à la beauté. Les chefs accablés d'affaires, ne voient rien par eux-mêmes; des (..........) gouvernent l'Etat. L'Etat nourrit une foule d'(..........). Le (...........) est quelquefois l'école de la tromperie. L'homme rapproche les espaces par le (............), et les temps par le crédit. L'usure est un infâme (........). La contrebande est un périlleux (........). La femme qui fait (......).) de ses charmes y perd toujours le bonheur. Quand Voltaire donna son (..............), on avait agité cent fois la question frivole de la prééminence entre Corneille et Racine. C'est un texte où chacun fait sa (......). Dites le fait simplement, point de (......). Les dix (..................) contiennent les principes du culte de Dieu et de la société humaine. Un arrêt est une (..........). Le roi envoya des lettres de (........) au parlement. Les (........) du sultan sont donnés en secret et exécutés en silence. Aristote a donné des (..........) de logique, de morale, d'éloquence, de poésie. Les (............) de la loi se réduisent à aimer Dieu de tout son cœur, de toute son âme, et son prochain comme soi-même pour l'amour de Dieu.

---

292. Complaisance, déférence, condescendance. Par *complaisance*, on se plaît à faire ce qui plaît aux autres; par *déférence*, on fait abstraction de ses propres volontés; par *condescendance*, on oublie sa supériorité, son autorité, pour satisfaire à ceux qui nous sont inférieurs.

293. Conclusion, conséquence. La *conclusion* est la proposition qui suit les prémisses; la *conséquence* est la liaison de la conclusion avec les prémisses.

294. Concupiscence, cupidité, avidité, convoitise. La *concupiscence* est la disposition habituelle de l'âme à désirer les biens et les plaisirs sensibles; la *cupidité* en est le désir violent; l'*avidité* en est un désir insatiable; la *convoitise* en est un désir illicite.

EXERCICE (292, 293, 294).

Il ne faut pas avoir pour l'enfant une (................) que la nature n'a pas pour l'homme. Les chrétiens ne méprisèrent pas moins les (..................) que les rigueurs de la politique romaine. Ayez une respectueuse (............) pour les vieillards. Les avocats prennent des (............) en plaidant ou en écrivant. On aime mieux braver toutes les (..............) du mal que de se donner la peine de l'empêcher de venir. Voltaire, après quarante ans de gloire, appelait encore des critiques sur ses tragédies, avec l'(........) d'un jeune homme ardent à perfectionner ses écrits. N'apprenons-nous pas des saints combien la (..............) nous tend de piéges secrets? A (..,........) rien ne suffit. Depuis que le commerce a élevé des fortunes considérables dans toute l'Angleterre, la (..........) y est devenue le mobile universel et dominant.

295. Condition, état. La *condition* a rapport au rang; l'*état*, à la profession.

296. Conduire, guider, mener. On *conduit* et l'on *guide* ceux qui ne savent pas les chemins; on *mène* ceux qui ne peuvent ou ne veulent pas aller seuls. La tête *conduit*, l'œil *guide*, la main *mène*.

297. Conférer, déférer. *Conférer* est un acte d'autorité, c'est l'exercice du droit dont on jouit; *déférer* est un acte d'honnêteté; c'est une préférence que l'on accorde au mérite.

298. Se confier, se fier. *Se confier*, c'est faire une confidence; *se fier*, c'est avoir de la confiance. On se *confie* à tous ceux à qui l'on fait des confidences; et comme une confidence ne prouve pas toujours pour celui à qui on la fait, on ne *se fie* pas à tous ceux à qui l'on *se confie*.

EXERCICE (295, 196, 297, 298).

A qui (............), quand Enée est un traître? On ne doit (.......) qu'à sa propre vertu. Ne (............) pas à la première apparence. Quand la conjuration de Catilina fut éventée, les Romains, convaincus du mérite de Cicéron, et du besoin qu'ils avaient alors de ses lumières et de son zèle, lui (............) unanimement le consulat. Dieu vous (.........) ses grâces par le moyen des sacrements. La (............) naturelle à l'homme est de cultiver la terre et de vivre de ses fruits. En Egypte, où le fils était obligé d'embrasser l'(....) de son père, l'éducation du moins avait un but assuré. Le plus grand bien auquel on puisse prétendre est de mener une vie conforme à son (.....) et à son goût. Il a été un temps en France, et même dans toute l'Europe, où les hommes pensaient déroger et les femmes sortir de leur (.....), en osant s'instruire. Dieu (..........) le monde selon les desseins cachés de sa providence. Prenez un homme qui sache les chemins, afin qu'il vous (........). On (......) un coursier ombrageux à l'objet qui l'effraye, afin qu'il n'en soit plus effrayé.

299. **Confiseur, confiturier.** Tous deux ont rapport aux confitures, avec cette différence que le *confiseur* les fait, et que le *confiturier* les vend.

300. **Confrère, collègue, associé.** Les *confrères* sont membres d'un même corps; les *collègues* travaillent à une même opération; les *associés* ont un objet commun d'intérêt. Le fondement nécessaire de l'union entre des *confrères*, c'est l'estime réciproque; entre des *collègues*, c'est l'intelligence; entre des *associés*, c'est l'équité.

301. **Connexion, connexité.** Par *connexion*, il faut entendre l'action de lier ensemble des choses qui ont des rapports entre elles; et par *connexité*, il faut la qualité ou la propriété naturelle, en vertu de laquelle la *connexion* a lieu ou peut avoir lieu.

EXERCICE (299, 300, 301).

Le (...........) exécute, en sucre, toutes sortes de dessins, de plans, de figures, et même des morceaux d'architecture assez considérables, dont il se sert pour l'ornement des tables. On peut être en même temps confiseur et (.............), si l'on fait des confitures et si on les vend. Les hommes de lettres sont maintenant nos (.............). Maximien tâche en vain de retirer Dioclétien, son (..........), du jardin qu'il cultivait à Salone. Il y a des entreprises qui, une fois qu'elles sont montées, et qu'elles ont reçu une bonne impulsion, peuvent se conserver par le moyen d'un (..........) ou d'un sous-chef habile. La communauté entre amis n'est pas comme entre des (..........) qui ont chacun leur part distincte. On ne voit pas la (............) de ces deux idées, de ces deux propositions. Il y a une grande (............) entre la morale et la jurisprudence.

302. **Connaissance, science.** La *science* est un corps de doctrine; les *connaissances* ne supposent ni liaison ni profondeur.

303. **Conseil, avis, avertissement.** Un ami donne des *conseils*; un supérieur des *avis*; la mort d'un parent est un *avertissement*.

304. **Consentement, convention, accord.** C'est d'un commun *consentement* qu'on fait une *convention* au moyen de laquelle on est d'*accord*; le *consentement* est la disposition des parties; la *convention*, l'action elle-même; l'*accord* le résultat de cette action.

305. **Consentement, permission, agrément.** On demande le *consentement* aux personnes intéressées; la *permission* aux supérieurs; l'*agrément* à ceux qui ont quelque droit sur la chose dont il s'agit.

306. **Consentir, acquiescer, adhérer, tomber d'accord.** Nous *consentons* à ce que les autres veulent; nous *acquiesçons* à ce qu'on nous propose; nous *adhérons* à ce qui est fait et conclu par d'autres; nous *tombons d'accord* de ce qu'on nous dit.

EXERCICE (302, 303, 304, 305, 306).

L'universalité des (..................) est nécessaire pour être supérieur dans une partie quelconque. L'objet de la (.........) est de connaître la vérité; son occupation de la rechercher; son caractère de l'aimer : les moyens de l'acquérir sont de renoncer aux passions, de fuir la dissipation et l'oisiveté. La lassitude ou la pesanteur des membres est un (..................) de quelque maladie. Autant de têtes, autant d'(.......). On donne des (.........), mais on ne donne pas la sagesse d'en profiter. A tout (.........) forcé, l'on a droit de manquer. La solide et durable réputation ne peut-être fondée que par un (................) universel. Anciennement, la bonne foi tenait lieu d'écrit dans les (..............). Cette maison a été vendue avec l'(............) de tous les créanciers. Tout ce qui se fait dans le monde arrive par la (.............) de Dieu. Je ne conteste pas ce que vous dites, j'en tombe d'(.........). Nous louons dans nos amis, comme des vertus, des défauts que la loi de Dieu condamne; nous (............) à leurs erreurs. Il ne faut pas (.............) à l'aveugle aux sentiments de ceux qui nous entourent. L'Italie a (............) à vivre sur un calvaire : elle a souffert une passion de huit siècles.

DES SYNONYMES.

307. Considérable, grand. La place peut rendre un homme *considérable*; il n'est *grand* que par le mérite et la vertu.

308. Considération, réputation. La *considération* est attachée à la place, au crédit, aux richesses; la *réputation* est le fruit des talents et du savoir-faire.

309. Considération, égards, respect, déférence. On a du *respect* pour l'autorité; des *égards* pour la faiblesse; de la *considération* pour la personne; de la *déférence* pour un avis.

310. Considérations, observations, réflexions, pensées. Le mot *considérations* exprime cette action de l'esprit qui envisage un objet sous ses différents aspects; celui d'*observations* sert à exprimer les remarques que l'on fait dans la société ou sur les ouvrages; le terme de *réflexions* désigne plus particulièrement ce qui regarde les mœurs et la conduite de la vie; celui de *pensées* marque indistinctement les jugements de l'esprit.

311. Consommer, consumer. *Consommer* marque l'anéantissement total de la chose par l'usage; *consumer* marque l'anéantissement successif. On *consomme* ses provisions; le feu *consume* tout.

EXERCICE (307, 308, 309, 310, 311).

Dieu (..............) en six jours l'ouvrage de la création. Les confitures (..............) beaucoup de sucre. Le temps (...........) toutes choses. La rouille (...........) le fer. Le soldat (............), en peu de temps, non-seulement les fruits d'une année, mais encore l'espérance de plusieurs autres. On a écrit des (................) sur l'histoire de France. Nous sommes assurés, par des (..............) exactes, que la partie sèche du globe que nous habitons a été longtemps sous les eaux de la mer. Les grandes (..........) viennent du cœur. Les longues (...........) sont les cautions des bons succès. Les vieillards qui conservent les goûts du jeune âge perdent en (..............) ce qu'ils gagnent en ridicule. Un homme bien élevé a toujours de la (...........) pour les femmes et pour les vieillards. On doit des (.........) aux vivants. On ne doit que la justice aux morts. Le (.........) que les nations portent à certains oiseaux, est un hommage indirect qu'elles rendent à la Providence. Le goût du plaisir nuit à la (....

............) de toutes les femmes. Un homme d'Etat ne doit rien négliger pour sa (...............). La (............) est l'ouvrage du temps. Du moment qu'on sait écrire, on se croit un personnage (................). Les conserves sont des substances alimentaires dont on fait des approvisionnements (............ ......) pour être livrées à la consommation journalière des habitants des cités les plus populeuses. Les Suédois sont (..........). Si les sages n'amassent pas de (.........) biens, c'est par un pur mépris pour les richesses. La chose du monde la plus (.........) est le ciel, parce qu'il renferme tous les êtres.

312. **Constance, fidélité.** La *constance* ne suppose point d'engagement; la *fidélité* en suppose un: On est *constant* dans ses goûts; *fidèle* à sa parole.

313. **Constant, ferme, inébranlable, inflexible.** On est *constant* dans l'amitié; *ferme* dans le malheur; *inébranlable* aux menaces; *inflexible* aux prières.

314. **Construire, bâtir.** *Construire* embrasse la masse de toutes les opérations nécessaires pour élever un édifice; *bâtir* ne désigne que la maçonnerie du bâtiment. On *construit* des palais; on *bâtit* une chaumière.

315. **Conte, fable, roman.** Un *conte* est une aventure feinte et narrée par un auteur connu; une *fable* est une aventure fausse, divulguée dans le public, et dont on ignore l'origine; un *roman* est un composé et une suite de plusieurs aventures supposées.

316. **Contentement, joie, satisfaction, plaisir.** Le *contentement* regarde proprement l'intérieur du cœur; la *joie*, la démonstration extérieure; la *satisfaction*, les projets, les désirs, couronnés par le succès; le *plaisir*, une sensation agréable.

EXERCICE (312, 313, 314, 315, 316).

Qui est pauvre en désirs est riche en (................). La suprême jouissance est dans le légitime (................) de toi-même. (................) passe richesse. Nous serions ravis de (....) si nous voyions la sphère des végétaux qui couvrent la terre passer sous nos pieds. Le travail est souvent le père du (.........). Celui qui est offensé demande (..............). Il nous faut des contes bleus pour nous plaire. Les premiers conquérants sont plus connus par les (........) et par les (........) que par les histoires. La religion païenne est fondée sur la (......). L'existence du (........) est très-ancienne. Il a fallu six cents siècles à la nature pour (........ ..., ses grands ouvrages. Les Persans (...............), dans leurs maisons, des cheminées à vent, qui servent uniquement à les rafraîchir. Salomon (......) le temple sur le modèle du tabernacle. Les imaginations vives sont rarement (.............). Le premier consul ayant exprimé la (.......) volonté de défendre les acquéreurs des biens nationaux, se croyait assez fort de la confiance qu'il leur inspirait à tous, pour pouvoir ouvrir les portes de la France aux émigrés. Le bonheur du peuple est la seule base (.,............) du bonheur des empires. Caton se piquait d'une fermeté (............) dans ses devoirs. Le chien est le seul animal dont la (........) soit à l'épreuve. Dans les rapports commerciaux, c'est de la (........) avec laquelle on tient ses engagements que naît le crédit, qui, en s'étendant, multiplie les ressources presque à l'infini. La (............) affermit l'homme, soutient l'homme contre l'adversité.

317. **Contigu, proche.** Ce qui se touche est *contigu*; ce qui est séparé par une faible distance est *proche*. Ces deux terres sont *contiguës*; ces deux arbres sont *proches* l'un de l'autre.

318. **Continu, continuel.** Ce qui est *continu* n'est pas divisé; ce qui est *continuel* n'est pas interrompu. Le bruit *continuel* des voitures n'est pas *continu*.

319. **Continuation, continuité.** Le premier s'entend de la durée; le second, de l'étendue. La *continuation* d'un travail, d'une action; la *continuité* d'un espace, d'une grandeur.

320. **Continuation, suite.** On *continue* ce qui n'est pas achevé; on donne de la suite à ce qui l'est. La *continuation* d'une vente, la *suite* d'un procès.

321. **Continuer, persévérer, persister.** *Continuer*, c'est faire comme précédemment. *Persévérer*, c'est continuer sans vouloir changer; *persister*, c'est persévérer avec constance ou opiniâtreté. *Persister* dit plus que *persévérer*, et *persévérer* plus que *continuer*.

322. **Continuer, poursuivre.** *Continuer* marque la suite

du premier travail; *poursuivre* marque, avec la suite, une volonté déterminée et suivie d'arriver à la fin. On *continue* son voyage ; on *poursuit* son but.

EXERCICE (317, 318, 319, 320, 321, 322).

On termine une révolution en rendant heureux ceux qui veulent qu'elle (............). Quand on a bien commencé, il faut (............) pour ne pas se priver du succès qui est dû au début. On (............) par habitude ; on (............) par réflexion ; on (............) par attachement. La (............) de l'ouvrage de Fleury est bien inférieure à l'ouvrage de l'auteur. La (............) du bien en tous genres n'obtient presque jamais la (............) de l'admiration. Le commencement de cette histoire m'a ennuyé ; on dit que la (......) est plus intéressante. L'étendue est une quantité (............). Un père de famille qui se plaît dans sa maison a pour prix des soins (............) qu'il s'y donne, la (............) jouissance des plus doux sentiments de la nature. Autrefois, lorsque les propriétaires de deux terrains (............) n'étaient pas d'accord sur le point de contiguïté, le droit de l'un ou de l'autre se prouvait à la pointe de l'épée. Les maisons qui sont (............) de la ville sont sujettes aux inondations.

323. **Contraindre, forcer, violenter.** *Contraindre* dit plus que *forcer*, et *violenter* dit plus que *contraindre*. La loi *force* un débiteur à payer ; elle l'y *contraint* quelquefois, et va même jusqu'à user de *violence* envers lui.

324. **Contraindre, obliger, forcer.** Ces mots désignent en général une chose que l'on fait contre son gré. Le respect *force* à se taire, la reconnaissance vous y *oblige*, l'autorité vous y *contraint*,

325. **Contravention, désobéissance.** La *contravention* se dit des choses ; la *désobéissance*, des personnes. La *contravention* à un règlement est une *désobéissance* au souverain.

326. **Contre, malgré, nonobstant.** On agit *contre* la volonté ou *contre* la règle, et l'on agit *malgré* ou *nonobstant* les oppositions. L'homme de bien ne fait rien *contre* sa conscience. Le scélérat commet le crime *malgré* la punition qui y est attachée. *Nonobstant* les difficultés, on vient à bout de ses entreprises.

327. Contrefaction, contrefaçon. La *contrefaction* est l'action de contrefaire; la *contrefaçon* en est l'effet.

328. Contrevenir, enfreindre, transgresser, violer. On *contrevient* quand on va contre la voie tracée; on *enfreint* quand on rompt ce qui lie; on *transgresse* quand on sort des justes limites; on *viole* quand on perd tout égard pour les choses respectables. On *contrevient* aux ordres qu'on a reçus; on *enfreint* les conditions d'un traité; on *transgresse* les commandements de Dieu; on *viole* sa foi, son serment, ses engagements, sa promesse.

EXERCICE (323, 324, 325, 326, 327, 328).

Deux épouvantables naufrages (..................) les Romains d'abandonner l'empire de la mer aux Carthaginois. La terre (......) les saisons, et devient fertile en son temps. On peut imposer silence à l'opinion, on ne la (..........) jamais. Le mérite (...........) l'envie à l'estimer. L'ennui est un mal qui nous (......) à nous occuper. La loi naturelle, la loi divine, nous (.......) à honorer père et mère. L'infraction aux règlements de police est une (.............). Les moindres (..............) d'un enfant sont toujours punissables. Il faut lutter (.......) la mauvaise fortune. On ne doit pas se marier (.......) ses parents. (..............) sa toute puissance, Dieu ne peut rien produire qui ne soit imparfait à son égard. Ce billet est faux, la (..............) est évidente. La loi punit sévèrement la (...........). Les fidèles se gardent bien de (..............) aux commandements de Dieu. Il n'est pas permis à l'homme d'(...........) la loi sacrée de la nature. Un ambassadeur ne doit pas (............) les ordres qu'il a reçus. On ne (......) jamais impunément les lois de la nature et de l'équité.

---

329. Contrition, repentir, remords. La *contrition* est la douleur profonde et volontaire qu'on ressent après avoir commis un péché; le *repentir* est le regret qu'on éprouve d'avoir commis une faute; le *remords* est le reproche que la conscience vous fait d'avoir commis un crime.

330. Convaincre, persuader. On est *convaincu* par le raisonnement; *persuadé* par l'éloquence : le premier tient à l'esprit, l'autre au cœur. Il ne suffit pas de *convaincre*, il faut encore *persuader*.

331. Convention, consentement, accord. Le second

de ces mots désigne la cause et le principe du premier, et le troisième désigne l'effet. Deux particuliers, d'un commun *consentement*, font une *convention*, au moyen de laquelle ils sont d'*accord*.

332. Conversation, entretien, colloque, dialogue. Les *conversations* ne sont pas destinées à avoir un résultat; les *entretiens* sont destinés à en avoir un; les *colloques* ont lieu surtout en matière de doctrine et de controverse; le *dialogue* est propre aux conversations dramatiques.

EXERCICE (329, 330, 331, 332).

La (..........,) est inspirée par l'amour de Dieu et l'horreur du péché. Dieu fit du (..........) la vertu des mortels. Il n'y a ni paix ni bonheur pour l'impie; vous lui faites, Seigneur, trouver son supplice dans son péché même, en le livrant aux (..........) de sa conscience. L'art de (............) consiste autant en celui de plaire qu'en celui de ().......... ....). Un pays ne peut guère subsister lorsque l'(........) ne règne plus entre les citoyens. La femme ne peut s'obliger sans le (................) de son mari, et l'enfant, même majeur, ne peut se marier sans le (................) de ses père et mère. Chez les Grecs, on employait le (..........) pour traiter les plus hautes questions de philosophie. La (................) est le lien de la société; c'est par elle que s'entretient le commerce de la vie civile, que les esprits se communiquent leurs pensées, que les cœurs expriment leurs mouvements, que les amitiés se commencent et se conservent. Dans les temps de trouble et de division, il est bien dangereux de consentir à des (..........), parce que souvent ils ne servent que de prétextes aux brouillons, pour satisfaire leurs intérêts personnels aux dépens de la vérité qu'ils trahissent et de la tranquillité publique qu'ils sacrifient, et que c'est à coup sûr un moyen de plus pour ranimer la fermentation, par le rapprochement et le choc des opinions contraires. Dans les assemblées académiques, on a des (...,.........) plus ou moins utiles, selon que la matière est plus ou moins intéressante, que les membres en sont plus ou moins instruits, et qu'ils parlent avec plus ou moins de netteté.

333. Conviction, persuasion. La *conviction* est un acquiescement fondé sur des preuves d'une évidence irrésistible; la *persuasion* est un acquiescement fondé sur des preuves qui ne sont pas évidentes, mais vraisemblables.

334. **Convier, inviter.** Le premier exprime la cordialité, la franchise ; le second tient plus de la froide politesse. On *convie* à un banquet, à un festin ; on *invite* quelqu'un à déjeûner, à dîner, à passer la soirée.

335. **Copie, modèle.** Dans les arts, *copie* se dit pour la peinture ; *modèle*, pour le relief.

336. **Coquetterie, galanterie.** La *coquetterie* cherche à faire naître des désirs ; la *galanterie*, à satisfaire les siens.

337. **Correction, exactitude.** La *correction* tombe sur les mots et sur les phrases ; l'*exactitude*, sur les faits et les choses.

EXERCICE (333, 334, 335, 336, 337).

L'évidence peut seule donner une véritable (............). Le beau temps nous (........) à la promenade. Les rivières, par la fertilité qu'elles répandent sur les bords, (..........) à y établir des peuplades. C'est l'honneur de la pensée humaine de ne pouvoir être vaincue que par la force accompagnée de la (............). Les tableaux de Raphaël ont de l'agrément jusque dans les mauvaises (........). La nature est le (........) des arts. La (............) est l'ambition des femmes. Les Arabes donnèrent à l'Espagne les premières leçons de (............). Les Anglais n'étaient pas encore parvenus, du temps de Waller, à écrire avec (............). Il y a des négligences qui valent mieux qu'une sèche et ennuyeuse (............).

338. **Corriger, reprendre, réprimander.** *Corriger*, c'est montrer ou vouloir montrer la manière de rectifier le défaut ; *reprendre*, c'est indiquer la faute et la faire remarquer à celui qui l'a faite ; *réprimander*, c'est faire des reproches à quelqu'un d'avoir commis une faute. Il faut *corriger* avec intelligence, *reprendre* avec honnêteté, *réprimander* avec bonté et sans aigreur.

339. **Corruption, dépravation.** La *dépravation* déforme, dénature ; la *corruption* décompose. C'est dans ce sens que l'on dit la *dépravation* de l'esprit, la *corruption* du cœur.

340. **Cosmogonie, cosmographie, cosmologie.** La *cosmogonie* est la science ou le système de la formation de

l'univers; la *cosmographie* est la description du monde physique; la *cosmologie* est la science des lois générales par lesquelles le monde physique est gouverné.

341. **Couler, rouler, glisser.** *Couler*, marque le mouvement de tous les fluides et même de tous les corps solides réduits en poudre impalpable; *rouler*, c'est se mouvoir en tournant sur soi-même; *glisser*, c'est se mouvoir en conservant la même surface appliquée au corps sur lequel on se meut.

342. **Couleur, coloris.** Le premier indique l'impression que fait sur l'œil la lumière réfléchie par la surface des corps; le second exprime l'effet qui résulte du mélange et de l'emploi des couleurs. La *couleur* d'un fruit, le *coloris* d'un tableau.

EXERCICE (338, 339, 340, 341, 342).

Ce n'est pas assez d'une moitié de la vie pour faire un bon livre et de l'autre moitié pour le (..........). Il y a une justice intérieure qui (........) les pécheurs et les condamne. Il faut respecter les rois et ménager leur délicatesse, même en les (............). Il n'y a que les supérieurs qui soient en droit de (................). Le vrai but des (... ....) est d'exposer la naissance ou la création de l'homme, des animaux et des plantes. La (.................) a deux parties : l'astronomie et la géométrie. La (,............) est une histoire du monde, comme la (................) en est une description. La peste n'est qu'une ()............) de l'air. C'est une preuve de la (..............) du goût que de préférer le récit des actions guerrières au récit des actions équitables. La douce chose de (.......) ses jours dans le sein d'une tranquille amitié. Le pied (........) sur le pavé humide. On (........) sur un chemin couvert de verglas. Si l'eau n'avait pas eu la propriété de (.........) mollement ses ondes, de voyager pour ainsi dire sur tout le globe, comment la nature eût-elle été embellie et fertilisée? Toutes les richesses du (.......) s'étalent à la fois sur la surface de la terre : du premier coup-d'œil tout est vu. La (..........) verte est celle qui fatigue le moins la vue et sur laquelle les yeux se reposent plus longtemps et plus volontiers.

343. **Tout à coup, tout d'un coup.** Le premier signifie

inopinément; et le second *en même temps, tout à la fois.* La fièvre lui a pris *tout à coup*; on ne fait pas sa fortune *tout d'un coup.*

344. **Couple, paire.** Un *couple*, au masculin, se dit de deux personnes unies ensemble par amour ou par mariage, ou seulement envisagées comme pouvant former cette union ; il se dit de même de deux animaux unis pour la propagation.

Une *couple*, au féminin, se dit de deux choses quelconques de même espèce, qui ne vont point ensemble nécessairement, et qui ne sont unies qu'accidentellement ; on le dit même des personnes et des animaux, dès qu'on ne les envisage que par le nombre.

Une *paire* se dit de deux choses qui vont ensemble par une nécessité d'usage, comme les bas, les souliers, les jarretières, les gants, les manchettes, les bottes, les boucles d'oreilles, les pistolets, etc. ; ou d'une seule chose nécessairement composée de deux parties qui font le même service, comme des ciseaux, des lunettes, des pincettes, des culottes, etc.

345. **De cour, de la cour.** Un homme *de cour* est un courtisan ; un homme *de la cour* est une personne qui a un emploi, une dignité auprès du prince.

346. **Courage, bravoure, valeur.** Le *courage* est dans tous les événements de la vie; la *bravoure* n'est qu'à la guerre; la *valeur* est partout où il y a un péril à affronter et de la gloire à acquérir.

347. **Courre, courir.** *Courre* est un verbe actif; *courir*, un verbe neutre. On dit *courre* le cerf, et *courir* à toute bride.

EXERCICE (343, 344, 345, 346, 347).

Lorsque nous assistons à une pièce de théâtre, il faut que nous connaissions (..................) les personnages qui se présentent. La fortune est si légère qu'elle abandonne quelquefois (..............) ceux même qu'elle a le plus favorisés. Une (........) de pigeons ne sont pas suffisants pour le dîner de six personnes. Un (........) de pigeons est suffisant pour peupler une volière. On ne se croirait pas en sûreté si l'on n'avait pas une (........) de pistolets. Qu'il est sincère! on voit qu'il est homme (........). Les dames (............) sont bien mieux votre affaire. Le lion est celui de tous les animaux qui a le plus de (.........). Les Francs conquirent la Gaule, les Saxons l'Angleterre, sans autres trésors que leur (........) et leur pauvreté. C'est le hasard qui fait les héros ; c'est une (........) de tous les jours qui fait le juste. Voulez-vous (........) votre cheval contre le mien. Rien ne sert de (........), il faut partir à point.

348. **Coursier, cheval, rosse.** *Cheval* est le nom de l'espèce ; *coursier* renferme l'idée d'un cheval courageux et brillant ; *rosse*, celle d'un cheval vieux et usé ou chétif.

349. **Coutume, habitude.** La *coutume* a rapport à l'objet, elle le rend familier ; l'*habitude* s'entend de l'action même, elle la rend facile. La première se forme par l'uniformité, la seconde s'acquiert par la répétition.

350. **Craindre, appréhender, redouter, avoir peur.** On *craint* par aversion pour le mal qui peut arriver ; on *appréhende* par désir pour le bien qui peut manquer ; on *redoute* un adversaire ; on *a peur* par l'idée du danger. Le défaut de courage fait *craindre* ; l'incertitude du succès fait *appréhender* ; la défiance des forces fait *redouter* ; les peintures de l'imagination font *avoir peur*.

351. **Crainte, appréhension, peur.** L'*appréhension* est le commencement de la *crainte*, qui devient *peur*. En entendant gronder la foudre, on a l'*appréhension* de l'orage ; les éclairs donnent la *crainte*, et l'éclat du tonnerre la *peur*.

352. **Créance, croyance.** La *croyance* est une opinion pure et simple ; la *créance* est une croyance ferme, entière ou fondée.

EXERCICE (348, 349, 350, 351, 352).

Un homme instruit diffère de celui qui ne l'est pas, comme un (.........) docile au frein diffère d'un cheval indomptable. On distingue en France trois races principales de (.........) domestiques : la race normande, la race limousine et la race navarrine. La première fournit de bons (..........) de trait ; les deux autres donnent les meilleurs (.........) de selle de la France. Il n'est si bon (......,..) qui ne devienne (...).

DES SYNONYMES. 87

Une fois n'est pas (..........). Dans toutes les sociétés bien réglées, il y a des (..........) qui valent des lois. Il ne serait peut-être pas possible de gouverner les peuples, si par l'(..........) où ils sont de dépendance et de soumission, ils ne faisaient la moitié de l'ouvrage. L'ennemi qui veut nous perdre est moins à (..........) que l'adulateur qui ne cherche qu'à nous plaire. Qui n'(..........) rien présume trop de soi. Tout ce que les frères de Joseph avaient (..........) leur arriva. Quand on ne cherche qu'à faire du bien aux hommes, et qu'on n'offense point le ciel, on n'a rien à (..........) ni pendant la vie, ni à la mort. Il ne faut pas haïr les méchants, mais il est bien permis d'en (..........). La (.....) grossit les objets. La simple (..........) est la première opération de l'esprit. Le vrai courage n'est pas toujours exempt de (..........). La (..........) prend l'homme au berceau, et l'accompagne jusqu'au tombeau. Il y a des faits dans l'histoire qui ne méritent aucune (..........). Notre (..........) est fondée sur la parole même de Dieu. Toutes les célèbres républiques de l'antiquité comptaient les (..........) populaires au nombre de leurs principes fondamentaux.

---

353. **Crédit, faveur.** La *faveur* prend sa source dans la bienveillance; le *crédit* tient à l'ascendant, à la confiance.

354. **Creuser, approfondir.** *Creuser* se dit au propre et au figuré; *approfondir* ne se dit qu'au figuré. On *creuse* pour trouver la vérité; on *approfondit* la vérité que l'on a trouvée.

355. **Cri, clameur.** Le *cri* est une voix articulée avec force et poussée avec effort; la *clameur* est un grand *cri*, souvent tumultueux. Le sage respecte le *cri* public, et méprise les *clameurs* des sots.

356. **Crime, faute, péché, délit, forfait.** Le péché est une faute contre la loi divine; le *délit*, contre la loi humaine; le *crime*, contre l'humanité; le *forfait* est un crime grave; la *faute* est le terme générique adouci.

357. **Critique, censure, satire.** Une *critique* est l'examen raisonné d'un ouvrage; une *censure* est la réprehension de ce qui blesse la vérité; la *satire* cherche à piquer l'homme même, envenimant à plaisir le trait qu'elle lui décoche.

MANUEL

EXERCICE (353, 354, 355, 356, 357).

La fortune nous fait acquérir du rang, du (........), de l'autorité. Les petits négociateurs demandaient, à la (........) seule du premier consul, l'amélioration de leur condition Il ne faut pas juger des hommes comme d'un tableau ou d'une figure, sur une seule et première vue, il y a un intérieur et un cœur qu'il faut (..............). On doit d'autant moins (..........) les mystères de la religion, qu'il est impossible de les (..............). Le (....) de la nature est d'être heureux. On entendait de tous côtés de grandes (......,......). Quelques (........) précèdent toujours les grands (.........). Nous oublions aisément nos (........), lorsqu'elles ne sont sues que de nous. Le (........) est le plus grand des crimes. On doit proportionner la peine au (......). On rachète ses (........) par le repentir et par l'aumône. La (..........) est aisée et l'art est difficile. La (........) épargne les corbeaux et persécute les colombes. On n'approuve la (.......) que lorsqu'elle va mordre les autres.

358. **Faire croire, faire accroire.** On fait *croire* une chose vraie ou vraisemblable ; on fait *accroire* des sottises ou des mensonges.

359. **Croître, augmenter.** Les choses *croissent* par la nourriture qu'elles prennent ; elles *augmentent* par l'addition qui s'y fait des choses de la même espèce. Les blés *croissent* ; la récolte *augmente*.

360. **Croix, peines, afflictions.** Les *croix* sont distribuées par la Providence, pour éprouver et faire valoir le mérite du chrétien ; les *peines* sont les suites de l'état où l'on se trouve ; les *afflictions* naissent des accidents causés par des circonstances fortuites.

361. **Croyance, foi.** La *croyance* est une persuasion déterminée par quelque motif que ce puisse être ; la *foi* est une persuasion déterminée par l'autorité de celui qui a parlé. La *croyance* des vérités révélées constitue la *foi*.

362. **Cure, guérison.** La *cure* a pour objet les maux opiniâtres et d'habitude ; la *guérison* regarde les maladies légères et de peu de durée.

EXERCICE (358, 359, 360, 361, 362).

Plus le mal est invétéré, plus la (.....) en est difficile. C'est souvent plus à la force du tempérament qu'à l'effet des remèdes qu'on doit sa (...........). Les choses auxquelles le peuple ajoute (....) ne méritent pas toujours que le sage leur donne sa (............). Le supplice de la (......) fut aboli par Constantin. Ce n'est qu'à force de travaux, d'(............) et de combats, que nous pourrons entrer dans le royaume de Dieu. La terre ne refuse ses biens qu'à ceux qui refusent de lui donner leurs (.........). On (............) son bonheur en le partageant avec ses amis. Il (......) des plantes parasites sur les arbres. L'ambition (......) à mesure que les biens (..............). Nous serions coupables de faire (........) une fausseté, quoiqu'on la crût avec plaisir. Prêtez l'oreille aux scélérats, ils voudront vous en faire (............).

D

363. **Danger, péril, risque.** *Danger* regarde le mal qui peut arriver; *péril* et *risque* regardent le bien qu'on peut perdre; avec cette différence que *péril* dit quelque chose de plus prochain, et que *risque* indique, d'une façon plus éloignée, la possibilité de l'événement.

364. **Dans, en.** *En* et *dans* ont cela de commun, qu'ils indiquent tous deux une idée d'intériorité et ceci de particulier, que la préposition *en* se met le plus ordinairement devant des mots indéterminés, et la préposition *dans* devant des noms déterminés. On dira donc avec *en* : *en France, en Afrique, en Amérique, en ménage, en guerre*; et avec *dans* : *dans la France, dans l'Afrique, dans l'Amérique, dans le ménage, dans la guerre*.

365. **Débattre, discuter.** On *débat*, par intérêt, les articles d'un compte; on *discute*, par simple curiosité, une question intéressante.

366. **Debout, droit.** On est *droit* lorsqu'on n'est ni courbé, ni penché; on est *debout*, quoique penché, lorsqu'on est sur ses pieds.

367. **Débris, décombres, ruines.** Ces troits mots signifient en général les restes dispersés d'une chose détruite; avec cette différence que les deux derniers ne s'appliquent qu'aux édifices, et que le troisième suppose même que l'édifice ou les édifices détruits soient considérables. On dit les *débris* d'un vaisseau, les *décombres* d'un bâtiment, les *ruines* d'un palais ou d'une ville.

EXERCICE (363, 364, 365, 366, 367).

La mouche, qui vit sans armes défensives au milieu des (....,.....) de toute espèce, vole plus hardiment et plus longtemps que l'oiseau de Jupiter. Un général court le (........) d'une bataille pour se tirer d'un mauvais pas; il est en (.......... ....) de perdre cette bataille, si les soldats l'abandonnent dans le (......). (....) Amérique, ce sont des bisons qui ont une bosse sur le dos. Le bœuf était absolument inconnu (......) l'Amérique. On (......) ordinairement avec chaleur; on est censé (..........) avec tranquillité. Dès que deux adversaires n'ont d'autre but que de s'éclairer et d'arriver à la vérité, ils (...........) et ne se disputent point. Après le désastre d'Ulm, l'archiduc Ferdinand avait réuni les (........) de l'armée autrichienne. Les (.............) qui proviennent de la démolition des constructions forment un excellent (.......... ......) par la quantité de sels alcalins qu'ils contiennent. Le même Évangile qui sera le salut des uns sera la (........) des autres. Les (.........) d'un parc ne sont pas pas moins dignes des réflexions du sage que celles des empires; elles montrent également combien le pouvoir de l'homme est faible quand il lutte contre celui de la nature. Il faut se tenir (......) dans la chambre des princes. Le berger attentif est (........) auprès de ses brebis. Les oreilles du rhinocéros se tiennent toujours (..........). La bonne grâce veut qu'on se tienne (......); le respect fait quelquefois tenir (........).

368. **Décadence, ruine.** Le premier prépare le second, qui est ordinairement l'effet. La *décadence* de l'empire romain, depuis Théodose, annonçait sa *ruine* totale.

369. **Décadence, déclin, décours.** La *décadence* est l'état de ce qui va tombant; le *déclin*, l'état de ce qui va baissant; le *décours*, l'état de ce qui va décroissant. La *décadence* des empires, le *déclin* du jour, le *décours* de la lune.

DES SYNONYMES.

370. Décéler, découvrir, manifester, révéler. On *décèle* ses vues coupables, ses intentions perfides; on *manifeste* ses vertus, ses desseins; on *découvre* son secret; on *révèle* le secret d'autrui.

371. Décence, bienséance, convenance. Une femme est habillée avec *décence*, lorsqu'elle l'est sans immodestie; avec *bienséance*, lorsqu'elle l'est suivant son état; avec *convenance*, lorsqu'elle l'est selon la saison et les circonstances.

372. Décence, dignité, gravité. La *décence* renferme les égards que l'on doit au public; la *dignité*, ceux que l'on doit à sa place; la *gravité*, ceux qu'on se doit à soi-même.

373. Décider, juger. On *décide* une contestation et une question; on *juge* une personne et un ouvrage; les particuliers et les arbitres *décident*; les corps et les magistrats *jugent*. On *décide* quelqu'un à prendre un parti; on *juge* qu'il en prendra un.

374. Décision, résolution. La *décision* est un acte de l'esprit, et suppose de l'examen; la *résolution* est un acte de la volonté, et suppose la délibération. La première attaque le doute, et fait qu'on se déclare; la seconde attaque l'incertitude, et fait qu'on se détermine.

EXERCICE (368, 369, 370, 371, 372, 373, 374).

Le ciel, prévoyant que l'homme s'égarerait dans de faux systèmes, n'a rien laissé à sa (..........). La (..............) écarte le péril. L'Eglise (........) les points de foi avec une autorité divine. Les préventions nous empêchent de (......) sainement. La bonne compagnie exige de la (.........) dans les expressions et l'extérieur. Une noble simplicité a mille fois plus de (.........) aux yeux du monde même, que tout le vain appareil d'une magnificence déplacée. La (.........) est quelquefois un mystère du corps, inventé pour cacher les défauts de l'esprit. Le mérite de la (..............) est dans ce qu'on ne dit pas. L'esprit seul suffit pour nous donner le goût des (..............); mais le goût de la vertu, c'est autre chose. Les peuples en (............) sont loquaces, disputeurs, difficiles à gouverner à cause de leur versatilité. Un Etat touche à sa (........), quand on élève les mécontents aux premières dignités. L'injustice est toujours la (........) infaillible des empires. Celui que l'on révère encore dans sa (............) fait voir que l'on n'a pas eu tort de l'estimer dans sa bonne fortune. La philosophie nous console du bonheur d'autrui, des mauvais succès, du (........) de nos forces ou de notre beauté. Les astrologues disaient que toute entreprise commencée au (........) de la lune était dangereuse et avait une fin funeste à son auteur. Les volées de mouettes suivent sur les mers les colonnes de harengs qu'elles décèlent aux pêcheurs. Il n'est pas de secrets que le temps ne (.......). Jésus-Christ se (............) aux apôtres. D'ordinaire, le délateur (..........) plus ses propres vices que ceux des autres.

375. **Déclarer, découvrir, manifester, révéler, déceler.** *Déclarer*, dire pour instruire ; *découvrir*, montrer ce qui est caché ; *manifester*, produire les sentiments intérieurs ; *révéler*, rendre public ce qui a été confié sous secret ; *déceler*, nommer celui qui ne veut pas être cru l'auteur.

376. **Découverte, invention.** La *découverte* tient plus de la science et étend nos connaissances; l'*invention* tient de l'art et ajoute aux secours dont nous avons besoin.

377. **Découvrir, trouver.** On *découvre* ce qui est caché ou secret, au physique ou au moral ; on *trouve* ce qui ne tombe pas de soi-même sous les sens ou dans l'esprit.

378. **Décret, loi.** Le *décret* est un acte particulier qui a besoin d'une sanction pour devenir loi ; la *loi* est absolue, elle est l'expression de la volonté souveraine.

379. **Décrier, décréditer.** Le premier attaque l'honneur; le second, le crédit. On *décrédite* un ambassadeur en disant qu'il n'a pas de pouvoirs ; on le *décrie*, en disant que c'est un homme sans foi.

380. **Se dédire, se rétracter.** On *se dédit* de ce qu'on a dit légèrement ; on *se rétracte* de ce qu'on avance. On *se dédit* d'un marché, on *se rétracte* de sa parole.

EXERCICE (375, 376, 377, 378, 379, 380).

Dieu ne (........) pas tous les jours ses volontés, par ses prophètes, touchant les rois et les monarchies qu'il élève. Les Portugais ayant (............) la route des Indes, s'établirent à Macao. Tous nos soins doivent se borner à connaître la vérité, tous nos talents à la (............), tout notre zèle à la défendre. Lorsque l'histoire vient à (.........) les atrocités d'un tyran, on frémit en pensant que l'on a vécu sous sa main ensanglantée. Les maximes des hommes (............) leurs cœurs. Le charlatanisme (........) l'ignorance. Il est honteux qu'il y ait des récompenses attachées à la (...,........) des malfaiteurs, et qu'il n'y en ait pas pour la (...,......) des malheureux. Rarement l'(............) paye l'inventeur. Plus on approfondit l'homme, plus on y (............) de faiblesse et de grandeur. Le temps (...........) tout. On a (.........) des hommes et des animaux partout où la terre est habitable. Si Dieu avait laissé à notre disposition le cours du soleil, un (........) lui aurait souvent défendu de se lever ou de se coucher. Nul ne peut appeler des (..........) du destin. Un gouvernement n'est fort que par la (...); on l'ébranle par l'arbitraire. La flatterie corrompt la vertu, et la médisance la (........). L'esprit de parti (.........) les personnes pour venir plus aisément à bout de (............) leurs opinions. Une fois qu'on avance une chose, il ne faut pas (............). La prudence qui sait à propos (..............) et céder aux conjonctures, est une des parties principales de l'art de gouverner.

---

381. **Défaite, déroute.** Celle-ci est une suite de la première, et désigne une armée qui fuit en désordre, et qui est totalement dissipée.

382. **Défendre, soutenir, protéger.** On *défend* ce qui est attaqué ; on soutient ce qui peut l'être ; on *protége* ce qui a besoin d'être encouragé ; on est *protégé* par les autres ; on peut se *défendre* et se *soutenir* par soi-même.

383. **Défendre, empêcher, prohiber.** On empêche par un obstacle physique ; on *défend* par un obstacle moral ; ou *prohibe* par une loi.

384. **Défendu, prohibé.** Ces deux mots désignent en général ce qu'il n'est pas permis de faire ; mais *prohibé* ne se dit guère que des choses *défendues* par une loi humaine et de police.

385. **Défense, prohibition.** La *défense* s'applique à ce qui ne doit pas se faire ; la *prohibition* s'applique à ce qui pourrait se faire. *Défense* de toucher à la propriété d'autrui ; *prohibition* des marchandises étrangères.

386. **Dégoûtant, fastidieux.** *Dégoûtant* va plus au corps qu'à l'esprit ; *fastidieux*, au contraire, va plus à l'esprit qu'au corps. Ce qui est *dégoûtant* cause de l'aversion ; ce qui est *fastidieux* cause de l'ennui.

387. **Degré, marche.** *Degré* indique la hauteur ; *marche* marque l'étendue. Les *degrés* sont égaux, si les hauteurs sont égales ; les *marches* sont égales, s'il y a égalité dans leur largeur : le premier est un terme poétique, le second un terme vulgaire.

EXERCICE (381, 382, 383, 384, 385, 386, 387).

On a toujours honte de sa (........). Un général doit rester inébranlable au milieu de toutes ses troupes en (..........). Condé avait (..........) l'enfance de Louis XIV ; Villars et Vendôme (...............) sa vieillesse. Dieu (..........) la France. L'intérêt fait (..........) les plus grandes absurdités. En France, on a (............) les duels. Les plus violentes cabales n'ont jamais eu lieu que contre des ouvrages de mérite, et n'ont point (..........) qu'on les entendît. Il y a toujours dans l'âme des plus grands hommes quelque endroit mal (..........). Toutes les fois qu'on accorde, à Rome, la permission de lire les livres (...........), on excepte expressément Machiavel, Dumoulin et Giannone. La (..............) avertit l'attention, stimule le désir. La certitude d'avoir le nécessaire et l'impossibilité de jouir du superflu, sont les plus sûres défenses des mœurs. Une femme colère est (..............). Il y a des gens (..............) avec du mérite, et d'autres qui plaisent avec des défauts. Une périphrase n'est au fond qu'une énigme plus ou moins claire, et l'énigme qu'un jeu (..............) tout au plus propre à exercer la patience. Il faut descendre un (......) pour prendre une femme, et en monter un pour faire un ami, afin que celui-ci nous protége et que celle-là nous obéisse. La (........) de la langue française est celle de la nature, même dans la poésie ; c'est ce qui la rend universelle.

---

388. **Déguiser, masquer, travestir.** Celui qui se *masque* se couvre d'un faux visage ; celui qui se *déguise* change ses apparences ; celui qui se *travestit* prend un autre costume. On se *masque* pour aller au bal ; on se *déguise* pour une intrigue ; on se *travestit* pour ne pas être reconnu.

DES SYNONYMES.

389. **Délateur, dénonciateur.** Ces deux termes emportent une idée défavorable; cependant le *dénonciateur* peut quelquefois être animé par le sentiment du bien public ; le *délateur*, dans la véritable acception de ce mot, n'est mû que par des passions honteuses.

390. **Délibérer, opiner, voter.** *Délibérer*, c'est discuter les raisons pour et contre ; *opiner*, c'est motiver son avis ; *voter*, c'est donner son suffrage.

391. **Délicat, délié.** *Délicat* se prend toujours en bonne part, et tient surtout à la sensibilité de l'âme ; *délié* se prend en bonne ou mauvaise part, et vient ordinairement de la finesse ou de l'artifice de l'esprit.

392. **Délicieux, délectable.** *Délicieux* affecte à l'objet un caractère de suavité, de délicatesse ; *délectable* exprime la propriété d'exciter le goût, de prolonger le plaisir avec une sorte de sensualité, de tressaillement. En savourant la chose *délectable*, il semble que vous mâchiez le plaisir ; en savourant la chose *délicieuse*, il semble que vous en exprimiez voluptueusement ce qu'elle a de plus délicat.

EXERCICE (388, 389, 390, 391, 392).

Quelle condition vous paraît la plus (..........) et la plus libre, ou du berger ou des brebis? Les grands malheurs ont cela d'avantageux qu'ils font paraître la mort (............). La bonne chère n'est (............) qu'autant que la santé fournit de l'appétit. Les Grecs, nés sous un ciel plus heureux, et favorisés par la nature, d'organes plus (..........) que les autres nations, formèrent une langue dont toutes les syllabes pouvaient, par leur longueur ou leur brièveté, exprimer les sentiments lents ou impétueux de l'âme. La cloison du nez doit être mince et les lèvres (.........). Pendant que les hommes (............), il ne s'exécute que ce que Dieu a résolu. Les arbitres font (........) à renvoyer les parties devant les juges. Le peuple n'est plus peuple avec des lois, qu'il a (........), il devient nation. L'élégance exige une fierté noble, un air facile et naturel, qui, sans nuire à la correction, en (........) l'étude et le travail. La politesse cache les vices comme la parure (.........) les rides. Scaron a (.........) Virgile. On a (.........) la Henriade et Télémaque. Quand les (............) sont récompensés, on ne manque plus de coupables. Il y avait deux (.............) par chaque quartier de Rome ; il y en avait aussi dans les différentes villes de l'empire romain.

393. **Délire, égarement.** Le *délire* est un dérangement momentané de l'esprit causé par la fièvre ou l'excès de la douleur ; l'*égarement* est un *délire* prolongé, un malheur affreux, une maladie, un coup violent pouvant égarer les plus fortes têtes.

394. **Demande, question.** *Qustion* se dit seulement en matière de doctrine : une *question* de physique, de théologie ; *demande*, lorsqu'il signifie *interrogation*, ne s'emploie guère que lorsque le mot de *réponse* y est joint ; ainsi l'on dit : tel livre est par *demandes* et par *réponses*.

395. **De même que, ainsi que, comme.** Lorsque ces mots sont placés à la tête de la comparaison, alors elle a deux membres : le second commence par le mot *ainsi*, si c'est *ainsi que*, ou *comme* qui se trouve à la tête du premier membre ; mais si c'est *de même que*, ce second membre commence par le mot *de même* : De *même que* l'ambitieux n'est jamais content, *de même* le débauché n'est jamais satisfait. *Ainsi que* l'ordonne la Providence, ainsi va la fortune des États et des particuliers, des princes et des sujets. *Comme* les hommes vieillissent par le nombre des années, *ainsi* vieillissent les Empires par le nombre des siècles.

396. **Au demeurant, au surplus, au reste, du reste.** Le premier désigne le résultat, la fin, le terme où l'esprit doit s'arrêter : il a tel ou tel défaut ; *au demeurant*, c'est un honnête homme. *Au surplus* suppose une série, une gradation, une cumulation d'idées auxquelles on ajoute une autre idée pour finir : voilà d'étranges nouvelles ; *au surplus*, je ne les garantis pas. *Au reste* désigne ce qui reste à dire, une observation qu'il faut rappeler : je vous conseille de faire telle ou telle chose ; *au reste*, vous êtes le maître. *Du reste* annonce une relation moins essentielle : je vous conseille..... ; *au reste*, cela m'est égal.

397. **Demeurer, loger.** *Demeurer* se dit du lieu où l'on réside ; *loger*, de l'habitation qu'on occupe. On *demeure* à Paris ; on *loge* dans un hôtel.

398. **Demeurer, rester.** *Demeurer*, c'est ne pas quitter le lieu où l'on est ; *rester* a, de plus, une idée accessoire de laisser aller les autres. On demeure à la campagne, à la ville ; la sentinelle *reste* à son poste.

DES SYNONYMES. 97

EXERCICE (393, 394, 395, 396, 397, 398).

Les actes faits dans l'état de (......) ne sont pas valables. On a fait un crime à la métaphysique des (............) de ceux q la cultivaient. Les catéchismes sont presque tous par (...........) et par réponses. L'une des fautes de logique les plus communes, est de poser en fait ce qui est en (........). De même que la cire molle reçoit aisément toutes sortes d'empreintes et de figures, (............) un jeune homme reçoit facilement toutes les impressions qu'on veut lui donner. De même que le feu éprouve l'or, (..........) l'adversité éprouve l'homme courageux. Ainsi que les rayons du soleil dissipent les nuages, (........) la présence du prince dissipe les séditions. Comme le soleil chasse les ténèbres, (.......) la science chasse l'erreur. Un peuple qui ne serait que savant ne pourrait (...........) barbare; un peuple de lettrés est nécessairement doux et poli. La hardiesse humaine n'aime pas à (............) court. Depuis deux mois qu'on lui a vendu ses meubles, il (.....) à la belle étoile. Les anciens n'avaient pas toujours une garde-robe bien fournie; car Epaminondas, par exemple, était obligé de (........) au logis quand on dégraissait son habit. Cet homme a quelque chose d'extraordinaire dans sa mise et dans son maintien; (.........), il est aimable. Pygmalion ne mangeait que des fruits qu'il avait cueillis lui-même dans son jardin, ou des légumes qu'il avait semés et qu'il faisait cuire; (..........), il ne buvait jamais d'autre eau que celle qu'il puisait lui-même.

---

399. **Démolir, raser, démanteler, détruire.** On *démolit* pour utiliser les matériaux et l'emplacement; on *rase* par punition de guerre; on *démantèle* par précaution; on *détruit* dans toutes sortes de vues et par toutes sortes de moyens, pour ne pas laisser subsister.

400. **Démonstrations, témoignages.** Les *démonstrations* consistent principalement dans l'obligeance de l'accueil; les *témoignages* consistent dans des services réels: celles-là sont tout extérieures; celles-ci sont intérieures avant tout.

401. **Dénouement, catastrophe.** Le *dénouement* démêle l'intrigue; la *catastrophe* termine l'action. Le *dénouement* amène la *catastrophe*; la *catastrophe* complète le *dénouement*.

98 MANUEL

402. **Dense, épais.** *Epais* a rapport à la profondeur des corps solides; *dense*, à leur compacité, à leur pesanteur, comparativement au volume. Une planche est *épaisse* d'un pouce ; l'or est plus *dense* que l'argent. *Epais* est l'opposé de mince ; *dense*, l'opposé de rare.

403. **Dénué, dépourvu.** *Dénu* ne se dit qu'au figuré ; *dépourvu* se dit au figuré et au propre. Quand on est *dénu* de biens, on est dans la misère ; si l'on est *dpourvu* de biens on est seulement dans le besoin.

404. **De plus, d'ailleurs, outre cela.** *De plus* n'a rapport qu'au nombre : il a tel et tel défaut ; *de plus*, il est menteur. *D'ailleurs* amène une raison différente : le temps ne permet pas de se mettre en route ; *d'ailleurs*, la route est infestée de voleurs. *Outre cela* amène une raison nouvelle : je ne sortirai pas, parce que je ne me sens pas bien ; *outre cela*, il est beaucoup trop tard.

405. **Dépouiller une chose, se dépouiller d'une chose.** L'action de *dépouiller* une chose porte directement sur l'objet, et celle de *se dépouiller* porte directement sur la personne.

EXERCICE (399, 400, 401, 402, 403, 404, 405).

Pour qu'un sot (..............) de sa morgue, il faudrait qu'il (............) sa sottise. Nous naissons (..............) de tout, nous avons besoin d'assistance. La cour n'est pas (........) d'un certain nombre de gens en qui l'usage du monde, la politesse ou la fortune, tiennent lieu d'esprit et suppléent au mérite. L'eau est plus (........) que l'air. Un corps est d'autant plus (......), que son poids est plus considérable et son volume plus petit. Plus la plante est rameuse, plus le calice de sa fleur est (........). L'appauvrissement des finances précipitait la France vers un grand (..............). Dans les anciennes tragédies, la (..............) formait la quatrième et dernière partie. Un traître prodigue les (..................) d'amitié à l'homme qu'il veut perdre. Ô ciel ! ô terre ! étonnez-vous que parmi tant de (..............) de l'amour divin il y ait tant d'incertitudes. Les hommes d'aujourd'hui travaillent obstinément à (..........) le grand édifice social si péniblement élevé par leurs pères. Un général fait (............) une place qu'il a prise, et, pour cela, il en fait (..........) les fortifications. On (.....) par punition, afin de laisser subsister un monument de la vindicte publique.

406. **Dépravation, corruption.** (Voy. *Corruption.*)

407. **Dépriser, déprimer, dégrader.** *Dépriser* indique une simple opinion dans la personne, le prix ou le taux de la chose, le rabais de ce prix ; *déprimer* indique une forte envie de nuire dans la personne, la bonne opinion établie de la chose, la destruction de cette bonne opinion ; *dégrader* indique une sorte d'arrêt ou une force majeure de la part de la personne, une distinction honorable. Le bon homme qui ne se connaît pas se *déprise* ; l'homme simple qui se voit exalté se *déprime* ; l'homme bas et vil qui n'a pas les sentiments, les mœurs, l'esprit de sa dignité, se *dégrade*.

408. **Dérober, voler.** On *dérobe* furtivement ; on *vole* souvent avec violence.

409. **Dérogation, abrogation.** La *dérogation* laisse subsister la loi ; l'*abrogation* l'annule.

410. **Désapprouver, improuver, réprouver.** On *désapprouve* ce qui n'est pas convenable ; on *improuve* ce qui est répréhensible ; on *réprouve* ce qui est intolérable.

411. **Désert, inhabité, solitaire.** Un lieu *désert* est vide, inculte ; un lieu *inhabité* est sans habitants ; un lieu *solitaire* n'est pas fréquenté. Les landes sont *désertes* ; les rochers, *inhabités* ; les bois, *solitaires*.

412. **Déserteur, transfuge.** Le *déserteur* abandonne sans congé le service auquel il est engagé ; le *transfuge* passe de plus au service des ennemis.

413. **Déshonnête, malhonnête.** *Déshonnête* blesse la pudeur, la bienséance ; *malhonnête* va contre la civilité, la droiture. Le premier se dit des choses ; le second des choses et des personnes.

EXERCICE (406, 407, 408, 409, 410, 411, 412, 413).

Nous (...........) rarement ceux qui nous ont loués. (............) le peuple, c'est abaisser tout ce qui pose sur lui. L'ignorance (.........) l'homme. Nous mourons tous les jours ; chaque instant nous (.........) une portion de notre vie, et nous avance d'un pas vers le tombeau. L'avare (........) tout à ses besoins pour enrichir son imagination. Quand les pères ne donnent rien aux enfants, les enfants les (........). L'(........ .....) d'une loi fondamentale est souvent la cause de la ruine du prince ou du peuple, et quelquefois de tous les deux. Les (............) fréquentes prouvent ou le vice de l'ancienne législation, ou l'abus actuel de la puissance législative. Nous (................) dans un temps ce que nous (.............) dans un autre. On (...........) ce qu'on trouve mauvais, répréhensible, vicieux. Le comique larmoyant est un genre que (............) les critiques d'un goût sévère. Les cours seraient (..........) si l'on était guéri de la vanité et de l'intérêt. Sans les bêtes carnassières, la plupart des sites de la terre seraient (............). Le pauvre est (..........). Quelques philosophes sont (...........) par principes. La loi punit les (........ ....). Les (.............) rapportaient que les ennemis étaient pris. On doit s'abstenir de paroles (..............). Maudits soient les (.............) gens !

414. **Désir, souhait.** Le *souhait* naît de la réflexion, il est presque toujours exprimé ; le *désir* naît souvent de l'instinct, et très-souvent on n'ose l'exprimer. Tels sont les *désirs* de la ruine, de la mort des gens qui ne nous nuisent en rien.

415. **Désoccupé, désœuvré.** L'homme *désoccupé* a du loisir ; l'homme *désœuvré* est toujours oisif.

416. **Dessein, projet, entreprise.** Le *projet* est une idée dans l'esprit ; le *dessein* y ajoute le plan, les moyens d'exécution ; l'*entreprise* les met en œuvre.

417. **Destin, destinée, sort.** Le *destin* s'applique à une suite d'événements enchaînés et nécessaires ; le *sort*, à un événement isolé ou momentané ; la *destinée* annonce la série des événements qui remplissent le *destin*.

418. **De tous côtés, de toutes parts.** *De tous côtés* a plus de rapport à la chose dont on parle ; *de toutes parts*, en a davantage aux choses étrangères qui environnent celles dont on parle. On va *de tous côtés* ; on arrive *de toutes parts*.

419. **Détourner, distraire, divertir.** On *distrait* des deniers, des papiers, en les mettant à part ; on les *détourne*, en les éloignant de leur destination ; on les *di-*

vertit, en se les appropriant, en en disposant. En parlant des personnes, il suffit d'interrompre l'attention de quelqu'un, pour le *distraire* de son travail; il faut l'occuper pour l'en *détourner;* il faut le faire abandonner pour l'en *divertir*.

EXERCICE (414, 415, 416, 417, 418, 419).

C'est dans la disproportion de nos (......) et de nos facultés que consiste notre misère. Comment le ciel pourrait-il remplir les (..........) des humains? ils se contrarient tous. A la ville, comme ailleurs, il y a une classe de sottes gens, fades, oisifs, (............), ils pèsent aux autres. La vie, le temps, tout pèse aux gens (............). Charlemagne ne laissa pas à la noblesse le temps de former des (..........), et l'occupa tout entière à suivre les siens. Affranchir la Pologne est une grande et belle (............), mais hardie, périlleuse, et qu'il ne faut pas tenter inconsidérément. L'homme constant dans ses (........), peut exécuter des prodiges. C'est le (........) des choses humaines de n'avoir qu'une durée courte et rapide. C'est la (..........) des grands hommes d'être attaqués par l'envie. Le malheureux a beau se tourner (............) pour chercher la fortune, jamais il ne la rencontre. La faveur auprès du prince attire des honneurs (................), comme la disgrâce attire des rebuts. L'intérêt (............) l'homme du chemin de la justice et du bonheur. Comment, depuis tant de siècles, les coups de l'infatigable Providence ne nous ont-ils pas (..........) du mal? Si notre condition était heureuse, il ne faudrait pas nous (..........) d'y penser. Rien ne peut nous (..........) d'une sérieuse application.

420. **Détroit, défilé, gorge, col, pas.** Le *détroit* est un lieu serré, où l'on passe difficilement; le *défilé*, un lieu où l'on ne peut passer qu'à la file; la *gorge* est l'entrée d'un passage étroit; le *col* est un passage étroit qui s'élargit à l'entrée et à la sortie; le *pas* est un passage peu long.

421. **Devancer, précéder.** *Devancer* signifie prendre les devants, aller plus vite; *précéder* signifie marcher le premier. Ces mots marquent un rapport de temps: *devancer* exprime une antériorité d'action; *précéder*, une priorité d'existence, d'ordre. La nuit *précède* le jour; l'aurore *devance* le soleil.

422. Devin, prophète. Le *devin* découvre ce qui est caché; le *prophète* prédit ce qui doit arriver. La *divination* regarde le présent et le passé; la *prophétie* a pour objet l'avenir.

423. Devoir, obligation. Le *devoir* est plus fort et se rapporte plus directement à la conscience; l'*obligation* tient de l'usage, et se rapporte plus à la pratique.

424. Dévot, dévotieux. En bonne part, le *dévot* n'a qu'une simple dévotion ; le *dévotieux* a une dévotion tendre et bien sentie. En mauvaise part, le *dévotieux* est plus minutieux, plus affecté que le *dévot*.

425. Dévot, pieux. La *dévotion* du premier n'est que dans l'esprit; celle de l'homme *pieux* est dans le cœur.

426. Dextérité, adresse, habileté. (Voy. *Adresse*.)

427. Diable, démon. Le *diable* se prend toujours en mauvaise part; c'est un esprit malfaisant qui tente et corrompt la vertu ; *démon*, en bonne part, est un génie qui entraîne hors des bornes. La méchanceté est l'apanage du *diable;* l'excès, celui du *démon*.

EXERCICE (420, 421, 422, 423, 424, 425, 426, 427).

Les (..........) sont sur mer ce que les (........) sont sur terre. La mer Pacifique coule de même d'Orient en Occident par les (..........) du Japon. On n'entre dans la Valteline que par une (........). On entre dans le (....) d'Argentières pour passer de France en Italie. Les hommes qui sont exercés à la course (............) les chevaux. Il a existé un Louis de Boufflers qui (............) à la course le cheval le plus agile. Les âmes ont (..........) les corps. La superstition, l'ignorance et la crédulité ont dans tous les temps accrédité les (.........). Les quatre grands (............) sont Isaïe, Jérémie, Ezéchiel et Daniel. Les douze petits (............) sont : Osée, Joël, Amos, Abdias, Michée, Jonas, Naham, Habacuc, Sophonie, Aggée, Zacharie et Malachie. Faisons notre (.........) et laissons faire aux dieux. Il est du (.........) d'un ecclésiastique d'être vêtu modestement, et il est dans l'(............) de porter l'habit noir et le rabat. Il est dangereux de s'attirer la haine des (.........). Les Egyptiens étaient un peuple (............). On peut se faire (.......) par des pratiques; on n'est ....) que par le cœur. Si le (........) sortait de l'enfer pour se battre il se présenterait aussitôt un Français pour accepter le défi. Mille dissertations anciennes et modernes ont été composées sur le (........) de Socrate.

428. **Diaphane, transparent.** Un corps *diaphane* est celui à travers lequel brille la lumière; un corps *transparent* est celui à travers lequel on voit un objet. Le verre est *diaphane* et *transparent*; la gaze n'est que *transparente*.

429. **Dictionnaire, vocabulaire, glossaire.** Le *vocabulaire* ne comprend que des nomenclatures sans explication et peut n'être pas alphabétique; le *glossaire* ne comprend que des séries de mots peu connus; le *dictionnaire* donne les mots alphabétiquement et les explique.

430. **Diffamatoire, diffamant, infamant.** Ce qui est *diffamant* attire le mépris; ce qui est *infamant*, le déshonneur; l'écrit *diffamatoire* nuit moins à la réputation d'autrui qu'à celui qui en est l'auteur.

431. **Différence, diversité, variété, bigarrure.** La *différence* suppose une comparaison des choses, qui empêche la confusion; la *diversité* suppose un changement qui flatte et réveille le goût; la *variété* suppose une pluralité de choses dont l'imagination compose des images qui dissipent l'ennui de l'uniformité; la *bigarrure* suppose un assemblage mal assorti, formé par le caprice.

432. **Différence, inégalité, disparité.** La *différence* est un genre dont l'*inégalité* et la *disparité* sont des espèces. L'*inégalité* marque la différence en quantité; la *disparit*, la différence en qualité.

433. **Différend, dispute, querelle.** La concurrence des intérêts cause les *différends;* la contrariété des opinions produit les *disputes;* l'aigreur des esprits est la source des *querelles*.

434. **Différend, démêlé.** Le sujet du *différend* est une chose sur laquelle on se contrarie, l'un disant oui, l'autre non; le sujet du *démêlé* est une chose moins éclaircie, sur laquelle on s'explique.

EXERCICE (428, 429, 430, 431, 432, 433, 434).

Les empereurs romains permirent que les juges ou les particuliers, dans leurs (............), les interrogeassent par lettres, et leurs réponses étaient appelées des rescrits. Les guerres sont des (.........) sanglants de peuple à peuple. Les (.........) de mots peuvent encore troubler le monde ; on ne les préviendra qu'en répandant la véritable instruction, celle des choses. Il y a, dans la plupart des (............., plus d'humeur que de haine. Il n'y a point d'homme de lettres et de goût qui ne sente la (............) des styles. La loi salique mettait une cruelle (............) entre le Franc et le Romain. Pour l'amitié, il y a trop de (............) et de disproportion entre un prince et son sujet. Je ne conçois d'(............) déshonorante que celle qui vient du caractère et de l'éducation. L'air, l'eau, le verre, le diamant, le talc, le cristal, sont (............). L'eau est (............). Pendant que l'Académie faisait son (............), tout le monde faisait la langue. Aucun ouvrage ne serait plus nécessaire qu'un (............ général de l'ancienne langue française. Le (............) du peuple est peu étendu. Plus on a d'éclat dans le public, plus on est exposé aux discours (............) des jaloux et des mécontents. Qui a eu la sottise ou le malheur de faire quelque action (............) doit être très-attentif à ne se point donner des airs de vanité. Quand on a sur son compte quelque chose d'(............), il faut se cacher entièrement de tout le monde. La (............) des religions et celle des langues entrent dans les vues de la Providence. La (............) des mots doit servir à marquer celle des idées. Un peu de (............) dans les mets ne nuit pas à l'économie de la nutrition du corps humain. La nature a mis une (............) infinie dans les plus petits objets ; si nous ne l'apercevons pas, c'est la faute de nos yeux. La (............) des couleurs et des ornements fait des habits ridicules ou de théâtre.

---

435. **Difficulté, obstacle, empêchement.** La *difficult* naît de la nature et des propres circonstances de la chose ; l'*obstacle* vient d'une cause extérieure, étrangère ; l'*empêchement* dépend d'une loi ou d'une force supérieure.

436. **Difformité, laideur.** La *difformit* est un défaut dans les proportions ; la *laideur*, dans les traits du visage. *Difformit* se dit de tout défaut dans les proportions du corps ; *laideur* ne se dit que des animaux ou des meubles.

437. **Diffus, prolixe.** Le *diffus* se répand en paroles qui délaient la pensée ; le *prolixe* s'étend en mots qui affaiblis-

sent l'expression. Le bavardage est dans le *diffus*; le verbiage, dans le *prolixe*.

438. Diligent, expéditif, prompt. L'homme *diligent* est assidu à ce qu'il fait ; l'homme *expéditif* le fait de suite ; l'homme *prompt* le fait avec activité.

439. Discernement, jugement. Le *discernement* est une connaissance qui distingue ; le *jugement* connaît et apprécie la valeur, les qualités.

440. Discord, discorde. *Discord* est l'opposé de l'*accord*; *discorde*, l'opposé de *concorde*. Le *discord* rompt l'*accord*; la *discorde* détruit la *concorde*.

441. Discours, harangue, oraison. La *harangue* a pour but de persuader et d'émouvoir; le *discours*, d'expliquer et d'instruire; l'*oraison*, de faire l'éloge ou la critique. Le capitaine fait à ses soldats une *harangue*; l'académicien prononce un *discours*; l'orateur prononce une *oraison* funèbre.

442. Discrétion, réserve. Celui qui a de la *discrétion* ne fait et ne dit que ce qui est convenable ; celui qui a de la *réserve* s'abstient de parler ou d'agir. L'homme *discret* sait ce qu'il peut dire ; l'homme *réservé*, ce qu'il doit taire.

EXERCICE (335, 336, 337, 338, 239, 340, 341, 342).

Il n'y a jamais de grandes choses sans de grandes (............
........). La proche parenté est un (...............) au mariage. L'éloquence de Démosthène fut le plus grand (..........) que Philippe de Macédoine trouva dans ses routes politiques, et qu'il ne put jamais surmonter que par la force des armes. Un pays libre, à côté d'un pays esclave, sert à celui-ci de miroir pour voir ses (............). Dans une femme, la (..........), avec un bon caractère, est préférable à la beauté accompagnée d'un mauvais naturel. Si quelquefois l'amitié rend (........) l'ami qui parle, elle rend toujours patient l'ami qui écoute. On peut se taire dans la prospérité, on est (..........) dans l'infortune. La vie est courte, ne soyez pas long, disait un roi des Indes à un ambassadeur qui se disposait à lui adresser une (..........) prolixe. Il faut être (..........) dans les soins qu'on doit prendre ; (..........) dans les affaires qu'on doit terminer ; (..........) dans les ordres qu'on

doit exécuter. Les arts et les sciences veulent du (............
........). Le gouvernement et la politique veulent du (......
......). On ne saurait faire de loin le (................) des couleurs. Les passions vicieuses supposent toujours quelques faux (............). Il est impossible qu'il ne s'élève quelquefois des (..........) entre les personnes qui s'aiment le plus. Il n'y a pas de (..........) plus pernicieuse que la (..........) publique. La première loi du (...........) étant de se faire entendre, la plus grande faute que l'on puisse faire est de parler sans être entendu. Le duc de La Rochefoucauld ne fut point de l'Académie française, parce qu'il ne se crut pas capable de prononcer une (............) de quatre lignes, sans tomber en défaillance. L'exorde est une des parties de l'(..........).

---

443. **Disert, éloquent.** Un homme *disert* a le discours facile, clair, pur, élégant et même brillant ; le discours de l'homme *éloquent* est vif, animé, persuasif, touchant ; il émeut, il élève l'âme, il la maîtrise.

444. **Disposition, aptitude.** La *disposition* indique l'inclination à faire une chose ; l'*aptitude*, la capacité de l'exécuter. Celui qui est *disposé* pour une chose n'est pas toujours *apte* à la faire.

445. **Dispute, altercation, contestation, débat.** La *dispute* naît d'avis différents ; l'aigreur la fait dégénérer en *altercation* ; la *contestation* a lieu sur une affaire de droit ; les *débats* proviennent d'opinions tumultueuses.

446. **Distinction, diversité, séparation.** La *distinction* est opposée à l'identité ; la *diversité* à la similitude ; la *séparation* à l'unité.

447. **Distinguer, séparer.** On *distingue* ce qu'on ne veut pas confondre ; on *sépare* ce que l'on veut éloigner.

448. **Distinguer, discerner, démêler.** On *distingue* un objet par ses apparences ; on le *discerne* à ses signes exclusifs ; on le *démêle* à des signes particuliers. Pour connaître, il faut *distinguer* ; pour choisir, il faut *discerner* ; pour rétablir l'ordre, il faut *démêler*.

EXERCICE (443, 444, 445, 446, 447, 448).

L'étude et les qualités de l'esprit font l'homme (........) ; les dons de la nature, la passion, l'amour de la vérité, toutes ces qualités du cœur enfin font l'homme (..........). Si la naissance peut donner les grandes (..............), c'est l'application toute seule qui fait les grands hommes. La présence d'esprit pourrait se définir une (..........) à profiter des occasions pour parler et pour agir. La (..........) ne doit jamais dégénérer en (..............). L'Ecriture est sans (..............) le plus ancien livre qui soit au monde. Entre voisins, il y a toujours quelques (.........). Rien ne doit nous donner plus de méfiance de notre jugement, que les (..........) d'une assemblée délibérante. Les opinions divergentes produisent la (..........). Fais du bien à tous sans (..............). Dans la guerre, la (..............) entre le héros et le grand homme est délicate. Quelquefois les insectes n'ont d'autre défense que la (...........) de leurs mouvements. Il n'y a point de (............) entre des êtres qui en constituent un seul. Quand on a (...........) l'éloquence du barreau de la fonction de l'avocat, et l'éloquence de la chaire du ministère du prédicateur, on voit qu'il est plus aisé de prêcher que de plaider. L'absence (.........) les amis sans en désunir le cœur. Vouloir trop se (.............) des personnes avec qui nous devons vivre, c'est leur donner occasion de se (..........) de nous. Dans l'obscurité ou dans l'éloignement, on ne peut (..............) les objets. Il faut avoir du mérite pour le (...........) dans les autres. Toutes les histoires contemporaines parviennent falsifiées à la postérité, qui ne peut plus guère (..........) la vérité du mensonge.

---

449. **Distraire, détourner, divertir.** Au physique, on *distrait*, on *détourne* on *divertit* des deniers, des papiers, des effets, etc.; on les *distrait* en les ôtant de leur place; on les *détourne* en les mettant hors de portée; on les *divertit* en les supprimant. Au figuré, on *distrait*, on *détourne*, on *divertit* d'un travail, d'une occupation, d'une entreprise, d'un dessein, etc. Il suffit d'interrompre l'attention de quelqu'un pour le *distraire* de son travail; il faut l'occuper du moins pendant un temps, d'autre chose pour l'en *détourner*; il faudrait le lui faire oublier ou abandonner, en l'occupant de toute autre chose pour l'en *divertir*.

450. **Diurne, quotidien, journalier.** Ce qui est *diurne* revient chaque jour, et en occupe toute la durée; ce qui est *quotidien* revient chaque jour, sans en occuper toute la

durée; ce qui est *journalier* se répète et varie comme les jours, et peut occuper ou ne pas occuper toute la durée.

451. Diviser, partager. La *division* produit des parties; le *partage* produit des parts ou des portions. Au figuré, la *division* marque la mésintelligence et l'opposition; le *partage* n'emporte que la différence ou la diversité d'opinions.

452. Divorce, répudiation. Le *divorce* se fait par un consentement à l'occasion d'une incompatibilité mutuelle; la *répudiation* se fait par la volonté, pour l'avantage d'une des deux parties, indépendamment de la volonté et de l'avantage de l'autre.

453. Docile, doux. On peut être *docile* sans être *doux*, et *doux* sans être *docile*. Le cheval est un animal *docile*.

454. Docte, docteur. Etre *docte*, c'est être véritablement savant et habile; être *docteur*, c'est non-seulement être habile homme, mais avoir donné de sa science certaines preuves par lesquelles on ait obtenu ce titre; *docte* dit plus que *docteur*, parce qu'il y a des *docteurs* qui ne sont pas *doctes*.

455. Don, présent. Le *don* est gratuit; le *présent* est une offrande, gage de nos sentiments. On fait des *dons* à quelqu'un pour lui faire du bien; on lui fait des *présents* pour bien mériter de lui.

EXERCICE (449, 450, 451, 452, 453, 454, 455).

Il n'y a guère de parents qui ne soient disposés à regarder leurs enfants comme des merveilles, qui ne les parent de tous les (......) les plus brillants, qui ne voient en eux toutes les qualités, tous les talents. Les petits (..........) entretiennent l'amitié. Vous pouvez (............) d'un dessein une personne qui ne fait qu'y songer. Vous devez (............) d'un mauvais dessein celui qui a résolu de l'exécuter. Il faudrait (..........) l'homme plein de tristes pensées. On sait que le mouvement diurne de la terre est égal et uniforme. Les productions du palmier servent aux besoins (..............) d'une multitude de peuples. Soit au physique, soit au moral vous devez un tribut (............) à la douleur. La différence des intérêts (.......) les princes; celle des opinions (..........) les peuples. Le géomètre travaille à (.........) géométriquement un angle en trois parties égales. Le peuple de Rome poursuivit le (........) des terres jusqu'à la ruine de la république. Le (........) est honteux après la naissance des enfants. Solon, Lycurgue, Romulus et Numa permirent le (........), mais ils y attachèrent l'infamie. La loi de Moïse tolérait la (............), hors le cas cependant où la femme se trouvait avoir été épousée par celui qui lui avait ôté l'honneur. Un cœur (........) peut recevoir les impressions de la vérité. Le lait des femelles herbivores est plus (......) et plus salutaire que celui des carnivores. Parmi les animaux, les uns paraissent plus ou moins familiers, plus ou moins (......), plus ou moins féroces. Ayons plus de soin de nous rendre intelligibles, que de paraître (........). Sénèque était un (........) de cour qui philosophait dans la pourpre, et causait à son aise de la vertu.

456. **Donner, présenter, offrir.** *Donner* est plus familier ; *présenter* est toujours respectueux ; *offrir* est quelquefois religieux. Nous *donnons* aux domestiques ; nous *présentons* aux princes ; nous *offrons* à Dieu.

457. **Douleur, chagrin, tristesse, affliction, désolation.** L'idée d'*affliction* ajoute à celle de *tristesse;* celle de *douleur* à celle d'*affliction*, et celle de *désolation* à celle de *douleur*. Le *chagrin* est intérieur ; la *tristesse* se laisse voir au dehors.

458. **Douleur, mal.** Le premier est l'effet, et le second est la cause.

459. **Douteux, incertain, irrésolu.** *Douteux* ne se dit que des choses ; *irrésolu*, que des personnes ; *incertain* se dit des personnes et des choses. *Incertain* se rapporte à l'avenir, et *douteux* au passé ou au présent.

460. **Droit, debout.** (Voyez *Debout.*)

461. **Droit, justice.** Le *droit* est l'objet de la *justice;* c'est ce qui est dû à chacun. La *justice* est la conformité des actions avec le *droit;* c'est rendre et conserver à chacun, ce qui lui est dû. Le premier, dicté par la nature, ou établi par l'autorité, soit divine, soit humaine, peut changer selon les circonstances ; la seconde, étant la règle qu'il faut toujours suivre, ne varie jamais.

462. **Droit canon, droit canonique.** Le *droit canon*, c'est ce qui règle, ordonne ; le *droit canonique*, ce qui est réglé, ordonné.

463. Durable, constant. Ce qui est *durable* ne cesse point ; ce qui est *constant* ne change pas.

464. Durée, temps. La *durée* se rapporte aux choses, et le *temps* aux personnes. On dit la *durée* d'une action, et le *temps* qu'on met à la faire.

EXERCICE (456, 457, 458, 459, 460, 461, 462, 463, 464.)

Il y a du plaisir à rencontrer les yeux de celui à qui l'on vient de (........). Lorsqu'il faut passer d'un appartement dans un autre, les hommes s'empressent toujours d'(........) la main aux dames. Quand un colonel passe devant une sentinelle, celle-ci lui (...........) les armes. La (...........) du corps est le seul mal de la vie que la raison ne peut guérir, ni affaiblir. Les (...........) abrègent la vie. Il n'y a qu'une (...........) qui dure, c'est celle qui vient de la perte des biens. Il s'est élevé des chefs audacieux qui, après avoir rassemblé des soldats de toutes les nations, courent de contrées en contrées, traînant à leur suite la (...........) et la mort. Nos plaisirs les plus doux ne vont point sans (..........). Dans une question parfaitement (...........), on peut choisir le parti qui plaît davantage. L'heure de notre mort est (.............). Les esprits faibles et les caractères (...........) sont aussi peu commodes pour les autres que pour eux-mêmes. Les lois sont faites pour nous protéger tous et assurer nos (........). La (..........) est la première des vertus. Le (.............) a eu longtemps, en France, une autorité reconnue par le pouvoir temporel lui-même. Le (....................) se divise en droit oriental et en droit occidental. Rien n'est (..........) sur la terre. Les imaginations vives sont rarement (............). L'homme, entraîné par le torrent du temps, ne peut rien pour sa propre (........). Le (........) flétrit la beauté.

E

465. Ébahi, ébaubi, émerveillé, stupéfait. Nous sommes *ébahis* par la surprise qui nous fait tenir la bouche béante ; *ébaubis* par une surprise qui nous étourdit ; *émerveillés* par une surprise qui nous attache avec une espèce de charme ; *stupéfaits* par une surprise qui nous rend immobiles.

466. Ébauche, esquisse. L'*ébauche* est la première parare qu'on donne à un ouvrage ; l'*esquisse* n'est qu'un modèle incorrect de l'ouvrage même. Quand on dit d'un tableau : j'en ai vu l'*esquisse*, on fait entendre qu'on en a vu le premier trait au crayon. Quand on dit : j'en ai vu l'*ébauche*, on fait entendre qu'on a vu le commencement de son exécution en couleur. *Esquisse* ne s'emploie guère que dans les arts ; *ébauche* est plus général, et s'applique à tout ouvrage commencé.

467. **S'ébouler, s'écrouler.** S'*ébouler* signifie, à la lettre, tomber en roulant comme une boule ; s'*écrouler*, c'est tomber en roulant avec précipitation et avec fracas. Les sables s'*éboulent*, les édifices s'*écroulent*.

468. **Ebullition, effervescence, fermentation.** L'*ébullition* est le mouvement que prend un liquide qui bout sur le feu ; l'*effervescence* est le mouvement qui s'excite dans une liqueur ; la *fermentation* est le mouvement interne qui s'excite de lui-même dans un liquide. L'eau qui bout est en *ébullition* ; le fer dans l'eau-forte fait *effervescence* ; la bière est en *fermentation*.

EXERCICE (465, 466, 467, 468.)

Une foule de curieux, à la vue des spahis, s'arrêtent (..........). Je suis toute (.........), et je tombe des nues. Le saint qui n'avait jamais entendu parler de la Baltique, fut (............) de la largeur de cette mer. Le voleur pris en flagrant délit reste (............). Les (............) ont communément un feu que le tableau n'a pas. La première opération du sculpteur, en prenant un bloc, est de le dégrossir ; ce travail est ordinairement fait par des ouvriers ; l'artiste prend ensuite le ciseau et fait son (...........). Un bastion de terre sablonneuse s'(...........) de lui-même ; il faudra du canon pour qu'un bastion solide et revêtu s'(..........). L'(...........) a lieu à des températures différentes, suivant la nature des corps. Les alcalis font (..............) avec les acides. Les levures sont un produit de la (...............). Le carbonate d'amoniaque, comme tous les sels, arrête la (................).

469. **Echanger, troquer, permuter.** C'est donner une chose pour une autre, pourvu que ce ne soit pas de l'argent. On *échange* les ratifications d'un traité ; on *troque* des marchandises ; on *permute* des emplois. *Echanger* est du style noble ; *troquer*, du style ordinaire et familier ; *permuter*, du style de palais.

470. Etre échappé, avoir échappé. *Echappé*, construit avec le verbe *avoir*, fait entendre qu'on n'a pas fait attention à une chose ou qu'on en a perdu la mémoire : *cette romance m'a échappé*. Construit avec le verbe *être*, *échappé* signifie qu'une chose a été faite par inadvertance : *Cette parole m'est échappée*.

471. Eclaircir, expliquer, développer. On *éclaircit* ce qui est obscur ; on *explique* ce qui est difficile à entendre ; on *développe* ce qui renferme plusieurs idées.

472. Eclairé, clairvoyant, instruit. L'homme *instruit* connaît les choses; l'homme *éclairé* en fait encore une application convenable; l'homme *clairvoyant* devine ce qui se fera.

473. Eclat, brillant, lustre. Les couleurs vives ont plus d'*éclat* que les couleurs pâles ; les couleurs claires ont plus de *brillant* que les couleurs brunes ; les couleurs récentes ont plus de *lustre* que les couleurs usées. L'*éclat* tient du feu ; le *brillant*, de la lumière ; le *lustre*, du poli.

474. Eclipser, obscurcir. Le premier dit plus que le second. Le faux mérite est *obscurci* par le mérite réel, et *éclipsé* par le mérite éminent.

EXERCICE (469, 470, 471, 472, 473, 474.)

Corneille (.........) tous les poëtes tragiques qui l'avaient précédé. Les longues parenthèses (................) le discours. C'est dans les positions éminentes que la valeur et la vertu brillent de tout leur (.......). Le héros se dédommage des vertus qui lui manquent par l'(......) de celles qu'il possède. La fortune offre aux yeux des (..........) mensongers. Il faut être (..............) pour parvenir à bien connaître une chose ; il faut être (........) pour en bien juger. On n'est curieux qu'à proportion qu'on est (..........). Le siècle où les philosophes (..............) les préceptes des arts, est celui des ouvrages communément mieux faits et mieux écrits. Il y a un artifice qui a souvent réussi aux astrologues, c'est de rendre leurs oracles d'une manière obscure et équivoque, et de laisser à l'événement le temps de les (..........). La définition et les analyses sont proprement des périphrases dont le propre est d'(..........) une chose. Pour qu'un seul des soldats parvienne à (..........) son sabre contre une épée, combien faut-il qu'il y en ait de tués ? Il est impossible d'étudier fructueusement les conjugaisons grecques, si l'on ne connaît pas bien les lois suivant lesquelles se (............) les consonnes. On fait toujours un mauvais marché en (............) une douce médiocrité contre l'espoir de la fortune.

475. **Economie, ménage, épargne, parcimonie.** L'*économie* convient surtout aux fortunes considérables; le *ménage*, aux fortunes ordinaires; l'*épargne*, aux fortunes variables; la *parcimonie*, aux fortunes chétives. L'*économie* fait la richesse d'un Etat; le *ménage*, les maisons stables et honorables; l'*épargne*, les fonds des cas fortuits, la *parcimonie*, le pécule du pauvre.

476. **Ecriteau, épigraphe, inscription.** L'*écriteau* est un morceau de papier ou de carton, pour donner un avis au public; l'*inscription* se grave sur un monument public, pour conserver la mémoire d'une chose ou d'une personne; l'*épigraphe* est une sentence courte placée au bas d'une estampe ou à la tête d'un livre, pour en désigner le sujet ou l'esprit.

477. **Ecrivain, auteur.** Le premier se dit de ceux qui ont donné des ouvrages de belles-lettres, et n'a rapport qu'au style; le second s'applique à tout genre d'écrire indifféremment. On peut être *auteur* et *écrivain*, tout à la fois, on peut-être aussi l'un sans l'autre. L'*auteur* de la Pharsale ne passera jamais pour un bon *écrivain*.

478. **Effacer, raturer, rayer, biffer.** On *raie* un mot en passant une ligne dessus; on l'*efface* en empêchant qu'on ne le lise; on le *rature*, lorsqu'on l'*efface* absolument avec un grattoir; le mot *biffer* est du style d'arrêt : on ordonne, en parlant d'un accusé, que son écrou soit *biffé*.

479. **Effaré, effarouché.** Le visage seul est *effaré*, toute la personne est *effarouchée*. L'homme *effaré* reste souvent immobile par le simple étonnement; la terreur fait fuir l'homme *effarouché*; le stupide a l'air *effaré*; le moindre bruit *effarouche* celui qui est pénétré de crainte.

480. **Effectivement, en effet.** Le premier est plus d'usage dans la conversation, il sert à appuyer une proposition; le second sert, de plus, à opposer la réalité à l'apparence.

114 MANUEL

EXERCICE (475, 476, 477, 478, 479, 480).

Il faut répandre avec (..............) le fiel de la satire. Le travail chasse la misère, et c'est l'(...........), qui l'empêche de revenir. On travaille parce qu'on doit laisser à ses enfants ou à ceux qu'on aime le fruit de ses sueurs ou de ses (..........). Bayle était dans l'usage, le jour qu'il consacrait à recevoir des visites, de mettre le matin un (..........) sur la porte de sa maison. Une (............) juste et bien choisie prévient favorablement le lecteur ; une (............) ambitieuse excite, au contraire, sa sévérité. Le temple de Delphes avait pour (.............) cette maxime : connais-toi toi-même. Il n'y a aucun (..........) médiocre qui n'ait de l'esprit, et qui, par là, ne mérite quelque éloge. Corneille n'a eu, devant les yeux, aucun (........) qui ait pu le guider. Malherbe, ayant un jour entrepris de noter les fautes de l'infortuné poëte Ronsard, finit par (........) en entier l'exemplaire de ses œuvres. Les premières impressions (.........) les dernières. Il est difficile d'avoir un style pur sans (..........) beaucoup. Le failli est (.....) de la liste des électeurs. N'êtes-vous pas trop heureux de venir nous offrir votre air (........) pour nous faire rire. Il faut être un peu familiarisé avec l'antiquité, pour n'être point (...........,...) des actions et des discours énigmatiques des prophètes juifs. Le repos est une chose si douce, que ceux qui ne le possèdent pas (..............) tâchent de le goûter par l'imagination et par la pensée. Ce n'est pas assez de porter le nom de chrétien, il faut l'être (.........).

---

481. **Efféminer, amollir, énerver.** L'amour *amollit* le cœur dur d'un tyran ; il le rend *efféminé* pour plaire aux femmes en les imitant, et ses voluptés l'(*énervent*).

482. **Effigie, image, figure, portrait.** L'*effigie* est pour tenir la place de la chose même ; l'*image* est pour en représenter simplement l'idée ; la *figure* est pour en montrer l'attitude et le dessin ; le *portrait* est uniquement pour la ressemblance.

483. **S'efforcer, tâcher.** Celui-ci dit moins que le premier, au figuré : je *tâcherai* de vous être utile ; je m'*efforcerai* pour vous rendre service. Il dit plus au propre : l'ouvrier qui *tâche* de faire un trou, s'*efforce* par instants pour briser une pierre qui lui résiste.

484. **Effrayant, épouvantable, effroyable, terrible.**
Effrayant est moins fort qu'*épouvantable*; celui-ci moins fort qu'*effroyable*. Ils se prennent en mauvaise part, mais *terrible* est pris en bonne part, et suppose une crainte mêlée de respect. On dit un cri *effrayant*, un bruit *épouvantable*, un monstre *effroyable*, un Dieu *terrible*. La pierre est une maladie *terrible*; les douleurs qu'elle cause sont *effroyables*; l'opération est *épouvantable* à voir; les seuls préparatifs sont *effrayants*.

485. **Effronté, audacieux, hardi.** Le premier dit plus que le second, et se prend toujours en mauvaise part, et le second dit plus que le troisième, et se prend aussi presque toujours en mauvaise part. L'homme *effronté* est sans pudeur; l'homme *audacieux*, sans respect ou sans réflexion; l'homme *hardi*, sans crainte. *Hardi* se prend aussi au figuré : une voûte *hardie*. *Effronté* ne se dit que des personnes; *hardi* et *audacieux* se disent des personnes, des actions et des discours.

EXERCICE (481, 482, 483, 484, 485).

Les spectacles du théâtre ne sont propres qu'à amollir et à (............) la jeunesse. La retraite fortifie la vertu; la vie dissipée l'(.........). La chaleur excessive (........) et accable. Après la mort des rois et des grands princes, on expose leur (........) en public. Les grâces de la (.......), la beauté de la forme, répondent dans le cygne à la douceur du naturel. Les (..........) de famille ne montrent de nous qu'un instant de notre visage. Dieu a fait l'homme à son (........). Il faut s'(............) de gagner la vie éternelle. (..........) de pouvoir vivre tranquille, si vous ne pouvez vivre heureux. L'aspect d'une de ces grandes aurores boréales ne laisse pas d'être (...........). Les parasites sont des (............) qui se fourrent partout. L'étendue des cieux est (............). Les ruisseaux roulent, bondissent avec l'impétuosité des torrents; les cascades deviennent d'(................) chutes d'eau. Alexandre était (.........) dans sa colère. L'hyperbole est une figure (............). L'ode doit être (............) dans ses expressions et dans sa marche. Les Européens sont devenus les plus (........) des navigateurs.

486. **Egaler, égaliser.** *Egaler* se dit des grandeurs morales; *égaliser* des grandeurs physiques. Rien n'*égale* la vertu; on *égalise* un chemin raboteux.

487. **Egards, ménagements, attentions, circonspection.** Les *égards* sont l'effet de la justice; les *ménagements*, de l'intérêt; les *attentions*, de la reconnaissance ou de l'amitié; la *circonspection*, de la prudence. On doit avoir des *égards* pour les honnêtes gens; des *ménagements* pour ceux de qui on a besoin; des *attentions* pour ses parents ou ses amis; de la *circonspection* avec ceux avec qui l'on traite.

488. **Egoïste, homme personnel.** L'*égoïste* ne pense qu'à son propre intérêt; l'*homme personnel* rapporte tout à lui. L'*égoïste*, n'aimant que lui, n'est aimé de personne; l'*homme personnel* se reconnaît à l'habitude de ne jamais parler que de lui.

489. **Elaguer, émonder.** *Elaguer* un arbre, c'est en retrancher les branches superflues et nuisibles; l'*émonder*, c'est le rendre propre et agréable à la vue, en ôtant tout ce qui le gâte et le défigure. On dit aussi *élaguer* un discours et *émonder* des grains.

490. **Elargissement, élargissure.** *Elargissement* se dit de tout ce qui est plus étendu en largeur: l'*élargissement* d'un canal, d'une rivière, d'une promenade, etc.; *élargissure* se dit de ce qui est ajouté pour élargir, et ne se dit que des meubles et des vêtements: l'*élargissure* d'un rideau, d'un drap, d'une chemise, etc.

491. **Election, choix.** *Election* se dit dans une signification passive, et *choix* dans une signification active: l'*élection* d'un mandataire est le résultat du *choix* qu'on a fait.

492. **Elégance, éloquence.** L'*élégance* s'applique à la beauté des mots et à l'arrangement de la phrase; l'*éloquence* s'attache à la force des termes et à l'ordre des idées. On écrit avec *élégance*; on parle avec *éloquence*.

493. **Elève, disciple, écolier.** *Disciple*, a rapport à la spéculation; *élève*, à la pratique; *écolier*, à la première instruction. Il y a des *écoliers* dans les écoles; des *élèves* dans les colléges, et des *disciples* parmi les philosophes.

EXERCICE (486, 487, 488, 489, 490, 491, 492, 493).

Voltaire était (..........) de Newton. Gros était (......) de David, qui lui-même l'était de Vien. Que d'(...........) ont brillé dans la routine des classes, et se sont éclipsés dans la vaste sphère des lettres! La multitude des divinités (......) celle des passions. Lorsque la mort a (........) les fortunes, une pompe funèbre ne devrait pas les différencier. Les hommes, en s'assemblant en société, se sont en quelque sorte obligés à des (........) réciproques, pour se rendre plus agréables les uns aux autres. Il y a la science des (........) que l'usage du monde nous apprend : il y a l'art des (..............), qui exige surtout la connaissance des hommes. Il y a le choix des (..........), sur lequel la délicatesse ou la finesse de l'esprit nous éclaire. Avec les princes, il faut agir avec une grande (...............). Tout pour lui, rien pour les autres, voilà le code de l'(........). L'homme (.........) est celui qui rapporte tout à lui, à sa personne. C'est ordinairement à compter du mois de septembre jusqu'à la mi-avril que l'on (.......) les arbres. On (.........) les arbres fruitiers en plein vent, ceux qui forment les massifs des jardins anglais, les allées et les charmilles. On procède à l'(..............) des rues. Lorsqu'un gilet est trop étroit, le tailleur y met une (..........). Le roi Stanislas alla à Dantzick pour faire échanger une (.........) à laquelle il n'avait pas pris part. L'(........), en quelque sorte miraculeuse, d'Ambroise, pour le gouvernement de l'église de Milan, justifia le (......,) que le prince en avait fait pour gouverner la province. L'(.........) est l'art de bien dire ce qu'il faut, tout ce qu'il faut, et rien que ce qu'il faut. Toutes les compositions n'exigent pas au même degré l'(..........) du style, qui est quelque chose de plus que sa pureté et sa correction.

---

494. **Elocution, diction, style.** Le *style* a plus de rapport à l'auteur ; la *diction*, à l'ouvrage ; l'*élocution*, à l'art oratoire. On dit d'un auteur qu'il a un bon *style* ; d'un ouvrage, que la *diction* en est bonne ; et d'un orateur, qu'il a une brillante *élocution*.

495. **Eloge, louange.** L'*éloge* est un témoignage avantageux que l'on rend au mérite ; la *louange* est le tribut qu'on lui paye dans ses discours. L'*éloge* met le prix au mérite ; la *louange* en est la récompense.

496. **Eloigner, écarter, mettre à l'écart.** *Eloigner* est plus fort qu'*écarter* ; *écarter* est plus fort que *mettre à l'écart*. Un prince doit *éloigner* de lui les traîtres et *écarter* les flatteurs ; on *écarte* ce dont on veut se débarrasser

pour toujours, et l'on *met à l'écart* ce qu'on veut ou ce qu'on peut reprendre ensuite.

497. Emaner, découler. *Emaner* désigne proprement la source d'où les choses sortent : *découler* indique spécialement un canal par où elles passent. *Emaner* se dit des exhalaisons ; *découler* s'entend des fluides. La lumière *émane* du soleil ; la sueur *découle* du corps.

498. Embarras, timidité. L'*embarras* est l'incertitude de ce qu'on doit dire ou faire ; la *timidité* est la crainte de dire ou de faire quelque chose de mal. L'*embarras* est toujours extérieur et tient aux circonstances ; la *timidité* ne se montre pas toujours au dehors et tient au caractère. On peut être *timide* sans être *embarrassé,* et *embarrassé* sans être *timide*.

499. Emblême, devise. Les paroles de l'*emblême* ont un sens achevé ; les paroles de la *devise* ne s'entendent bien que lorsqu'elles sont jointes à une figure. L'*emblême* suppose une comparaison ; la *devise* porte sur une métaphore. Le serpent est l'*emblême* de la prudence. Diversité, c'est ma *devise.*

EXERCICE (494, 495, 496, 497, 498, 499).

La correction est la qualité la plus indispensable de l'(.... ....). Les grâces de la (,........), soit en éloquence, soit en poésie, dépendent du choix des mots, de l'harmonie des phrases, et encore plus de la délicatesse des idées et des descriptions riantes. Le (......) est l'homme même. Les justes (.......) sont un parfum que l'on réserve pour embaumer les morts. Les (..........) seraient d'un grand prix si elles nous donnaient les perfections dont on nous loue. La nature n'emploie d'affreux contrastes que pour (..........) l'homme de quelque site périlleux. Les rennes se servent de leurs bois comme de pelles et de bêches pour (.........) la neige qui cache les mousses et les plantes dont ils se nourrissent. Quand il s'agit du bien public, on doit (........) l'intérêt privé (...........). Les montagnes hyémales doivent leurs glaces à l'absence du soleil, et les volcaniennes, à la présence du feu qui, dans son principe, (........) de l'astre du jour. Les biens et les maux (............) d'un même principe. La mort n'ôte rien au juste que l'(............) du corps terrestre qui l'éloignait de Dieu. Si la (... ......) est difficile à vaincre, c'est qu'elle tient à la fois au caractère et à l'amour-propre. Le coq est l'(..........) de la vigilance. La (.......) est une invention de la chevalerie.

---

500. **Embryon, fœtus**. L'*embryon* est le germe qui n'est pas encore parvenu à une assez grande maturité pour qu'on en puisse distinguer les parties; le *fœtus* est le corps dont toutes les parties sont développées et apparentes.
501. **Emissaire, espion**. L'*émissaire* répand des bruits, de fausses alarmes; l'*espion* épie, va à la découverte, perce, examine. L'*émissaire* se montre et parle; l'*espion* se cache et se tait; l'un et l'autre sont pris en mauvaise part.
502. **Empire, règne**. Le premier s'emploie en parlant des peuples ou des nations : l'*empire* des Assyriens; le second se dit des princes : le *règne* d'Alexandre.
503. **Empire, royaume**. Un *empire* est composé de plusieurs peuples; un *royaume*, d'une seule nation.
504. **Emplette, achat**. *Achat* se dit d'objets considérables, de terres, de fonds, de maisons; *emplette* se dit d'objets de moindre importance, d'habits, de bijoux et autres de cette espèce.
505. **Emplir, remplir**. *Remplir*, c'est emplir de nouveau, achever d'*emplir*.
506. **Emporté, impétueux, violent**. L'homme *emporté* marche vivement et brusquement à son but; l'homme *impétueux* agit avec précipitation; l'homme *violent* renverse tous les obstacles.
507. **Emporter, remporter le prix**. *Emporter le prix*, c'est obtenir un prix, une récompense que l'on a recherchée, mais sans idée de rivalité; *remporter le prix*, c'est remporter une victoire sur des concurrents qui le disputaient.

EXERCICE (500, 501, 502, 503, 504, 505, 506, 507).

Celui qui veut fomenter se sert d'(......,......); celui qui veut savoir se sert d'(..........). L'(.........) des Romains a été d'une plus longue durée que l'(.........) des Grecs; mais la gloire de celui-ci a été plus brillante par la rapidité des conquêtes. Le (......) de Louis XIV a été le plus long, et l'un des plus glorieux de la monarchie. L'(.........) d'Alexandre fut partagé entre ses généraux. L'Etat romain fut un (...........) tant qu'il ne fut formé que d'un seul peuple, soit originaire, soit incorporé. Acheter un roman, c'est faire une mauvaise (............). Quand la bouteille est à moitié, il faut la (...........) ou la vider. Si la monarchie et la démocratie sont sœurs, on ne s'en douterait guère, car l'une est aussi douce, tranquille et modérée que l'autre est pétulante, (............) et tracassière. Les mesures (..........) sont des actes de faiblesse. Les passions (...............) rendent les hommes enfants. Dans la dispute des trois déesses, Vénus (............) le prix.

---

508. **Empreindre, imprimer.** *Empreindre* désigne l'effet produit par l'action d'*imprimer*. L'impression laisse l'*empreinte* ou l'image de la chose. En marchant, vous *imprimez* un mouvement à l'air; vos pas restent *empreints* sur la terre.

509. **Empressement, zèle.** L'*empressement* est un effet du *zèle*. Le premier est dans le fait; le second, dans l'intention.

510. **Emulation, rivalité.** *Emulation* désigne la concurrence; *rivalité* dénote le conflit. Il y a *émulation*, quand on court la même carrière; *rivalité*, lorsque les intérêts se combattent. Deux *émules* vont ensemble; deux *rivaux*, l'un contre l'autre.

511. **Emule, émulateur.** L'*émule* marche en concurrence avec vous; l'*émulateur* marche sur vos traces. Ce dernier, du style soutenu, est aujourd'hui presque inusité.

512. **Enceindre, enclore, entourer, environner.** Ces quatre termes expriment l'idée d'un objet enfermé dans sa circonférence ou dans son étendue. Une ville est *enceinte* de murailles; un jardin est *enclos* de murs; les rois sont *entourés* de flatteurs; les trônes sont *environnés* de pièges.

513. **Enchaînement, enchaînure.** *Enchaînement* se dit au figuré des objets dépendant les uns des autres; *enchaînure* se dit dans le sens propre des ouvrages de l'art.

Des anneaux, des fils, des cordons, etc., entrelacés les uns dans les autres, forment une *enchaînure ;* des causes, des idées, des malheurs, se succédant de l'un à l'autre, forment un *enchaînement.*

514. **Encore, aussi.** *Encore* a rapport au nombre et à la quantité : quand il n'y en a pas assez, il en faut *encore ; aussi* tient de la similitude et de la comparaison : lorsque le corps est malade, l'esprit l'est *aussi.*

EXERCICE (508, 509, 510, 511, 512, 513, 514.)

Ce n'est pas seulement à Paris qu'il y a de la politesse, on en trouve (.....) dans la province. L'amour est non-seulement libéral, mais (.........) prodigue. Les rapports que les sciences ont entre elles forment leur (...............). La disposition même des anneaux, qui entrent les uns dans les autres, est leur (..............). La plupart des écrivains et des penseurs travaillent dans la solitude, ou seulement (.........) d'un petit cercle qu'ils dominent. Lorsque Philippe, triomphant sur les ruines d'Olynthe, insultait les nations et menaçait la liberté de la Grèce, le divin Platon, (............) de ses disciples, allait s'asseoir au sommet du cap Sunium. Le sentiment de conservation est (..........) dans le cœur de tous les hommes. Dieu (.........) en nous des principes d'ordre, de justice, de bienfaisance ; son doigt est (........) sur toutes ses œuvres, son image l'est sur l'homme. Le trop grand (............) qu'on a de s'acquitter d'une obligation est une espèce d'ingratitude. Le véritable (....) du bien public ne cherche qu'à se rendre utile. L'(.........,..) étouffe l'envie. Deux nobles coursiers qui s'efforcent de gagner le prix de la vitesse, voilà l'emblème de l'(...........) : deux animaux chasseurs qui se disputent une proie, voilà l'emblème de la (........). Il arrive aux envieux du mérite de s'en croire les (........). La gloire des grands hommes fait plus d'ambitieux que d'(............). Londres fut de tout temps l'(......) de Paris. On est (..........) de ceux à qui l'on voudrait ressembler.

---

515. **Endurant, patient.** L'homme *endurant* supporte avec constance des injures, des persécutions, par faiblesse, par prudence ou par lâcheté ; l'homme *patient* souffre, avec calme et dignité, par grandeur, par élévation d'âme.

516. **Enfanter, accoucher, engendrer.** *Enfanter* ne se dit que dans le style sérieux : la Vierge *enfanta* un fils. *Accoucher* a uniquement rapport à la femme, et marque précisément le moment ou plutôt l'action particulière de mettre l'enfant au monde. *Engendrer* se dit des deux sexes qui contribuent à la génération. Au figuré, *enfanter* se dit d'un ouvrage, soit de la plume, soit de la main; *accoucher* se dit des productions de l'esprit; et *engendrer*, de ce qui est l'effet de l'humeur.

517. **Enfin, à la fin, finalement.** *Enfin* annonce, par transition, la fin ou la conclusion d'un discours, d'un récit, d'un raisonnement; *à la fin* annonce la fin, le résultat des choses, des affaires, des événements; *finalement* annonce le résultat définitif. *Enfin*, ce qui est arrivé peut arriver encore; *à la fin*, le masque tombe et l'homme reste; chaque année, les comptes sont *finalement* arrêtés.

518. **Enflé, gonflé, bouffi, boursoufflé.** *Enflé* offre l'idée d'un fluide dans le corps; *gonflé*, l'idée d'une forte tension par plénitude; *bouffi*, l'idée d'une enflure grosse et flasque; *boursoufflé*, l'idée d'une enflure de la peau. Au figuré, on dit d'un auteur qu'il est *gonflé* d'orgueil; d'un style, qu'il est *enflé, bouffi, boursoufflé* : *enflé*, pour outrepasser la mesure du sujet; *bouffi*, pour affecter trop de grandeur et de force; *boursoufflé*, pour être rempli de grands mots vides de sens et d'idées.

519. **Ennemi, adversaire, antagoniste.** On est *ennemi* par haine; adversaire, par intérêt; *antagoniste*, par esprit de parti.

520. **Ennoblir, anoblir.** *Anoblir* signifie donner des lettres de noblesse : Il n'y a que le roi qui puisse *anoblir*; *ennoblir* signifie rendre plus éclatant, plus illustre : les beaux-arts *ennoblissent* une langue.

521. **Enoncer, exprimer.** *Enoncer* demande les qualités de l'élocution; *exprimer*, les qualités de l'éloquence. Le peuple s'*exprime* quelquefois mieux qu'il ne s'*énonce*, parce qu'il sent vivement, et qu'il sait peu.

522. **S'enquérir, s'informer.** *S'enquérir*, c'est faire des recherches pour acquérir la connaissance exacte, la certitude de la chose; *s'informer*, c'est demander des éclaircissements pour savoir ce qui st. Celui qui questionne s'*enquiert*; celui qui demande s'*informe*.

DES SYNONYMES.

553. Enseigner, apprendre, instruire, informer, faire savoir. Celui qui *enseigne* donne des leçons, et celui qui *apprend* en profite ; celui qui *instruit* donne des mémoires détaillés ; celui qui *informe* instruit des événements, et celui qui *fait savoir* rapporte fidèlement les faits.

EXERCICE (515, 516, 517, 518. 519, 520, 521, 522, 523.)

Job qui, dans les plus terribles angoisses, chante les louanges de Dieu, est (..........). David qui, entendant les malédictions de Séméi, défend qu'on le punisse, est (............). L'amour du gain, de concert avec celui de la parure, (.............) les colifichets et tous les ouvrages frivoles de la mode. Un poëte qui vient d'(............) d'un sonnet ou d'une épigramme, n'a rien de plus pressé que d'en faire part au public. Le jeu n'(...........) des querelles et de la mauvaise humeur, que lorsque la cupidité en est l'âme. Les pâtisseries légères qui ont beaucoup de volume avec peu de consistance, sont (............,...). (........) du tribut de plusieurs rivières et des dons humides du ciel, le Nil s'avance avec une majesté progressive, et, déroulant ses vagues, il arrose des empires florissants. L'amour-propre est comme un ballon (........) de vent, dont il sort des tempêtes quand on lui fait une piqûre. Il y a des nations dont les sujets naissent (............) de ceux de la nation voisine. Un riche plaideur est un (.............) plus à craindre que le plus éloquent avocat. Les disciples de Jansénius étaient les (...............) des disciples de Molina. Scaliger et Pétau furent, dans leur temps, grands (...............). Les rois ont souvent (........,.) des ministres, qui les avaient avilis par leur conduite. Le génie et le talent (..............) tout. Si l'on saisissait bien le progrès des vérités, il serait inutile de chercher des raisonnements pour les démontrer, ce serait assez de les (..........). Il faut se placer au point de vue de Napoléon, et alors on arrive à reconnaître qu'il a pu être sincère tout en (.............) des sentiments avec lesquels ses actes ne sont pas d'accord. Il n'est pas d'un roi de s'(...........) des propos du peuple. Tous les matins, on s'(..........) de la santé des malades. Le professeur (...........), dans les écoles publiques, ceux qui viennent entendre ses leçons. L'historien (..........) à la postérité les événements de son siècle. Le prince (..........) ses ambassadeurs de ce qu'ils ont à négocier. Les Préfets (............) le ministère de ce qui se passe dans leurs départements. Les correspondants se (..............) réciproquement tout ce qui arrive de nouveau et de remarquable dans les lieux où ils sont.

524. **Entendre, comprendre, concevoir.** *Entendre* a rapport à la valeur des termes dont on se sert; *comprendre*, à la nature des choses qu'on explique; *concevoir*, à l'ordre et au dessein de ce qu'on se propose. On *entend* les langues; on *comprend* les sciences, et l'on *conçoit* ce qui regarde les arts.

525. **Entendre, écouter, ouïr.** *Entendre*, c'est être frappé des sons; *écouter*, c'est prêter l'oreille pour *entendre*; *ouïr* marque une sensation plus confuse. Il est souvent à propos de feindre de ne pas *entendre*; il est malhonnête d'*écouter* aux portes; pour répondre juste, il faut avoir *ouï* distinctement.

526. **Entendre raillerie, entendre la raillerie.** *Entendre la raillerie*, c'est entendre l'art de railler, c'est savoir railler; *entendre raillerie*, c'est savoir supporter la raillerie, c'est ne s'en point fâcher.

527. **Entêté, opiniâtre, têtu, obstiné.** L'*entêté* a fortement une chose en tête; il en est préoccupé de manière à ne pas s'en désabuser. L'*opiniâtre* est excessivement attaché à son opinion; il la défend à outrance contre toute raison. Le *têtu* a un esprit absolu, décidé; il n'en fait qu'à sa volonté. L'*obstiné* tient invariablement à une chose, et d'autant plus qu'on s'y oppose davantage.

528. **Entier, complet.** Le premier a rapport à la totalité des portions qui constituent la chose dans toute son intégrité; le second en a davantage à la totalité des portions qui contribuent à la perfection. Les bourgeois, dans les provinces, occupent des maisons *entières*; à Paris, ils n'ont pas toujours des appartements *complets*.

529. **Entièrement, en entier.** *Entièrement* modifie le verbe; *en entier*, la chose. Quand vous avez fait *entièrement* une chose, cette chose est faite *en entier*.

530. **Envie, jalousie.** On est *jaloux* de ce que l'on possède, et *envieux* de ce que possèdent les autres. La *jalousie* est un sentiment naturel; l'*envie*, un sentiment bas.

531. **Envier, avoir envie.** Nous *envions* aux autres ce qu'ils possèdent ; nous voudrions le leur ravir. Nous avons *envie* de ce qui n'est pas en notre possession ; nous voudrions l'avoir. Le premier est un mouvement de jalousie ou de vanité ; le second, un mouvement de cupidité ou de volupté.

EXERCICE (524, 525, 526, 527, 528, 529, 530, 531).

Les subalternes (………) l'autorité des supérieurs. Les enfants (…………) de tout ce qu'ils voient. Les grands services ne mettent pas toujours au-dessus de l'(…….). Faire mieux est une douce vengeance contre ceux qui nous donnent de la (………) en faisant bien. En parlant aux enfants, dès leur bas âge, une langue qu'ils n'(…………) point, on les accoutume à se payer de mots. La plupart des hommes estiment ce qu'ils ne (……………) pas. Nous ne (……………) ni l'état glorieux d'Adam, ni la nature de son péché, ni la transmission qui s'en est faite en nous. Qui parle sème ; qui (………) recueille. Ne jouez pas avec l'amour-propre de l'homme ; sur ce sujet il n'entend pas (…………). Il faut de l'esprit et du talent pour entendre la (…………). On est plus tranquille sur un cheval (…….) que sur un cheval quinteux. On n'est (…………), que parce qu'on a la vue courte et qu'on voit toujours le même objet. Les (………) sont à charge à tout le monde. Les filles sont quelquefois un peu (…….). Le monde (………) aurait appartenu aux naturalistes romains. Quoique la mémoire et le raisonnement soient deux facultés (……………) différentes, cependant l'une ne se développe véritablement qu'avec l'autre. La bataille d'Arbelles amena la ruine (…………) de Darius.

532. **Envier, porter envie.** On *envie* les choses ; on *porte envie* aux personnes.

533. **Epanchement, effusion.** L'*effusion* est plus vive, plus abondante, plus continue que l'*épanchement*. Par une meurtrissure, il se fait un *épanchement* de sang ; il y aura *effusion* par une large plaie. Ces mots conservent leur différence au figuré.

534. **Epithète, adjectif.** L'*épithète* appartient à la poésie et à l'éloquence ; l'*adjectif* appartient à la grammaire et à la logique.

535. Epître, lettre. *Lettre* se dit généralement de toutes celles que l'on écrit en prose : les lettres de Balzac, de Voiture, de madame de Sévigné; *épître* se dit des lettres écrites par les anciens, par les apôtres, ou de celles qui sont écrites en vers : les *Epîtres* de Cicéron, de saint Paul, d'Horace.

536. Errer, vaguer. Celui qui *erre* va sans savoir son chemin; celui qui *vague* va toujours sans savoir où. L'homme égaré *erre;* l'homme oisif *vague.* Sans boussole, vous *errez;* au gré des vents vous *vaguez.*

537. Erudit, docte, savant. Une bonne mémoire et de la patience dans l'étude font l'*érudit;* de l'intelligence et de la réflexion en font un homme *docte;* appliqué à des matières de spéculation et de sciences, il devient un *savant.*

538. Escalier, degré, montée. L'(*escalier* est la partie d'un bâtiment qui sert à monter et descendre ; le *degré* est l'une des parties égales et superposées de l'*escalier* ; la *montée* est la pente plus ou moins douce de l'*escalier,* selon la hauteur et la largeur des *degrés.*

539. Espérer, attendre. *Espérer,* c'est être dans l'attente d'une chose que l'on désire; *attendre,* c'est compter sur l'arrivée d'une personne ou d'une chose. On *espère* obtenir les choses, on *attend* qu'elles viennent.

540. Espérance, espoir. L'*espérance* s'applique à tous nos désirs en général; l'*espoir,* à tous nos désirs en particulier. L'*espérance* trompée laisse un sentiment de peine; l'*espoir* déçu mène au *désespoir.*

541. Esprit, raison, bon sens, jugement, entendement, conception, intelligence, génie. La bêtise est l'opposé de l'*esprit;* la folie, de la *raison;* la sottise, du *bon sens;* l'étourderie, du *jugement;* l'imbécillité, de l'*entendement;* la stupidité, de la *conception;* l'incapacité, de l'*intelligence,* et l'ineptie, du *génie.*

EXERCICE (532, 533, 534, 535, 536, 537, 538, 539, 540, 541.)

La netteté de l'(......) est l'exacte perception des rapports. La (........) est la faculté intellectuelle qui distingue l'homme de la brute. Le (..........) voit les choses telles qu'elles sont. Le crime provient d'un faux (............). Aucune idée plus abjecte que l'athéisme ne peut souiller l'(...............) humain. La religion nous offre une science supérieure à toutes les (...............) de l'esprit humain. La plus petite herbe suffit pour confondre l'(...............) humaine. Si l'on considère le (........) collectif de l'homme en société, quel imposant spectacle s'offre au regard de l'observateur ! Le sentiment de l'(............) est commun à tout le monde. L'(.......) du mieux soutient les pauvres gens. Nous devons tout (.........) de la bonté de Dieu. Sans la libéralité de l'esprit et du caractère, il ne faut rien (...........) de grand et d'héroïque. On s'avise souvent sur l'(...........), d'un bon mot qu'on a manqué de dire dans la chambre. Pour ne pas se méprendre, le sage doit compter qu'un (.......) qui sert à monter, sert de même à descendre. La (.........) du Capitole a beaucoup de majesté. La France n'a rien à (........) aux plus glorieuses nations du monde. Le vieillard enchanté se livre à l'(...............) de son cœur. Lorsque les (..........). sont froides ou surabondantes, elles ressemblent à ces bracelets et à ces colliers qu'un mauvais peintre avait mis aux Grâces. Le prince de Condé ne recevait point de (........) sans y faire réponse. On voit dans des prairies sans bornes (.......) à l'aventure des troupeaux de trois ou quatre mille buffles sauvages. Il est défendu de laisser (........) les chiens s'ils ne sont pas muselés.

542. **Etonnement, surprise, consternation.** L'*étonnement* suppose dans l'événement qui le produit une idée de force; il peut frapper jusqu'à suspendre l'action des sens extérieurs. La *surprise* y suppose une idée de merveilleux; elle peut aller jusqu'à l'admiration. La *consternation* y en suppose une de généralité; elle peut pousser la sensibilité jusqu'à un certain abattement.

543. **Etouffer, suffoquer.** Quand on manque de respiration, on *étouffe*; quand on bouche le canal de la respiration, on vous *suffoque*. Une violente colère *suffoque*; une déglutition précipitée *étouffe*.

544. **Etre, exister, subsister.** Le verbe *être* sert à marquer l'événement de quelque modification ou propriété dans le sujet; celui d'*exister* n'est d'usage que pour exprimer l'événement de la simple existence; on emploie celui de *subsister* pour désigner un événement de durée

qui répond à cette existence ou à cette modification. Ainsi, l'on dit que l'homme *est* inconstant ; que le phénix n'*existe* pas ; que tout ce qui est d'établissement humain ne *subsiste* qu'un temps.

545. Etroit, strict. *Etroit* est du discours ordinaire ; *strict*, du style philosophique. Le sens *strict* est très-étroit, c'est le sens le plus sévère, le plus rigoureux.

546. Etudier, apprendre. On *étudie* pour *apprendre*, et l'on *apprend* à force d'*étudier*.

547. Eveiller, réveiller. Le premier se dit par rapport à une heure réglée ; le second, par rapport à un temps extraordinaire. On m'*éveillait* tous les matins à cinq heures ; je me *réveillais* quelquefois en sursaut.

548. Evénement, accident, aventure. *Evénement* se dit en général de tout ce qui arrive ; *accident*, de tout ce qui arrive de fâcheux ; *aventure*, de ce qui est la suite d'une intrigue. Les révolutions sont des *événements* ; les chutes d'édifices des *accidents* ; les bonnes fortunes des *aventures*.

EXERCICE (542, 543, 544, 545, 546, 547, 548).

Plus on est expérimenté, moins on est susceptible d'(...... ....), parce que les choses réelles donnent l'idée du possible. De grands crimes, d'atroces vengeances, d'effroyables réactions, jettent un peuple tout entier dans la (............. .....). La (..........) est toujours l'effet de l'ignorance. Un sénateur fut puni pour avoir (.........) un petit oiseau, qui, saisi de frayeur, s'était réfugié dans son sein. La vapeur du soufre nous (..........). La raillerie (....) toujours indécente. Si les Chaldéens n'avaient (........) sur la terre que depuis dix-neuf cents années avant notre ère, ce court espace ne leur eût pas suffi pour trouver une partie du véritable système de notre univers. Les pyramides de l'Egypte s'en vont en poudre, et les graminées du temps des Pharaons (......... .....) encore. Les plus savants ne sont pas ceux qui ont le plus (........), mais ceux qui ont le plus (........). On voit des personnes étudier continuellement sans rien (............), et d'autres tout (............) sans (.........). Le coq matinal (........) les hameaux. Le monde, c'est une révolution journalière d'(..............). On n'oserait pas vivre si l'on songeait à tous les (..........) dont la vie humaine est semée. Il est peu de gens qui aient vécu dans le monde sans avoir eu quelque (..........) bizarre.

---

549. **Exceller, être excellent.** *Exceller* suppose une comparaison ; *être excellent* place simplement dans le plus haut degré, sans faire de comparaison. Le Titien a (*excellé*) dans le coloris. Silvia *est excellente* actrice.

550. **Excepté, hors, hormis.** *Excepté* dénote une séparation par non-conformité ; *hors* et *hormis* séparent par exclusion.

551. **Exciter, animer, encourager.** *Exciter*, c'est inspirer le désir ou réveiller la passion ; *animer*, c'est pousser à l'action déjà commencée, et en empêcher le ralentissement ; *encourager*, c'est dissiper la crainte ou la timidité par l'espérance du succès.

552. **Excuse, pardon.** On fait *excuse* d'une faute apparente ; on demande *pardon* d'une faute réelle.

553. **Exhéréder, déshériter.** Un père *exhérède* ses enfants pour causes légales ; quiconque possède quelque bien, peut *déshériter* ses héritiers.

554. **Exigu, petit.** *Petit* se dit par comparaison à quelque chose de plus grand ; *exigu* exprime une idée d'insuffisance. Une personne *petite*; une portion *exiguë*.

555. **Exiler, bannir.** L'*exil* est prononcé par un ordre de l'autorité ; le *bannissement*, par un jugement de la justice. L'*exil* nous éloigne de notre patrie, de notre domicile ; le *bannissement* nous en chasse ignominieusement. Les Tarquins furent *bannis* de Rome. Ovide fut *exilé*.

556. **Expédient, ressource.** L'*expédient* est un moyen de se tirer d'embarras ; la *ressource*, un moyen de se relever d'une chute ou de sortir d'une grande détresse. L'*expédient* suppose un obstacle à vaincre ; la *ressource*, un mal à réparer.

557. **Expérience, essai, épreuve.** L'*expérience* regarde la vérité des choses ; l'*essai* leur usage ; l'*épreuve*, leur qualité.

558. **Extérieur, dehors, apparence.** L'*extérieur* est ce qui se voit, il fait partie de la chose ; le *dehors* est ce qui environne, sans faire partie proprement de la chose, l'*apparence* est l'effet que la vue de la chose produit. Dans le sens figuré, *extérieur* se dit de l'air et de la physionomie ; *dehors*, des manières ; *apparence*, des actions et de la conduite.

559. **Extirper, déraciner.** Le premier dit plus que le second. Pour *extirper*, il faut enlever le corps entier, et arracher une souche plus ou moins forte, et capable de résistance. Pour *déraciner*, il n'y a souvent qu'à détacher des racines faibles et superficielles. Au figuré, ces mots signifient détruire entièrement des choses surtout pernicieuses, des abus, des maux, des habitudes, des erreurs, des hérésies, etc.

EXERCICE (549, 550, 551, 552, 553, 554, 555, 556, 557, 558, 559).

Quelque mécanique que soit un art, les gens qui y (..........) se font un nom. Plus un mets est (...........), plus il est quelquefois dangereux d'en manger. Aucun homme n'est exempt de passion, (.........) le parfait chrétien. La loi de Mahomet permet tout, (......) le vin. Dieu (.......) nos troupes d'une valeur au-dessus même de cette valeur si naturelle au sang français. Sully (..............) surtout l'agriculture. Rien n'(............) plus le soldat que l'assurance, le propos et l'exemple de celui qui le commande. Il est des âmes dures que les plus grandes misères d'autrui ne peuvent (.........) à la générosité. La plus légère (........) est assez pour un père. Le (.........) est la plus noble vengeance. Comme Thémistocle, vous avez éprouvé la disgrâce d'être (...........) ; montrez, comme Thémistocle, que la fortune ne (...........) pas la vertu. Pour remplir convenablement le fauteuil, la personne du président était beaucoup trop (.........). Que la terre est (.......) à qui la voit des cieux ! L'empereur de Russie (......) en Sibérie ceux de ses sujets dont il croit avoir à se plaindre. Adrien rebâtit Jérusalem, mais il en (........) les Juifs. Les dissipateurs en sont de bonne heure aux (............) ; et dès qu'ils en sont là, ils sont bientôt sans (............). L'(..............) nous rend sages. Une première édition n'est jamais qu'un (......). L'(......) la moins équivoque d'une vertu solide, c'est l'adversité. Les toits, les murs, les jours et les entrées, font l'(............) d'un château ; les fossés, les tours, les jardins et les avenues en font les (............) ; la figure, la grandeur, la situation et le plan de l'architecture, en font l'(............). Les ouragans (............) quelquefois les arbres. Les racines de la vieille barbarie ne sont pas encore (............).

F

560. **Fabrique, manufacture**. La *fabrique* est une *manufacture* en petit ; la *manufacture*, une *fabrique* en grand.

561. **Facétieux, plaisant**. Qui dit *plaisant* dit agréable ; qui dit *facétieux* dit comique.

562. **Facile, aisé**. Une entrée est *facile*, lorsque personne n'arrête au passage ; elle est *aisée*, lorsqu'elle est large et commode à passer.

563. **Façon, figure, forme, conformation**. La *façon* naît du travail ; la *figure*, du dessin ; la *forme*, de la construction ; la *conformation*, de l'agencement des parties du corps animal.

564. **Façon, manière**. La *façon* donne la forme à un ouvrage, à une action ; la *manière*, un tour particulier à l'action, à l'ouvrage. Chaque art a sa *façon* ; chaque ouvrier a ses *manières*.

565. **Façons, manières**. *Façons* exprime quelque chose d'affecté qui tient de l'étude ou de la minauderie ; *manières* exprime quelque chose de plus naturel qui tient du caractère et de l'éducation.

566. **Faction, parti**. *Faction* indique une machination secrète ; *parti* n'exprime qu'une diversité d'opinion. *Parti*, par lui-même, n'a rien d'odieux ; *faction* l'est toujours.

567. **Fade, insipide**. Ce qui est *fade* ne pique pas le goût ; ce qui est *insipide* ne le touche point du tout. Le dernier enchérit sur le premier.

CORRIGÉ DES EXERCICES (560, 561, 562, 563, 564, 565, 566, 567).

Le sable, la magnésie sont (*insipides*). Tout ce qu'on dit

de trop est (.....) et rebutant. Au commencement du XIVᵉ siècle, l'Italie, déchirée par les (..........) des Guelfes et des Gibelins, offrait le spectacle affreux d'un bouleversement universel. Malborough a fait autant de mal à la France par son (......) que par ses armes. Ne comptez pas sur le cœur et le jugement de l'homme de (......). Les animaux sauvages vivent constamment de la même (........). Beaucoup d'hommes ont aujourd'hui, comme les femmes, de petites (........) pour se donner des grâces, et quelques femmes ont pris les (..........) libres des hommes pour se distinguer de leur sexe. Les actes des animaux sont relatifs à leur (................). Les grâces de la (........), la beauté de la (.......), répondent dans le cygne à la douceur du naturel. Les éléments des sciences ne seront simples et (........) que quand on aura pris une méthode tout opposée. La chose la plus (......) devient pénible quand on la fait à contre-cœur. La (..........) des étoffes de soie était inconnue à l'ancienne Europe. La (................) des étoffes de laine et de soie est une source de richesse pour la France. Arlequin disant la vérité en riant est un personnage (...........). Rabelais a été le type de l'auteur (.............). Les (..........) de profession plaisent rarement. La sculpture ne souffre ni le bouffon, ni le burlesque, ni le (..........), ni le comique.

568. **Faim, appétit.** La *faim* a rapport au besoin ; l'*appétit*, au goût. La *faim* est plus pressante ; l'*appétit*, plus délicat. Tout mets apaise la *faim*, mais n'excite pas l'*appétit*.

569. **Faire, agir.** On *fait* une chose ; on *agit* pour la *faire*. La sagesse veut que, dans tout ce que nous *faisons*, nous *agissions* avec réflexion.

570. **Fallacieux, trompeur.** Ce qui induit en erreur, de quelque manière que ce soit, est *trompeur* ; ce qui jette dans l'erreur par un dessein formé de tromper, est *fallacieux*. Tous les genres de signes et d'apparences incertaines sont *trompeurs*. Des raisonnements sophistiques sont *fallacieux*.

571. **Fameux, illustre, célèbre, renommé.** *Fameux* indique une réputation fondée sur une simple distinction du commun, en bien ou en mal ; *illustre*, une réputation

fondée sur un mérite appuyé de dignité et d'éclat ; *célèbre*, une réputation fondée sur un mérite de talent, d'esprit ou de science ; *renommé*, une réputation fondée sur la vogue; *Illustre* ne se dit que des personnes.

572. **Famille, maison**. *Famille* est plus de bourgeoisie ; *maison* est plus de qualité. Les *familles* se font remarquer par les alliances ; les *maisons*, par les titres.

EXERCICE (568, 569, 570, 571, 572).

La (......) est un besoin terrible. L'(.........) vient en mangeant. On sent plus à Paris qu'on ne pense, on (.....) plus qu'on ne projette. Dieu a (....) le ciel et la terre. Sous la figure du serpent, dont le rampement tortueux était une vive image des dangereuses insinuations et des discours (.............) de l'esprit malin, Dieu fait voir à Eve, notre mère commune, son ennemi vaincu. Les actions des hommes sont moins (..............) que leurs paroles. C'est du père et de la mère que naît la (.........); d'eux aussi en dérivent les vertus et le bonheur. Les hommes composent ensemble une même (.......). La (.........) de Bavière est une de ces (...........) augustes où la puissance, la valeur et la piété se perpétuent, et dont la gloire ne vieillit pas avec le temps. Plutarque a écrit la vie des hommes (..........) de la Grèce et de Rome. Cicéron a été le plus (.........) des orateurs, et Virgile le plus (.........) des poètes. Les villes les plus (............) de l'antiquité sont celles où les femmes étaient les plus considérées. Erostrate, chez les Grecs, brûla le temple de Diane pour se rendre (.........). Rien de si (.........) que Pythagore, rien de si peu connu que les détails de sa vie.

---

573. **Famine, disette**. La *famine* est causée par la *disette* de vivres.

574. **Fanée, flétrie**. Le second enchérit sur le premier ; une fleur *fanée* peut reprendre son éclat ; une fleur *flétrie* n'y revient plus.

575. **Farouche, sauvage**. On est *farouche* par caractère ; *sauvage*, par défaut de culture. Le *sauvage* est un être inculte ; le *farouche*, un être monstrueux.

576. **Fatal, funeste**. Le premier est un effet du sort ; le

second, une suite du crime. *Fatal* désigne une certaine combinaison dans les causes inconnues, qui fait toujours arriver le mal plutôt que le bien. *Funeste* présage des accidents plus grands et plus accablants.

577. Faute, défaut, défectuosité, vice, imperfection. *Faute* a rapport à l'auteur de la chose ; *défaut* exprime le mal qu'il y a dans la chose ; *défectuosité* marque le mal qui nuit au but ou au service de la chose ; *vice* dit un mal du fond même ; *imperfection*, un mal de moindre conséquence.

578. Favorable, propice. Ce qui nous seconde ou nous sert, nous est *favorable* ; ce qui nous protége ou nous assiste nous est *propice*. Caton est *favorable* à Pompée ; les dieux sont *propices* à César.

EXERCICE (573, 574, 575, 576, 577, 578).

Les (..........) qui arrivent dans l'Etat sont une preuve indubitable que la police n'y est pas bien faite. La plus ancienne (.........) générale dont l'histoire fasse mention est celle qui affligea pendant sept ans la grande monarchie d'Egypte. La France a eu sa part de ces fleurs (........) avant le soir, de ces étoiles disparues avant le matin. La beauté, comme la fleur, se (.....) par la longueur du temps, et peut se (........) promptement par accident. L'homme (.........) est dans la société comme un oiseau dans la volière, il s'y apprivoise ; l'homme (..........) y est comme la bête féroce dans les fers, il s'en irrite. Il n'y a point d'animaux si (............) que certaines gens qui font profession de mépris et d'aversion pour tout le genre humain. Le moment (......) marqué à chacun est un secret écrit dans le livre éternel. Le naufrage et la mort sont moins (..........) que les plaisirs qui attaquent la vertu. La finesse est une qualité dans l'esprit et un (.....) dans le caractère. C'est sur les (................) des grands hommes qu'il faut attacher sa critique. Les (......) détruisent la physionomie et rendent désagréables ou difformes les plus beaux visages. Les (................) du château des Tuileries sont sensibles. Toutes les (.......) sont personnelles. Dieu soit (.........) à nos vœux ! Le climat de l'Inde est sans contredit le plus (...........) à la nature humaine.

579. **Fécond, fertile.** *Fécond* donne l'idée de la cause ou de la faculté de produire ; *fertile*, l'idée de l'effet ou du produit. Au figuré, un génie qui crée est *fécond* ; un écrivain qui écrit beaucoup est *fertile*.

580. **Félicitation, congratulation.** Les *félicitations* sont des paroles obligeantes ; les *congratulations*, des marques d'intérêt. La politesse *félicite*, l'amitié *congratule*.

581. **Fermeté, constance.** La *fermeté* est le courage de suivre ses desseins et sa raison ; la *constance* est une persévérance dans ses goûts. L'homme *ferme* résiste à la séduction ; l'homme *constant* n'est point ému par de nouveaux sujets. La légèreté et la facilité sont opposées à la *constance* ; la fragilité et la faiblesse sont opposées à la *fermeté*.

582. **Fermeté, entêtement, opiniatreté.** La *fermeté* est le fruit de la sagesse ; l'*entêtement*, l'effet de la vanité ; l'*opiniâtreté*, une suite de l'amour-propre qui rend inflexible et entier dans ses sentiments.

583. **Fictif, factice.** La chose *fictive* est celle qui feint, c'est-à-dire, qui, par fiction, représente, simule, imite, figure une chose existante ou réelle ; la chose *factice* est celle qui est feinte, c'est-à-dire, qui n'est qu'une fiction, une chose imaginée, controuvée, supposée, sans réalité. Le papier-monnaie représentant une monnaie réelle, est une monnaie *fictive* ; n'ayant point de valeur réelle ou intrinsèque, c'est une richesse *factice*.

584. **Fierté, dédain.** La *fierté* est fondée sur l'estime qu'on a de soi-même ; le *dédain*, sur le peu de cas qu'on fait des autres.

EXERCICE (579, 580, 581, 582, 583, 584).

La (......) n'est pas simplement la variété qui consiste à se faire valoir, par les petites choses ; elle n'est pas la présomption qui se croit capable de grandes ; elle n'est, par le dédain qui ajoute encore le mépris des autres à l'air de la grande opinion de soi-même, mais elle s'allie intimement avec tous ces défauts. Il y a dans la ville la grande et la petite robe ; la première se venge sur l'autre des (.........) de la cour et des humiliations qu'elle y essuie. Les femelles des poissons sont très-(...........). Les vents repandent et distribuent les pluies (..........) et les rosées bienfaisantes. Le pays de Caux est le pays le plus (.......) que je connaisse au monde. Les (............) sont rarement sincères, et elles ne l'ont jamais été moins que depuis qu'elles sont devenues plus fréquentes. Inscrites au premier rang dans le code de la politesse, les (...............) ont été et sont encore en usage chez tous les peuples. La (..........) ne consiste pas à faire toujours les mêmes choses, mais celles qui tendent à la même fin. Il ne s'est presque jamais rien fait dans le monde, que par le génie et la (........) d'un seul homme, qui lutte contre les préjugés de la multitude ou qui lui en donne. Si l'erreur n'est point un crime, l'(............) peut en devenir un. La petitesse de l'esprit, l'ignorance et la présomption, font l'(............). On ne vit plus que du papier; une misère réelle commençait à succéder à tant de richesses (.........).

585. **Fin, délicat.** Il faut de l'esprit pour concevoir ce qui est *fin*, et du goût pour entendre ce qui est *délicat*. *Fin* est d'un usage plus étendu; *délicat* s'emploie pour les choses flatteuses. On dit une satire *fine*, une louange *délicate*.

586. **Fin, subtil, délié.** Un homme *fin* marche avec précaution par des chemins couverts; un homme *subtil* avance adroitement par des voix courtes; un homme *délié* va d'un air libre et aisé par des routes sûres. La défiance rend *fin*; l'envie de réussir, jointe à la présence d'esprit, rend *subtil*; l'usage du monde et des affaires rend *délié*.

587. **Finesse, délicatesse.** La *finesse* consiste dans l'art de ne pas exprimer directement sa pensée, mais de la laisser aisément apercevoir; la *délicatesse*, dans nos paroles, dans nos sentiments, dans nos actions, exige des ménagements, des égards pour l'amour-propre d'autrui.

588. **Finesse, pénétration, délicatesse, sagacité.** La *pénétration* voit les choses en grand et profondément; la *finesse* les voit superficiellement et en détail; la *délicatesse* est la finesse du sentiment: c'est une perception vive et rapide de ce qui échapperait à d'autres; la *sagacité* est dans le tact de l'âme: c'est une pénétration soudaine qui touche au but. La *finesse* examine; la *pénétration* voit et saisit promptement; la *sagacité* prévoit.

589. **Finesse, ruse, astuce, perfidie.** La *finesse* découvre les piéges ; la *ruse* emploie la fausseté ; l'*astuce* est une finesse qui nuit ou qui veut nuire ; la *perfidie*, une fausseté noire et profonde.

EXERCICE (585, 586, 587, 588, 589.)

On doit craindre un esprit trop (...), parce que d'ordinaire il est faux. On est très-(........) sur les devoirs de la probité lorsqu'on juge la conduite d'autrui. Les Normands ont la réputation d'être (.....). Les Gascons passent pour (.........). La cour fournit les gens les plus (.......). L'usage du monde et des affaires rend (......). La (.............) est une faculté à concevoir, à remonter aux principes des choses, ou à prévenir leurs effets par une suite d'inductions. La pénétration voit, et la (.........) va jusqu'à prévoir. Partout la violence produit la (......). La (.........) est plus atroce à mesure que la confiance violée était mieux établie. L'(.......) est une finesse pratique dans le mal, mais en petit. L'esprit devient (.......) quand l'âme est petite.

---

590. **Finir, cesser, discontinuer.** On *finit* en achevant l'entreprise ; on *cesse* en l'abandonnant ; on *discontinue* en l'interrompant.

591. **Flexible, souple, docile.** *Flexible*, ce qui fléchit, ce qu'on peut fléchir ; *souple*, ce qui se plie et replie en tout sens ; *docile*, qui reçoit l'instruction. Ce dernier mot ne peut se dire que des personnes ; on l'applique aussi aux animaux. Le complaisant est *flexible* ; le flatteur, *souple* ; l'homme simple, *docile*.

592. **Fluide, liquide.** Les graines, les sables, la poussière sont *fluides* ; l'eau, l'huile, etc., sont *liquides*.

593. **Folâtre, badin.** L'humeur *folâtre* fait qu'on agit sans raison, mais avec assez d'agrément ; l'esprit *badin* fait qu'on joue sur les choses, quelquefois avec de la raison, mais en l'égayant. La vivacité du sang, la gaieté, la pétulance, rendent *folâtre* ; la légèreté de l'esprit, l'enjouement, la frivolité, rendent *badin*.

594. **Fonder, établir, instituer, ériger.** *Fonder*, c'est donner le nécessaire pour la subsistance ; *établir*, c'est

accorder une place, une résidence ; *instituer*, c'est créer et former ; *ériger*, c'est augmenter la valeur, les dignités.

595. Forfait, crime. *Crime* se dit de toutes les actions punissables ou méchantes ; il se dit aussi quelquefois par exagération des fautes légères. *Forfait* se dit des crimes éclatants, rares, hors de la classe ordinaire.

EXERCICE (590, 591, 592, 593, 594, 595.)

Les (.........) des tyrans retombent sur eux-mêmes. Quelques (.........) toujours précèdent les grands (.........). Louis XI a (.......) les Quinze-Vingts. Louis IV a (.......) les filles de Saint-Cyr. Ignace de Loyola a (..........) les Jésuites. Paris a été (......) en archevêché en 1622, sous Louis XIII. On peut être (.......) à tout âge. Les personnes qui ne (..........) point leurs narrations et ne (..........) de parler sans (..........), sont aussi peu propres à la conversation que celles qui ne disent mot. Les fibres d'un enfant molles et (..........), prennent sans efforts le pli qu'on leur donne. Le cheval est un animal (........). L'osier est (.......).

---

596. Fortuné, heureux. *Fortuné*, qui est favorisé de la fortune ; *heureux*, qui jouit du bonheur ou d'un bonheur. On est *fortuné* par de grands avantages ou par des faveurs signalées de la fortune ; on est *heureux* par la jouissance des biens qui font le bonheur ou y contribuent.

597. Fou, extravagant, insensé, imbécille. Le *fou* manque par la raison ; l'*extravagant*, par la règle ; l'*insensé*, par l'esprit ; l'*imbécille*, par les organes. Les *fous* ont l'imagination forte ; les *extravagants* ont les idées singulières ; les *insensés* les ont tournées ; les *imbécilles* n'en ont point de leur propre fonds.

598. Le foudre, la foudre. Au propre, on dit *la foudre*; au figuré, *le foudre*.

599. Fouetter, fustiger, flageller. A l'action de *fouetter* s'attache l'idée de peine ; de *fustiger*, l'idée de correction ; de *flageller*, l'idée de pénitence.

600. Fourbe, fourberie. La *fourbe* est le vice ; la *fourberie* est l'habitude, l'action du fourbe.

DES SYNONYMES. 139

601. **Fragile, faible.** L'homme *fragile* cède à ses penchants ; l'homme *faible*, à des impulsions étrangères.

602. **Fragile, frêle.** *Fragile* exprime la faiblesse du tout et la raideur des parties ; *frêle*, la faiblesse du tout, mais la mollesse des parties. Un verre est *fragile* ; un roseau est *frêle*.

603. **Franchise, véracité.** Celle-ci est la suite, l'effet de la première. L'homme *franc* dit la vérité, et tel qui dit la vérité n'est pas *franc*.

604. **Franchise, vérité, sincérité.** La *franchise* est dans le caractère ; la *vérité*, dans le discours ; la *sincérité*, dans le sentiment. Un homme *franc* qui aime *sincèrement*, le dit avec *vérité*.

EXERCICE (596, 597, 598, 599, 600, 601, 602, 603, 604).

Ce fut pour nous un (.........) présage. Une nation peut exister sous toutes sortes de formes, pourvu que le peuple y soit (..........). Il faut un assez grand amas d'impertinences pour faire un (...............). La plupart des hommes vivent comme des (.....), et meurent comme des sots. Le défaut des (............) vient du manque de vivacité, d'activité et de mouvement dans les facultés intellectuelles, par où ils se trouvent privés de l'usage de la raison. Quelquefois la (........) renverse les édifices sans les incendier, et d'autres fois elle les incendie sans les renverser. La mythologie nous représente Jupiter armé du (.........). Xerxès ayant vu ses vaisseaux dispersés par les vents, sur l'Hellespont, fit (..........) la mer avec des chaînes de fer. Dans les armées françaises, on a (........) les soldats qui n'étaient pas gentilshommes jusqu'en 1790. Pilate fit (..........) Notre-Seigneur. Toute (........) est honteuse aux cœurs nés pour l'empire. La plus noire de toutes les (.............), est celle qui abuse du nom sacré de l'amitié, pour trahir ceux qu'elle a dessein de perdre. La porcelaine est (........). L'albâtre serait la plus belle des pierres si elle n'était point molle et (........). Les enfants sont trop (........) pour travailler pendant douze heures dans une manufacture. Les Tyriens furent les premiers qui osèrent se mettre dans un (......) vaisseau à la merci des vagues et des tempêtes. La (............) est à la politesse ce que l'ingénuité est à la beauté. La (............) n'est autre chose que l'expression de la vérité.

On n'est pas digne d'aimer la (.......), quand on peut aimer quelque chose plus qu'elle. La conséquence naturelle de la (.........) est d'être cru; celle de la fausseté, d'exciter la défiance.

---

605. **Fréquenter, hanter.** *Fréquenter* exprime l'idée de concours, d'affluence; *hanter*, l'idée de société, de compagnie. La multitude *fréquente* des lieux, des places; les particuliers *hantent* des personnes, des assemblées.

606. **Friand, gourmand, goinfre, goulu, glouton.** Le *friand* aime les morceaux délicats; le *gourmand* aime à faire bonne chère; le *goinfre* mange avidement; le *goulu* avale plutôt qu'il ne mange; le *glouton*, plus vorace, semble engloutir.

607. **Frivole, futile.** La chose *frivole* manque de solidité; la chose *futile*, de consistance. La première ne peut subsister longtemps; la seconde ne peut produire l'effet qu'on en attend. L'homme *frivole* s'occupe sérieusement de petites choses; l'homme *futile* parle et agit inconsidérément.

608. **Fugitif, fuyard.** On est *fuyard* dans le moment où l'on fuit; *fugitif*, lorsqu'on est parvenu au lieu de sa retraite. Des soldats qui tournent le dos en présence de l'ennemi sont des *fuyards*; s'ils passent à l'ennemi, se sont des *fugitifs*. On punit les *fuyards*, on pend les *fugitifs*.

609. **Fuir, éviter, éluder.** On *fuit* les choses et les personnes qu'on craint, ou qu'on a en horreur; on *évite* les choses qu'on ne veut pas rencontrer et les personnes qu'on ne veut pas voir; on *élude* les questions auxquelles on ne veut ou l'on ne peut répondre.

610. **Funérailles, obsèques.** *Funérailles* marque le deuil; *obsèques*, le convoi. La douleur préside aux *funérailles*; la piété conduit les *obsèques*.

611. **Fureur, furie.** La *fureur* est un feu ardent; la *furie*, une flamme éclatante. La *fureur* est en nous; la *furie* nous met hors de nous.

612. **Furies, Euménides.** Les *Furies* punissent le crime; les *Euménides* châtient les coupables. Les *Furies* poursuivent les criminels pour venger la justice; les *Euménides* les frappent pour les ramener à l'ordre.

DES SYNONYMES. 141

613. **Furieux, furibond.** *Furieux* dénote l'accès de furie ; *furibond*, la disposition à cet accès. Le *furibond* est souvent *furieux*.

EXERCICE (605, 606, 607, 608, 609, 610, 611, 612, 613).

Il ne faut (............) que de bons esprits et des honnêtes gens. Le chien qui (........) le loup finit par devenir farouche. Généralement parlant, les Espagnols sont sobres, les Français gourmets, les Anglais (...............), les Italiens (..........), les Anglo-Américains (............), les Russes (.........), et les Cosaques (............). Quelque (...........) que nous soyons, il est rare que ce soit aux dépens de nos intérêts. Sextus Pompée avait avec lui une infinité de (...........). Quand un (........) était arrêté, il était milicien de plein droit et obligé de servir dix ans. Il faut quelquefois beaucoup de courage pour oser (..... .). L'esprit (.......) quelquefois avec succès les obstacles que les règles lui opposent. On ne saurait avoir trop de précautions pour (........) le malheur. Les anciens peuples avaient presque tous des (..............) longues et solennelles. Les (...........) des rois de France se sont faites et se font à l'église de Saint-Denis. Trop souvent la (.........) nous fait perdre l'esprit. Les Français vont au combat avec (.......). Dans les premiers temps de la république romaine, on était (..........) de liberté et de bien public.

G

614. **Gager, parier.** Si l'on vous conteste un fait, vous *gagerez* qu'il est vrai ; si les avis sont partagés sur un événement incertain, vous *parierez* pour ou contre. On *gage* par amour-propre ; ou *parie* par cupidité.

615. **Gages, appointements, honoraires.** *Gages* se dit des domestiques, ou des gens qui se louent pour des occupations ; *appointements* se dit pour tout ce qui est place ; *honoraires* se dit pour les maîtres qui enseignent les sciences ou les arts, ou pour ceux dont on obtient quelque conseil ou quelque autre service, en raison de leurs fonctions.

616. **Gai, enjoué, réjouissant**. C'est par l'humeur qu'on est *gai*; par le caractère d'esprit, qu'on est *enjoué*; par la façon d'agir, qu'on est *réjouissant*. Un homme *gai* veut rire ; un homme *enjoué* est de bonne compagnie; un homme *réjouissant* fait rire.

617. **Gai, gaillard**. *Gaillard* diffère de *gai* en ce qu'il présente l'idée de la gaieté jointe à celle de la bouffonnerie, ou même de la licence. Un propos *gaillard* est toujours *gai*; un propos *gai* n'est pas toujours *gaillard*.

618. **Gain, profit, lucre, émolument, bénéfice**. Le *gain* est casuel et suppose risques et hasard ; le *profit* est plus sûr et vient d'un rapport de fonds ou d'industrie ; le *lucre* consiste dans un simple rapport à la passion de l'intérêt ; l'*émolument* est affecté aux charges et aux emplois; le *bénéfice* ne se dit que pour le change et le produit de l'argent.

619. **Galimatias, phébus**. Le *galimatias* est un discours embrouillé et confus qui semble dire quelque chose, et ne dit rien ; parler *phébus*, c'est exprimer avec des termes trop figurés et trop recherchés ce qui doit être dit plus simplement.

EXERCICE (614, 615, 616, 617, 618, 619).

Tous ceux qui veulent parler de ce qu'ils n'entendent pas ne peuvent pas manquer de donner dans le (............). Ceux qui, sans avoir étudié les grands maîtres de l'art, ni approfondi le goût de la nature, prétendent se distinguer par une élocution brillante, sont en grand danger de ne se distinguer que par le (.......). Le fret des navires absorbe les (............). La loi attribue aux officiers ministériels des (................), en outre du remboursement de leurs avances. Les femmes de Corinthe se font distinguer par leur beauté, les hommes par l'amour du (.....), et des plaisirs. On travaille plus pour le (........) que pour l'honneur. La soif du (......) dessèche le cœur et l'esprit. L'homme (....) est universellement aimé. La sagesse n'a point de honte de paraître (.........) quand il le faut. Des joueurs (.........), des concurrents (.........).

620. **Garantir, préserver, sauver.** Ce qui couvre et protége de manière à empêcher l'impression qui serait nuisible, *garantit;* ce qui prémunit contre quelque danger funeste, *préserve;* ce qui délivre d'un grand mal ou arrache à un grand péril, *sauve.* On est *garanti* par la résistance; *préservé* par la vigilance; *sauvé* par les secours.

621. **Garder, retenir.** On *garde* ce qu'on ne veut pas donner; on *retient* ce qu'on ne veut pas rendre. Nous *gardons* notre bien; nous *retenons* celui d'autrui.

622. **Gardien, garde.** Le *gardien* conserve la chose; le *garde* la conserve et l'administre. *Gardien* d'un dépôt, *garde* du trésor public.

623. **Gaspiller, dissiper, dilapider.** On *gaspille*, en laissant gâter, perdre, piller, emporter son bien en dégâts et en fausses dépenses; on *dissipe*, en faisant des dépenses désordonnées; on *dilapide*, en dépensant le fonds et les revenus.

624. **Général, universel.** Ce qui est *général* regarde tout le monde en gros; ce qui est *universel* regarde tout le monde en détail. Le gouvernement doit avoir pour objet le bien *général;* la providence de Dieu est *universelle.*

625. **Génie, talent.** Le *génie* produit, invente; le *talent* met en œuvre. Le premier est naturel, le second s'acquiert.

626. **Génie, esprit.** Un homme de *génie* ne doit rien aux préceptes et se passe des modèles; un homme d'*esprit* étudie l'art et ajoute à son propre fonds les richesses d'autrui. Dans ce sens Corneille est plus homme de *génie;* Racine, plus homme d'*esprit.*

627. **Gens, personnes.** *Gens* dit quelque chose de général et de vague; *personnes*, quelque chose de particulier et de déterminé. Il y a parmi les *gens* des *personnes* aimables.

EXERCICE (620, 621, 622, 623, 624, 625, 626, 627).

On ne peut faire du bien aux méchants sans faire tort aux (......) de bien. C'est une expérience faite que s'il se trouve dix (............) qui effacent d'un livre une expression ou un sentiment, on en fournit aisément un pareil nombre qui les réclament. L'économie (..........) de la misère. La sobriété, la tempérance (.............) de bien des maux, de beaucoup de maladies. Convenons qu'au milieu de la dépravation et de la décadence des mœurs publiques, le monde a encore (........) des débris des restes d'honneur et de droiture. Les paupières servent à (...........) les yeux, et à empêcher la cornée de se dessécher. Les (........) champêtres sont placés au nombre des officiers de police judiciaire. Charles VII ne voulait (........) que les prisonniers d'importance. Les chambres doivent être les (.............) de nos droits et de nos libertés. Le temps est un trésor que nous voudrions pouvoir éternellement (.........), et que nous ne pouvons souffrir entre nos mains. Les puissances chrétiennes ont (........) d'immenses richesses et consumé de nombreuses armées dans leurs immenses croisades. Le budget est fixé tous les ans, et l'on ne peut plus (..........) les fonds de l'Etat. Nos idées commencent par être individuelles, pour devenir tout à coup aussi (............) qu'il est possible. L'homme réellement (............) est celui qui se rend utile à tous les hommes. Les (........) sont encore plus rares que la naissance et que les richesses. Le (......) est une sorte d'inspiration fréquente, mais passagère; et son attribut est le don de créer. Charlemagne qui reconstruit l'Europe; Napoléon, qui la bouleverse; Corneille le tragique; Bossuet l'orateur chrétien, sont des hommes de (........), au même titre et au même niveau. Les gens d'(..........) sont quelquefois bien bêtes, mais les bêtes jamais ne sont des gens d'(........).

---

628. **Gentils, païens.** Celui qui ne croit point en Jésus-Christ, et qui n'honore pas de faux dieux, est *gentil;* celui qui honore les faux dieux et qui par conséquent a des sentiments opposés à la foi, est *païen.* L'usage attache encore au mot *païen* une idée de mœurs déréglées, impures.

629. **Gibet, potence.** Le *gibet* est le genre de supplice; la *potence* en est l'instrument. On dresse la *potence* pour celui qui est condamné au *gibet.*

630. **Gloire, honneur.** La *gloire* dit quelque chose de plus éclatant que l'*honneur.* La *gloire* fait entreprendre les choses les plus difficiles; l'*honneur*, tout ce que le devoir

le plus rigoureux peut exiger. On peut être indifférent pour la *gloire*; jamais pour l'*honneur*.

631. Glorieux, fier, avantageux, orgueilleux. Le *glorieux* veut paraître quelque chose ; l'*orgueilleux* croit être quelque chose ; l'*avantageux* agit comme s'il était quelque chose ; le *fier* croit que lui seul est quelque chose, et que les autres ne sont rien.

632. Goût, génie. Le *génie* est un don de la nature; le *goût*, l'ouvrage de l'étude et du temps. On peut être un homme de *goût* sans être un homme de *génie*.

633. Gouvernement, régime, administration. Le *gouvernement* ordonne; le *régime* règle; l'*administration* exécute.

634. Grâce, faveur. *Grâce* dit quelque chose de gratuit ; *faveur*, quelque chose d'affectueux. Le ciel accorde des *grâces*; la fortune, des *faveurs*.

635. Grâces, agréments. Les *grâces* sont du corps ; les *agréments*, de l'esprit. Une personne marche, danse, chante avec *grâce*; sa conversation est pleine d'*agrément*.

636. Gracieux, agréable. L'air et les manières rendent *gracieux*; l'esprit et l'humeur rendent *agréable*.

EXERCICE (628, 629, 630, 631, 632, 633, 634, 635, 636).

On a cru pouvoir attribuer à plusieurs causes l'origine de la haine des Juifs contre les (.........); mais il paraît plus naturel de la faire remonter à la dévastation de la Judée par les rois d'Assyrie, à la persécution d'Antiochus et aux vexations des soldats romains. Rome (..........) eut plus de jours fériés que Rome chrétienne. Le (......) n'est que pour les malheureux. Les enseignes des aubergistes sont ordinairement soutenues par des (..........) de fer ou de bois. A vaincre sans péril ou triomphe sans (...... .). (........ ,.) aux braves. Les (..........) sont ceux qui se complaisent dans une trop haute opinion d'eux-mêmes. (......) de sa noblesse, jaloux de sa beauté, le cygne semble faire parade de tous ses avantages. Dieu se plaît à humilier les (...............). Louis XIV avait du (.....) pour l'architecture, pour les jardins, pour la sculpture, et ce goût était en tout dans le grand et dans le noble. La nature forme les hommes de (......) comme elle forme au sein de la terre les métaux précieux, brutes, informes, pleins d'alliage et de matières étrangères. Les Egyptiens sont les premiers où l'on ait su les règles du (..................). L'(................) est une science positive, toute d'expérience et d'observation. L'Assemblée nationale détruisit le (..........) féodal par son décret du 4 août 1789. La fable offre à l'esprit mille (.............) divers. L'homme a la force et la majesté; les (.........) et la beauté sont l'apanage de l'autre sexe. Le sérieux n'est jamais (..........), il n'attire point; il approche trop du sévère, qui rebute. La galanterie de l'esprit est de dire des choses flatteuses d'une manière (............).

---

637. **Grain, graine.** Le *grain* est une semence de lui-même, il est le fruit qu'on en doit recueillir; la *graine* est une semence de choses différentes, elle n'est pas elle-même le fruit qu'elle doit produire. On sème des *grains* de blé et d'avoine pour avoir de ces mêmes *grains*; on sème des *graines* pour avoir des bulbes, des fleurs, des herbages, etc.

638. **Grand, énorme, atroce.** Ces trois épithètes se rapportent au crime; il est plus ou moins *grand*. S'il est *énorme*, il est hors de la règle, outre mesure; s'il est *atroce*, il ajoute à l'idée de *grand* et d'*énorme* l'idée de circonstances aggravantes.

639. **Grandeur d'âme, générosité, magnanimité.** La *grandeur d'âme* fait de grandes choses; la *générosité* les fait par un désintéressement sublime; la *magnanimité* les fait sans effort, comme des choses simples. La *grandeur d'âme* pardonne une injure; la *générosité* rend le bien pour le mal; la *magnanimité* veut, en oubliant l'injure, la faire oublier même à l'offenseur.

640. **Grave, sérieux.** On est *grave* par bienséance; *sérieux* par caractère.

641. **Grave, sérieux, prude.** On est *grave* par sagesse et par maturité d'esprit; *sérieux*, par humeur et par tempérament; *prude*, par goût et par affection.

642. **Gros, épais.** Une chose est *grosse* par l'étendue de sa

circonférence; *épaisse,* par l'une de ses dimensions. Un arbre est *gros;* une planche est *épaisse.*

EXERCICE (637, 638, 639, 640, 641, 642).

L'Éternel a mis les jouissances de l'homme dans ses illusions, comme il a placé le (.......) qui le nourrit sur une paille frêle et légère. Les (.........) du grenadier sont bleues-rosées. Tullie, faisant passer son char sur le cadavre de son père, Néron, faisant assassiner sa mère, commettent des crimes (.........); mais Caracalla, faisant poignarder devant lui son frère dans les bras de sa mère; mais Atrée, faisant boire à Thyeste le sang de ses enfants, commettent des crimes (.......). La véritable (..........) est de régner sur soi-même. La vraie (............) épargne à un ami l'embarras d'expliquer ses besoins. La (................) est la vertu des héros. Les dames anglaises passent pour être les femmes les plus (........) de l'Europe. Une contenance (......,) donne un air d'importance à des sots. Les pigeons-polonais sont plus (.....) que les pigeons-paons. Plus la plante est rameuse, plus le calice de sa fleur est (......).

H

643. **Habile, capable.** *Habile* dit plus que *capable.* Le *capable* peut; l'*habile* exécute : l'un a la théorie, l'autre a de plus la pratique et l'expérience.

644. **Habile, savant, docte.** Les connaissances pratiques rendent *habile;* les connaissances spéculatives font le *savant;* celles qui remplissent la mémoire font l'homme *docte.* Un prédicateur et un avocat sont *habiles;* un philosophe et un mathématicien sont *savants;* un historien et un jurisconsulte sont *doctes.*

645. **Habile homme, honnête homme, homme de bien.** L'*habile homme* ne heurte les idées de personne, mais sait les exploiter à son profit; l'*honnête homme* ne fait de tort à personne; l'*homme de bien* voudrait faire du bien à tout le monde.

646. **Habitant, bourgeois, citoyen.** *Habitant* se dit par

rapport au lieu de la résidence, quel qu'il soit; *bourgeois* marque une résidence dans la ville, et un degré de condition entre la classe supérieure et la classe inférieure; *citoyen* se dit de tous ceux qui peuvent exercer des droits politiques.

647. **Habitation, maison, séjour, domicile, demeure.** Une *habitation* est un lieu qu'on habite quand on veut; on a une *maison* dans un endroit qu'on n'habite pas; un *séjour*, dans un endroit qu'on n'habite que par intervalle; un *domicile*, dans un endroit qu'on fixe aux autres comme le lieu de sa résidence; une *demeure*, partout où l'on se propose d'être longtemps.

EXERCICE (643, 644, 645, 646, 647).

Les Asiatiques offrent dans les Indiens et les Chinois les plus (..........) des cultivateurs. Une âme ambitieuse est rarement (.........) de modération. Ayons plus de soin de nous rendre intelligibles, que de paraître (........). Nous devenons (.........) par l'expérience, (.........) par la méditation, (.......) par la lecture. L'(......) homme est celui qui cache ses passions, qui entend ses intérêts, qui y sacrifie beaucoup de choses, qui a su acquérir du bien ou en conserver. L'(.........) homme est celui qui ne fait de mal à personne. On dispute trop quel est l'(........) de bien, au lieu de le devenir. Le paisible (..........) des champs n'a besoin, pour sentir son bonheur, que de le reconnaître. On n'est (...........) que dans sa ville; mais on doit être (........) partout. Le domicile des (..........) doit être inviolable. La construction des (............) n'est soumise à d'autres principes qu'à la solidité, la convenance des dispositions intérieures, et la salubrité et commodité des distributions. On peut avoir plusieurs (...........) réelles, mais on n'a qu'un (..........) légal. Les peuplades qui errent dans les régions septentrionales de l'Amérique se bâtissent en hiver des (..........) qui sont entièrement composées de blocs de neige. Le (.......) est une habitation passagère.

---

648. **Haine, aversion, antipathie, répugnance.**
Haine s'applique aux personnes; *aversion* et *antipathie*, à tout également; *répugnance*, aux fausses démarches et à

tout ce qui peut donner atteinte à la réputation. La *haine* fait tout blâmer dans les personnes que l'on hait; l'*aversion* fait qu'on évite les gens; l'*antipathie* fait qu'on ne peut les souffrir; la *répugnance* empêche qu'on ne fasse les choses de bonne grâce.

649. **Haleine, souffle.** L'air qui sort de lui-même des poumons, c'est l'*haleine;* l'air qui sort poussé avec effort, c'est le *souffle*. Avec l'*haleine*, on échauffe; avec le *souffle*, on refroidit.

650. **Hameau, village, bourg.** Quelques chaumières à côté l'une de l'autre forment un *hameau;* qu'on ajoute à ce hameau une église, c'est un *village;* qu'il se tienne dans ce village un marché, c'est un *bourg*.

651. **Hardiesse, audace, effronterie.** La *hardiesse* marque du courage et de l'assurance; l'*audace*, de la hauteur et de la témérité; l'*effronterie*, de l'impudence.

652. **Hasarder, risquer.** Le premier indique l'incertitude du succès; le second menace d'une mauvaise issue. L'homme prudent *hasarde* peu; l'homme ardent et intrépide *risque* beaucoup.

653. **Hâter, presser, dépêcher, accélérer.** *Hâter* marque une diligence soutenue; *presser*, de la vivacité sans relâche; *dépêcher*, une activité inquiète et empressée; *accélérer*, un accroissement de vitesse. Il faut se *hâter* lentement; il faut se *presser* de faire le bien; il faut se *dépêcher* d'arriver au but; il faut *accélérer* sa besogne.

654. **Hâtif, précoce, prématuré.** *Hâtif*, qui vient de bonne heure; *précoce*, qui vient avant la saison; *prématuré*, qui vient avant le temps de la maturité. Des pois *hâtifs;* une intelligence *précoce;* une vieillesse *prématurée*.

655. **Haut, hautain, altier.** L'homme *haut* ne s'abaisse pas; l'homme *hautain* veut vous rabaisser; l'homme *altier* veut vous asservir.

EXERCICE (648, 649, 650, 651, 652, 653, 654, 655).

Je crois la punition peu propre à donner l'(............) du mal. Les chiens ont une très-forte (............) contre les chiffonniers et les gens mal vêtus. La (......) du prochain est un crime. Les femmes ainsi que les enfants, ont de la (............) pour le vin. L'enfant en bas âge, sain et bien portant, a une (.........) douce et chaude comme le duvet. Le (......) léger du vent qui tantôt vient d'un côté, tantôt vient de l'autre, est l'image de la faveur populaire. Charenton est un (......) situé à quatre kilomètres de Paris. Le (........) de Charonne se distingue en grand et petit Charonne. Arcueil est un (........) situé au-dessus de Gentilly. L'(........) promet la victoire. L'(............) consiste à braver la honte dans ses actions et dans ses discours. La (............) n'est blâmable que quand elle naît de la présomption et qu'elle couvre des erreurs volontaires. On peut avoir à se repentir de (..........) une plaisanterie. Qui ne (........) rien n'a rien. L'oiseau revenu des climats tempérés craint d'avoir trop (.....) son retour. La gravité d'un corps qui tombe en (..........) le mouvement. Les particuliers fatiguent le ciel par des vœux indiscrets; ils le pressent de leur accorder tout ce qui peut servir à leur ambition et à leurs plaisirs. La constitution du nègre est plus (.........) que celle du blanc, et par conséquent dure moins longtemps. Un fruit (............) n'a jamais les couleurs aussi vives, ni le goût aussi fin qu'un fruit mûr en son temps. En même temps que l'esprit est (......), le corps est souvent tardif. Il n'y a point d'objet si digne de risée qu'un enfant (..........). Le pavot dans les champs lève sa tête (........).

---

656. Hérédité, héritage. L'*hérédité* est la succession aux droits du défunt; l'*héritage*, la succession aux biens. On entre dans l'*hérédité*; on prend possession de l'*héritage*.

657. Hérétique, hétérodoxe. *Hérétique* désigne la scission, ce qui fait secte : *hétérodoxe* n'indique que la discordance, sans aucune idée de parti ou de relation avec un parti. Un sentiment *hérétique* est un sentiment contraire à celui de l'église catholique et universelle; une opinion *hétérodoxe* est une opinion contraire à la foi ou à la règle des fidèles.

658. Héroïsme, héroïcité. L'*héroïsme* marque le degré de grandeur jusqu'où les héros s'élèvent; l'*héroïcité* est cette grandeur d'âme qui vous constitue héros.

659. Héros, grand homme. L'humanité, la douceur, la

patriotisme, réunis aux talents, sont les vertus d'un *grand homme;* la bravoure, le courage, souvent la témérité, la connaissance de l'art de la guerre et le génie militaire, caractérisent le *héros.* Alexandre était un *héros* ; César, un *grand homme.*

660. **Histoire, fastes, chroniques, annales, mémoires, commentaires, relations, anecdotes, vie.** L'*histoire* est la narration suivie des faits mémorables ; les *fastes* sont des changements authentiques dans l'ordre public ; la *chronique* est l'histoire divisée selon l'ordre des temps ; les *annales* sont des chroniques divisées par années ; les *mémoires* sont les matériaux de l'histoire ; les *commentaires* sont des mémoires sommaires ; la *relation* est le récit circonstancié d'un événement ; les *anecdotes* sont des recueils de faits ; la *vie* est l'histoire d'un homme.

661. **Historiographe, historien.** L'*historiographe* rassemble les matériaux ; l'*historien* les met en œuvre.

EXERCICE (656, 657, 658, 659, 660, 661).

Une longue (..........) ne se trouve que dans les congrégations. Il faut se loger en Sologne et avoir un (..........) en Beauce. Les (..........) sont rejetés de l'Eglise. Chaque secte traite d'(..........) ceux qui n'adoptent pas ses opinions religieuses. La vie et la mort de Jeanne d'Arc ne nous offrent-elles pas le tableau de tous les genres d'(..........) élevés au plus haut degré. Le bonheur ou la témérité ont pu faire des (..........), la vertu toute seule peut former de grands hommes. Il n'y a plus en France d'(..........) du roi depuis 1789. Tous les (..........) nous promettent la vérité, et pas un ne la donne sans la déguiser. Quand on a eu les profits de la vie politique, on a couru les dangers de l'(..........). La gloire inscrit dans ses (..........) le nom des bienfaiteurs de l'humanité. Les journaux et les différentes productions de la presse périodique sont des (..........) perpétuelles. Les (..........) sont l'esprit des vieillards, le charme des enfants et des femmes. Il y a de bonnes traductions des (..........) de César. Les (..........) de Comines sont très-estimés.

---

662. **Homme de bien, homme d'honneur, honnête homme.** L'*homme de bien* fait des aumônes ; l'*homme*

d'honneur ne manque pas à sa promesse ; l'*honnête homme* rend la justice, même à son ennemi.

663. **Homme de sens, homme de bon sens.** L'*homme de sens* a de la profondeur dans les connaissances et beaucoup de rectitude dans le jugement ; l'*homme de bon sens* a assez de jugement et d'intelligence pour se tirer à son avantage des affaires ordinaires de la société.

664. **L'homme vrai, l'homme franc.** L'*homme vrai* est incapable de fausseté, et ne connaît pas le mensonge ; l'*homme franc* est incapable de dissimulation, et ne connaît pas la politique. L'*homme vrai* dit sa pensée, parce qu'elle est la vérité ; l'*homme franc* dit la vérité, parce qu'elle est sa pensée.

665. **Honnête, civil, poli, gracieux, affable.** Nous sommes *honnêtes* par l'observation des bienséances et des usages ; *civils*, par les honneurs que nous rendons ; *polis*, par les façons flatteuses que nous avons dans la conversation et dans la conduite ; *gracieux*, par des airs prévenants ; *affables*, par un abord doux et facile à nos inférieurs.

666. **Honnir, bafouer, vilipender.** Vous *honnissez* celui que vous voulez perdre d'honneur et couvrir de honte ; vous *bafouez* celui que vous voulez immoler à la risée et couvrir de confusion ; vous *vilipendez* celui que vous voulez ravaler et fouler aux pieds.

667. **Honte, pudeur.** Les reproches de la conscience causent la *honte* ; les sentiments de modestie produisent la *pudeur*.

668. **Humeur, fantaisie, caprice.** *Caprice* et *humeur* tiennent au caractère ; *fantaisie*, aux circonstances ; *humeur* emporte une idée de tristesse. Une coquette a des *caprices* ; un hypocondre, de l'*humeur* ; un enfant, des *fantaisies*.

669. **Hymen, hyménée.** Le premier annonce purement et simplement le mariage ; le second le désigne dans toute sa durée.

670. **Hypocrite, cafard, cagot, bigot.** La dévotion est, chez l'*hypocrite*, un masque ; chez le *cafard*, un leurre ; chez le *cagot*, un métier ; chez le *bigot*, une livrée. Le pre-

mier abuse de la religion ; le second la prostitue ; le troisième la dénature; le dernier l'avilit.

EXERCICE (662, 663, 664, 665, 666, 667, 668, 669, 670).

On compare l'(..........) qui publie une bonne action, dès qu'il l'a faite, à la poule qui chante dès qu'elle a pondu. Un roi ne doit pas être (......). Le (........) affecte une dévotion séduisante, pour la faire servir à ses fins. Ainsi que ses chagrins l'(........) a ses plaisirs. L'(..........) est un joug, et c'est ce qui me plaît. Le temps qui change tout change aussi nos (..........). Les enfants des sauvages n'ont ni (..........) ni humeur, parce qu'ils ne désirent que ce qu'ils savent pouvoir obtenir. Les futilités seules excitent nos (............). Il n'y a pas de (........) à être pauvre. La femme sans (........) est un être odieux et méprisable. (........) soit qui mal y pense. Il faut louer les Racines et (........) les Pradons. À Sparte, un citoyen qui avait manqué de bravoure dans une occasion périlleuse était (............) de la manière la plus sanglante. Il ne faut pas que le ministre du Seigneur se plaise à contester ; il doit être (..........) avec tout le monde, docile à l'instruction, et patient dans les contrariétés. Un homme (......) par excès est aussi peu supportable qu'un homme incivil. Les personnes (........) sont toujours gracieuses. Il faut bien des qualités pour faire un (..........) homme.

I

671. **Ici, là.** *Ici* indique un lieu plus proche ; *là*, un lieu plus éloigné. Venez *ici*, allez *là*.

672. **Idée, pensée, imagination.** L'*idée* représente l'objet ; la *pensée* le considère ; l'*imagination* le forme. On plaît avec des *idées* justes, des *pensées* fières, des *imaginations* brillantes.

673. **Imaginer, s'imaginer.** *Imaginer*, c'est former, créer une idée ; *s'imaginer*, c'est se représenter, se persuader quelque chose.

674. **Imiter, copier, contrefaire.** On *imite* par estime ;

154   MANUEL.

on *copie* par stérilité; on *contrefait* par amusement. On *imite* les écrits; on *copie* les tableaux; on *contrefait* les personnes.

675. **Immanquable, infaillible.** *Immanquable*, qui dépend d'une cause nécessaire; *infaillible*, qui procède d'une science certaine. Le lever du soleil est *immanquable*; une règle d'arithmétique est *infaillible*.

676. **Immodéré, démesuré, excessif, outré.** Ce qui passe le juste milieu est *immodéré*; ce qui passe la mesure est *démesuré*; ce qui passe les bornes est *excessif*; ce qui passe le but est *outré*. Une chaleur *immodérée*; une grosseur *démesurée*; un froid *excessif*; une flatterie *outrée*.

677. **Immunité, exemption.** L'*immunité* est la dispense d'une charge onéreuse; l'*exemption*, une exception à une obligation commune. L'*exemption* vous met hors du rang; l'*immunité* vous met à l'abri d'une servitude.

678. **Impertinent, insolent.** L'*impertinent* manque avec impudence aux égards qu'il convient d'avoir; l'*insolent* manque avec arrogance au respect qu'il doit porter. L'*impertinent* vous choque; l'*insolent* vous insulte.

EXERCICE (671, 672, 673, 674, 675, 676, 677, 678).

(....), Alexandre gagna une bataille; (..), il franchit un torrent. Les Grecs ont emprunté des Egyptiens l'(.....) de la forme des temples. L'(............) est de toutes nos facultés la plus sujette à s'égarer quand la raison ne lui sert pas de guide. La (........) est la première faculté de l'homme. Les Grecs, qui ont voulu s'approprier l'invention de tous les arts libéraux, ont prétendu qu'ils avaient (............) les ordres toscan, dorique, ionique et corinthien. Il ne faut pas (.................) que les contrées boréales soient dépourvues de végétaux. Le singe (......) l'homme qu'il craint, et n'(.......) pas les animaux qu'il méprise. L'un des effets (...............) des révolutions est d'amener un plus grand despotisme. Un architecte écossais s'est amusé de (........) le Parthénon à Edimbourg. L'habitude de (............) les autres a ses dangers. Il n'y a que la géométrie qui soit (............) entre les sciences. L'homme est (............) en tout. Tous les conquérants ont eu une ambition (............). L'(............) complaisance nous attire des mépris et nous fait passer pour des dupes. A considérer les louanges (............) que certaines gens se donnent réciproquement, on dirait qu'ils veulent se tourner en ridicule. La plus ancienne comme la plus respectable des (............) était celle des villes de refuge dans le droit mosaïque. Il est fort (............) de vouloir deviner ce qu'est Dieu ; il est bien hardi de nier ce qu'il est. Les gens (............) se font détester.

---

679. **Impétueux, véhément, violent, fougueux.** La vigueur de l'essor et la rapidité de l'action caractérisent l'*impétuosité;* l'énergie et la rapidité constante des mouvements distinguent la *véhémence;* l'excès et l'abus ou les ravages de la force dénoncent la *violence;* la violence et l'éclat de l'explosion signalent la *fougue.* Une bravoure *impétueuse;* un discours *véhément;* une humeur *violente;* un homme *fougueux.*

680. **Impie, irréligieux, incrédule.** L'*irréligieux* ne pratique aucun culte ; l'*incrédule* ne croit pas à un Dieu ; l'*impie* le brave et l'insulte.

681. **Impoli, grossier, rustique.** L'*impoli* manque de bienséances ; le *grossier* en a de désagréables ; le *rustique* en a de choquantes. On déteste l'*impoli;* on évite le *grossier;* on ne se lie point du tout avec le *rustique.*

682. **Impôt, imposition, tribut, contribution, subside, subvention, taxe, taille.** L'*impôt* est une charge imposée pour former un revenu public ; l'*imposition,* un impôt particulier ; le *tribut,* un droit attribué au prince ; la *contribution,* un tribut spécial et extraordinaire ; le *subside,* un secours momentané : la *subvention,* un subside donné dans un cas pressant ; la *taxe,* une imposition extraordinaire sur certaines personnes ; la *taille,* une imposition sur la roture.

683. **Imprécation, malédiction, exécration.** L'*imprécation* invoque la puissance contre un objet ; la *malédiction* lui souhaite malheur ; l'*exécration* le dévoue à la vengeance céleste.

684. **Imprévu, inattendu, inespéré, inopiné.** *Imprévu,*

qui arrive contre toute prévoyance ; *inattendu*, qui arrive contre notre attente ; *inespéré*, qui arrive contre toute espérance ; *inopiné*, qui arrive contre toute supposition. Une mort *imprévue;* une visite *inattendue;* une fortune *inespérée;* un accident *inopiné*.

EXERCICE (679, 680, 681, 682, 683, 684).

Une troisième cause de changement sur la surface du globe sont les vents (............). Démosthènes n'a point fait usage du pathétique touchant, comme Cicéron : ses sujets ne l'y portaient pas ; mais il a supérieurement manié le pathétique (............). Les mesures (............) sont des actes de faiblesse. Quel brillant spectacle s'offre à nos regards, lorsque le soleil inonde de sa bienfaisante lumière nos forêts silencieuses et nos campagnes desséchées par le souffle glacé des (............) enfants d'Éole. Il faut fuir la compagnie des athées et des (............). De longues calamités publiques corrompent un peuple (............). Si l'on veut se faire aimer, il faut se garder de porter dans ses relations des manières (............). L'homme du monde qui se fait (............) par système est vraiment un être intolérable. Les (............) qui portent sur les objets de première nécessité, avec un air de justice apparent, sont au fond très-injustes. Saint Louis se contenta du revenu de son domaine royal et de quelques (............) presque volontaires. La nation qui fournit les (............) tient le sceptre du monde. Les (............) indirectes ont remplacé les droits réunis. Jésus-Christ a donné cette règle aux chrétiens de pardonner toute injure, et de bénir ceux qui les chargent d'(............ ....). Dieu a donné sa (............) aux méchants et les a envoyés au feu éternel. La postérité doutera si Olivier Cromwell ne fut pas plus digne d'admiration que d'(............). Les malheurs (............) nous frappent plus que les malheurs qui se développent par degrés. Il arrive dans la vie des choses extraordinaires et (............), et il serait fâcheux que cela fût autrement.

685. **Impudent, effronté, éhonté.** L'*impudent* n'a point de décence, il ne respecte ni les choses, ni les hommes, ni lui ; l'*effronté* n'a point de considérations, il ne connaît ni frein, ni borne, ni mesure ; l'*éhonté* n'a plus de sentiment, il n'y a rien qu'il n'ose, qu'il ne brave, qu'il ne viole de sang froid.

686. **Inadvertance, inattention.** L'*inadvertance* est souvent un accident tout à fait involontaire ; l'*inattention* est toujours une négligence répréhensible. De fréquentes *inadvertances* vous font passer pour étourdi ; de fréquentes *inattentions* vous font passer pour impoli.

687. **Inaptitude, incapacité, insuffisance, inhabileté, impéritie.** L'*insuffisance* vient du défaut de proportion entre les moyens et la fin ; l'*incapacité*, de la privation des moyens ; l'*inaptitude*, de l'impossibilité d'acquérir aucun moyen ; l'*inhabileté*, du manque d'intelligence ; l'*impéritie*, de l'ignorance de l'art qu'on professe.

688. **Incendie, embrasement.** *Embrasement* indique un feu général ; *incendie*, un feu local. L'*incendie* de l'Opéra ; L'*embrasement* de la ville de Troie.

689. **Incertitude, doute, irrésolution.** L'*incertitude* vient de ce que l'événement est inconnu ; le *doute*, de ce que l'esprit ne sait pas faire un choix ; l'*irrésolution*, de ce que la volonté a de la peine à se déterminer.

690. **Inclination, penchant.** L'*inclination* dit quelque chose de moins fort que le *penchant*. La première nous porte vers un objet ; la seconde nous y entraîne. L'*inclination* doit beaucoup à l'éducation ; le *penchant* tient plus du tempérament.

EXERCICE (685, 686, 687, 688, 689, 690).

Il y a d'(..............) personnages. Toute jeune fille qui, à quinze ans, ne s'est pas senti quelquefois monter au visage l'aimable rougeur de la modestie et de la pudeur, plus tard sera certainement comptée parmi les (..............). L'(........) a rompu depuis le premier jusqu'au dernier des liens qui nous empêchent du moins de donner dans les excès et de nous y complaire. Un homme abstrait est sujet à de grandes (..................) ; un homme distrait est sujet à de grandes (..............). Les gens vifs tombent dans des (.................) ; les esprits légers tombent dans des (...............). L'(............) exclut tout talent. On peut produire l'(.........) intellectuelle à l'aide de certains narcotiques. Les juges pourvoient à l'(...............) de la loi. L'(............) d'un général lui fait perdre toutes les batailles. Les notaires sont tenus des dommages et intérêts qu'ils causent par leur (...........).

L'(............) est, après le désespoir, l'état le plus difficile à supporter pour le cœur humain. Dans le (........) abstiens-toi. L'(............) est le propre de la faiblesse. La nature donne les (...............); l'éducation leur oppose les habitudes. Le (............) au péché est fortifié par la facilité de le commettre.

691. **Incroyable, paradoxal.** *Incroyable* se dit en fait d'événement; *paradoxal*, en fait d'opinions. Des choses *incroyables*; des opinions *paradoxales*.

692. **Inculper, accuser.** L'*inculpation* n'est qu'une allégation et un reproche ; l'*accusation* est un acte formel et une action criminelle. On *inculpe* d'une faute; on *accuse* d'un crime.

693. **Incurable, inguérissable.** Les efforts de l'art ne peuvent rien contre un mal *incurable*; la nature et l'art ne peuvent rien contre une maladie *inguérissable*. On vit avec des maux *incurables*; on meurt d'une maladie *inguérissable*.

694. **Incursion, irruption.** L'*incursion* est l'action de faire une course, une expédition sur un pays étranger, pour en rapporter quelque avantage ; l'*irruption* est l'action de forcer les barrières pour ravager. L'*incursion* est brusque et passagère; l'*irruption*, violente et soutenue.

695. **Indemniser, dédommager.** L'*indemnité* est plus rigoureuse et plus égale que le *dédommagement*. On *indemnise* en argent ou en valeurs égales; on *dédommage* par des compensations. On *indemnise* pour cause de démolition ; on *dédommage* pour une perte quelconque.

696. **Indifférence, insensibilité.** L'*indifférence* naît de l'*insensibilité*; l'une est la cause, l'autre, l'effet. Soyez *insensible* aux maux de vos semblables, vous serez *indifférent* à tout le mal qui pourra leur arriver.

697. **Indolent, nonchalant, paresseux, négligent, fainéant.** On est *indolent*, par défaut de sensibilité ; *nonchalant*, par défaut d'ardeur ; *paresseux*, par défaut d'action ; *négligent*, par défaut de soin ; *fainéant*, par aversion pour le travail. L'*indolent* craint la peine ; le *nonchalant*, la fatigue ; le *négligent*, l'application ; le *paresseux*, l'action ; le *fainéant*, le travail :

DES SYNONYMES. 159

EXERCICE (691, 692, 693, 694, 695, 696, 697).

Défions-nous toujours d'une (..............) histoire. L'esprit (............) ébranle les institutions les plus sacrées. Il a été (.........) d'une faute légère. Les Juifs (..............) Jésus-Christ devant Pilate. Eurymédon (..........) Socrate d'avoir mal parlé des dieux. Toutes les personnes atteintes d'affections (..............) ne sont pas destinées à une mort prochaine. Les maux de l'âme sont souvent plus (................) que ceux du corps. Les (...............) des hordes du nord avaient éteint les sciences et renversé la civilisation dans l'épaissement de la barbarie. La plus grande (............) de l'Océan dans les terres, est celle qui a produit la Méditerranée. Le propriétaire (.............) son fermier dans des cas majeurs. Le riche (............) le pauvre d'une perte fâcheuse. L'(............) est à l'âme ce que la tranquillité est au corps; et la léthargie est au corps ce que l'(...............) est à l'âme. Rien ne pique l'(............); il vit dans la tranquillité et hors des atteintes que donnent les fortes passions. Il est difficile d'animer le (...............); il va mollement et lentement dans tout ce qu'il fait. L'amour du repos l'emporte, chez le (............), sur les avantages que procure le travail. L'inattention est l'apanage du (............); tout lui échappe, et il ne se pique point d'exactitude. Le (............) craint le travail, il n'aime que l'oisiveté.

---

698. **Induire en, induire à.** *Induire à erreur*, c'est faire tomber volontairement ou involontairement dans une erreur; *induire en erreur*, c'est faire tomber dans une erreur à dessein, avec intention de tromper.

699. **Industrie, savoir-faire.** L'*industrie* est une adresse; le *savoir-faire*, un art, un talent.

700. **Ineffable, inénarrable, indicible, inexprimable.** Ce qu'on ne peut comprendre, pénétrer, est *ineffable*; ce qu'on ne peut bien détailler, est *inénarrable*; ce qu'on ne peut dire bien nettement, est *indicible*; ce qui est au-dessus de toute expression, à moins d'être affaibli, est *inexprimable*. *Ineffable* et *inénarrable* sont du style re-

gieux ; *indicible*, du style familier ; *inexprimable*, de tous les styles.

701. Ineffaçable, indélébile. L'apparence rend *ineffaçable* ; la ténacité rend *indélébile*. Une empreinte *ineffaçable* ; une encre *indélébile*.

702. Ineffectif, inefficace. Ce qui manque d'effet est *ineffectif* ; ce qui ne produit pas d'effet est *inefficace*. Des promesses, des paroles, des prédictions, des signes *ineffectifs* ; des secours, des moyens, des remèdes *inefficaces*.

703. Inexorable, inflexible, impitoyable, implacable. La sévérité de la justice et la jalouse obstination du pouvoir rendent *inexorable* ; la rigidité des principes et la roideur du caractère rendent *inflexible* ; la férocité de l'honneur et l'insensibilité du cœur rendent *impitoyable* ; la violence de la colère et la profondeur du ressentiment rendent *implacable*.

EXERCICE (698, 699, 700, 701, 702, 703).

On peut induire (...) erreur en étant de bonne foi ; mais à coup sûr ce n'est pas sans dessein que le méchant nous induit (.) erreur. La liberté du commerce a augmenté singulièrement la culture et l'(............). La plupart ont plus de (............) que de science. La religion répand des charmes (............) sur l'innocence, et donne une majesté divine à la douleur. Les grandeurs et la gloire de la Divinité, les merveilles de la nature, les prodiges de la création, les ravissements de la béatitude, les voies miraculeuses de la Providence, tous ces objets élevés au-dessus de l'esprit et du langage humain, sont (............). Ce je ne sais quoi que l'on sent si bien sans pouvoir en démêler la vertu est (............). Tout ce qui est au-dessus de l'expression, tout ce qui est si fort, extraordinaire, que la langue ou le discours ne peut le rendre sans l'affaiblir, tout cela est (............). L'eau forte laisse partout une empreinte (............). Le baptême imprime un caractère (............). Rien n'enlèvera de dessus un corps l'enduit, la matière (............) qui le couvre. Une velléité qui se borne à un désir fugitif sans aucun résultat est (............). Une volonté qui se réduit en acte, mais qui échoue est (............). La mort, l'enfer sont (............). Dieu n'a cessé d'être (............) que par la mort de Jésus-

Christ. Caton se piquait d'une fermeté (............) dans ses devoirs. Les pécheurs endurcis trouveront Dieu (............).

---

704. **Infamie, ignominie, opprobre.** L'*infamie* ôte la réputation, flétrit l'honneur ; l'*ignominie* souille le nom ; l'*opprobre* soumet aux outrages.

705. **Infatuer, fasciner, entêter.** Celui qui est *infatué* a la raison troublée ; celui qui est *fasciné* ne croit qu'à ses visions ; celui qui est *entêté* ne veut pas se départir de son idée.

706. **Infection, puanteur.** La *puanteur* offense le nez et le cerveau ; l'*infection* porte la corruption et attaque la santé. La *puanteur* d'un objet en putréfaction nous fait reculer ; de grands marais répandent l'*infection* et la maladie dans un village, dans un canton.

707. **Inférer, induire, conclure.** Vous *inférez* par une conséquence fondée sur les rapports établis entre des propositions ; vous *induisez* par une conséquence naturelle d'un principe, d'une vérité développée ; vous *concluez* par une conséquence nécessaire des principes et qui termine le raisonnement.

708. **Infidèle, perfide.** Une femme *infidèle*, connue pour telle, n'est qu'*infidèle* ; elle est *perfide*, si elle veut paraître *fidèle*. L'*infidélité* est un manque de foi ; la *perfidie* est une trahison.

709. **Ingrat à, ingrat envers.** *Ingrat à* se dit pour les choses ; *ingrat envers* se dit pour les personnes. Une terre *ingrate à* la culture ; une personne *ingrate envers* son bienfaiteur.

710. **Inhumer, enterrer.** *Enterrer* désigne l'acte matériel de mettre en terre ; *inhumer* désigne l'acte religieux de donner la sépulture. On *enterre* en tous lieux ; on *inhume* en terre sainte.

EXERCICE (704, 705, 706, 707, 708, 709, 710).

C'eût été un grand bien que les enfants n'eussent pas hérité de l'(..........) de leurs pères. Le supplice d'un criminel couvre toute sa famille d'(............). L'(..........) avilit l'âme et flétrit le courage. Les personnes (... ....) de leur mérite ne peuvent supporter la moindre critique. L'intérêt particulier (........) les yeux. Les maladies produites par (............) ne sont pas transmises par les malades aux personnes saines qui les approchent. Souvent l'esprit se hâte d'(........) une chose d'une autre, avant que d'avoir aperçu la connexion des idées qui doivent lier ensemble les deux extrêmes. Quand nous voyons un effet arriver tous les jours, nous en (............) une nécessité naturelle. La femme (.........) s'avilit, parce qu'elle ne peut manquer de foi sans outrager la pudeur. L'hypocrisie rend les hommes fourbes, (.........) et traîtres. Un esprit ingrat (....) leçons n'en profite pas. Ne soyez jamais ingrat (........) votre bienfaiteur. On n'a commencé que vers l'an 1200 à (..........) dans les églises les fondateurs et principaux bienfaiteurs. L'avare (..........) son âme avec son or.

711. **Inimitié, rancune.** L'*inimitié* est plus déclarée ; elle paraît toujours ouverte ; la *rancune* est plus cachée, elle dissimule. L'*inimitié* n'exclut pas la dignité, la noblesse ; la *rancune* renferme la faiblesse, la lâcheté, la bassesse.

712. **Inintelligible, inconcevable, incompréhensible.** *Inintelligible* se dit par rapport à l'expression ; *inconcevable*, par rapport à l'imagination ; *incompréhensible*, par rapport à la nature de l'esprit humain. Phrase *inintelligible*; fait *inconcevable*; mystère *incompréhensible*.

713. **Injurier, invectiver.** L'*injure* consiste dans les termes ; l'*invective* dans les choses et la manière. Le mépris, l'insolence, la grossièreté *injurient*; la chaleur, la colère, le zèle, *invectivent*. L'homme qui se respecte n'*injurie* pas; violemment ému, il *invective* avec noblesse et dignité.

714. **Insidieux, captieux.** Les moyens *insidieux* tendent à induire en erreur ou en faute ; les moyens *captieux* tendent à entraîner le consentement ou le suffrage. Tout ce qui tend à surprendre, discours, actions, caresses, flat-

teries, présents est *insidieux*; on n'appelle *captieux* que les discours, les raisonnements, les termes. La galanterie est un mensonge *insidieux* de l'amour; la modestie est le langage le plus *captieux* de la vanité.

715. **Insinuer, persuader, suggérer.** On *insinue* finement et avec adresse; on *persuade* fortement et avec éloquence; on *suggère* par crédit et avec artifice. *Insinuer* dit quelque chose de délicat; *persuader*, quelque chose de pathétique; *suggérer*, quelque chose de frauduleux.

716. **Instant, pressant, urgent, imminent.** *Instant* se dit des prières, des demandes, des sollicitations; *pressant* se dit de tout ce qui ne souffre aucun délai; *urgent*, de tout ce qui est indispensable, nécessaire; *imminent*, de tout ce qui accuse un mal prochain. *Instantes* prières; affaire *pressante*; besoin *urgent*; danger *imminent*.

717. **Insurrection, émeute, sédition, révolte.** L'*insurrection* a lieu lorsqu'un peuple conquis ou esclave, secoue ses fers pour les rompre; l'*émeute* a lieu momentanément lorsque le peuple s'indigne d'une vexation criante; s'il se mêle quelque chef qui la fomente et la dirige, elle devient *sédition*; puis *révolte* lorsqu'elle pousse aux violences, aux voies de fait.

EXERCICE (711, 712, 713, 714, 715, 716, 717).

Les (.........) furent assez nombreuses sous la république romaine, et pourtant dirigées par les Gracques, elles ne parvinrent pas à renverser le pouvoir romain. La Convention déclara que lorsque le corps social, ou lorsqu'un des membres du corps social était opprimé, l'(.............) était pour le peuple et pour chaque portion du peuple le plus sacré des droits et le plus saint des devoirs. Le désespoir porta les peuples à la (.........), et la (.........) rendit cruel le gouvernement. Renversé par une (........) des janissaires, Mahomet IV eut pour successeur Soliman. Les dangers (............) nous avertissent, par leurs menaces, de ramasser nos forces pour nous dérober aussitôt à un mal très-prochain, sous peine d'en être tout à l'heure frappés. A force de sollicitations et d'(..........) prières, on obtient quelquefois ce qu'on désire. Les malades réclament des soins (...........).

La nécessité la plus (..........) peut seule autoriser un roi à lever des impôts. La guerre a tant d'horreurs, que ceux qui la font sans (..........) nécessité peuvent être appelés des scélérats. La première chose qu'on (..........) par forme de leçon à tous les étrangers qui viennent dans ce pays, c'est que tous les étrangers conviennent qu'il n'y a rien de si beau dans le reste du monde que l'Opéra de Paris. Il est plus facile de communiquer ce que l'on sent, que de (..............) ce que l'on pense. Il faut prendre le parti que (..............) les circonstances. Les (..........) sont très-dangereuses chez un peuple libre. On se croit souvent obligé de faire contre (...........) bonne mine, comme contre fortune bon cœur. Il est un être suprême nécessaire, (........................), qui nous a faits. Ce qui est (.................), est vicieux, il faut l'éviter; ce qui est (...............) est surprenant, il faut s'en défier; ce qui est (..........................) est sublime, il faut le respecter. Remerciez celui qui vous critique, celui même qui vous (..........), il vous sert en vous avertissant de vos défauts. On doit empêcher les avocats d'(..............) contre les absents. Les fièvres (..............) appartiennent aux fièvres pernicieuses. Il ne faut pas, dans les examens, s'étudier à embarrasser les candidats de questions (.............).

---

718. **Intérieur, dedans.** L'*intérieur* est caché par l'extérieur; le *dedans* est renfermé par les dehors. Un grand politique ne montre jamais l'*intérieur* de son âme; il retient au *dedans* de lui-même tous les mouvements de ses passions.

719. **Intérieur, interne, intrinsèque.** *Intérieur* se dit des choses spirituelles; *interne*, des parties des corps; *intrinsèque*, de la valeur des choses. La dévotion est *intérieure*; les maladies sont *internes*; les monnaies ont une valeur *intrinsèque*.

720. **Inventer, trouver.** On *invente* par la force de l'imagination; on *trouve* par la recherche et par l'étude. La mécanique *invente* les outils et les machines; la physique *trouve* les causes et les effets.

721. **Irrésolu, indécis.** On est *irrésolu* dans les choses où il s'agit de se déterminer par goût, par sentiment; on est *indécis* dans celles où il faut se déterminer par raison et

après discussion. Une âme faible est *irrésolue;* un esprit faible est *indécis.*

722. Irrésolution, incertitude, perplexité. L'*irrésolution* est une timidité à entreprendre; l'*incertitude,* une irrésolution inquiète.

723. Ivre, soûl. Un peu de vin peut rendre *ivre;* il en faut davantage pour être *soûl.* L'homme *ivre* est gai, il chancèle; l'homme *soûl* est stupide, il tombe; c'est une bête brute, il est même au-dessous de la bête.

CORRIGÉ DES EXERCICES (718, 719, 720, 721, 722, 723).

On croit quand on est (.....) être au-dessus d'un roi. C'est un objet bien odieux qu'une femme (...). L'(...............) est, après le désespoir, l'état le plus difficile à supporter pour le cœur humain. L'(...............) est le propre de la faiblesse. La (............) est une torture morale. L'honneur ne souffre rien d'(.........) sur son compte. Les esprits faibles et les caractères (............) sont aussi peu commodes pour les autres que pour eux-mêmes. Guttemberg a (.........) l'imprimerie. On a (......) des hommes et des animaux partout où la terre est habitable. Le diaphragme est le principal organe du sentiment (............). Il y a des causes (......... .) et des causes (...........). La valeur (..............) d'un bijou d'or est la matière même, sans aucun égard à la façon. L'(............) des montagnes est principalement composé de pierres et de rochers. Les plaisirs occupent les (........); le (.........) est toujours vide.

J

724. Jaboter, jaser, caqueter, causer. On *jabote* en causant bas et en marmottant; on *jase* en parlant d'abondance et à son aise; on *caquette* en parlant avec bruit et sans utilité; on *cause* en s'entretenant familièrement.

725. Jaillir, rejaillir. *Jaillir* marque une action simple; *rejaillir,* le redoublement de cette action. La lumière *jaillit* du sein du soleil et *rejaillit* sur l'immensité de l'espace. *Jaillir* se dit des fluides et *rejaillir* des fluides et des solides.

726. Jalousie, émulation. La *jalousie* est un sentiment bas qui nous porte à envier le mérite d'autrui et à lui refuser nos éloges ; l'*émulation* est un sentiment noble qui nous anime à imiter les grands exemples et à les dépasser.

727. A jamais, pour jamais. Deux amours se jurent d'être *à jamais* l'un à l'autre ; deux époux sont l'un à l'autre *pour jamais*. La dernière phrase n'exprime que le fait ; la première exprime toute la force du sentiment.

728. Joie, gaîté. La *joie* consiste dans un sentiment de l'âme ; la *gaîté* dépend du caractère, de l'humeur, du tempérament. L'une fait une vive impression au-dedans ; l'autre éclate dans les yeux et sur le visage.

729. Joindre, accoster, aborder. On *joint* la compagnie dont on s'était écarté ; on *accoste* le passant que l'on rencontre sur sa route ; on *aborde* les gens de connaissance.

730. Jour, journée. Le *jour* marque la division du temps et en détermine la durée ; la *journée* indique les événements qui ont eu lieu dans cette durée. La semaine se compose de sept *jours*. Les trois *journées* de juillet ont été sanglantes.

731. Joyau, bijou. Le *joyau* est plus beau, plus riche, plus précieux ; le *bijou*, plus joli, plus agréable, plus curieux.

732. Jugement, sens. Le *sens* donne la connaissance des choses ; le *jugement* prononce, décide sur l'état des choses. Qui n'a point de *sens* n'a point de *jugement*.

EXERCICE (724, 725, 726, 727, 728, 729, 730, 731, 732).

Les jeunes filles, ennuyées d'une conversation dont elles ne sont pas, s'en vont tout doucement (........) dans un coin. On dit que les femmes (........) comme des pies. Il y a des femmes qui ne font que (..........) du matin au soir. Si l'on pouvait croire qu'en mourant on va avec ses amis (........) dans l'autre monde, il serait doux de penser à la mort. Moïse fit (........), une fontaine du rocher. L'horreur attachée aux guerres civiles (..........) sur la gloire que l'on y acquiert. La force des jeunes chevaux et leur ardeur ne se marquent ordinairement que par des signes d'(............). La (..........) est un fiel qui corrompt tout le miel de notre vie. Combien d'artistes morts dont les noms seront célèbres (............), quoique leurs ouvrages n'existent plus. Adieu pour (.........). La véritable (......) est plus sérieuse que bruyante. Si une folle (......) nous charme dans l'enfance, une douce (......) dans la vieillesse a peut-être encore plus d'attraits ; chez l'un, c'est le symbole de l'innocence; chez l'autre, le reflet d'une honorable carrière. L'île de San-Salvador était couverte de bois ; quand les Espagnols y (............), ils reçurent l'accueil le plus hospitalier. Il y a des gens qui, en vous (............), ne peuvent s'empêcher de blasphémer. Si je puis le (.........), je lui dirai ce que je pense. Il en est de l'homme comme du monde, l'un et l'autre ont leur (....) et leur nuit. Tous les maux du travail finissent avec la (............). Les bagues et (..........) de cette femme furent estimés 50,000 fr. L'amour des (.........) est universel. Tout le monde se plaint de sa mémoire, et personne ne se plaint de son (............). Le (......), joint à l'habitude des affaires, rend le (............) sûr.

733. **Juriste, jurisconsulte, légiste.** Le *juriste* possède la science du droit; le *légiste*, la science des lois; le *jurisconsulte*, la science du droit et des lois.

734. **Juste, équitable.** Ce qui est *juste* peut être exigé par la force ; ce qui est *équitable* ne se fait qu'en vertu d'un droit imparfait et non rigoureux. Ce qui est *juste* n'est pas toujours *équitable*.

735. **Justesse, précision.** La *justesse* empêche de donner dans le faux; la *précision* écarte l'inutile. Un discours *précis* est la marque ordinaire de la *justesse* de l'esprit.

736. **Justice, équité.** La *justice* est le respect de la propriété ; l'*équité*, le respect de l'humanité. La *justice* défend votre existence, votre fortune, votre honneur ; l'*équité* compatit à vos besoins, à vos erreurs, à vos fautes.

737. **Justification, apologie.** La *justification* est le but de l'*apologie* qui n'est qu'un moyen de *justification*. L'*apologie* est la défense de l'accusé; son innocence fait sa *justification*.

738. Justifier, défendre. *Justifier* suppose le bon droit ; *défendre* suppose le désir de réussir. Cicéron *défendit* Milon ; mais il ne put parvenir à le *justifier*.

EXERCICE (733, 734, 735, 736, 737, 738).

Le (………) est à la théorie ce que l'homme de loi est à la pratique. La même (……….) d'esprit qui nous fait écrire de bonnes choses nous fait appréhender qu'elles ne le soient pas assez pour mériter d'être lues. Il n'y a de grand que ce qui est durable, de durable que ce qui est (……). Les supplices cruels de l'antiquité étaient bien moins des punitions d'une justice (………..) que des vengeances d'une politique féroce. L' (… …) doit régler la conduite des rois. La (…….) est la première des vertus. On pourrait avoir la même pensée que Racine, et ne pas s'expliquer avec la même clarté, avec la même (…………), avec la même élégance. La piété d'un chrétien fait l'(…………) de sa conduite. Le fameux Arnault (…………) le jansénisme avec l'impétuosité de son éloquence. Celui qui compte sur sa (……………) s'enhardit dans le crime. Les services que chacun des membres de la magistrature rend tous les jours dans ses fonctions (…………) assez le jugement qu'en a fait le prince.

L

739. Labyrinthe, dédale. *Labyrinthe* se dit des constructions, des plantations, des lieux dont les tours et les détours sont si multipliés, qu'on s'y égare et qu'on ne sait où trouver une issue ; il se dit au propre et au figuré. *Dédale* se dit figurément des choses infiniment compliquées, et qu'il est difficile de concevoir.

740. Lâche, poltron. Le *lâche* recule ; le *poltron* n'ose avancer. Il ne faut pas compter sur la résistance d'un *lâche* ni sur le secours d'un *poltron*.

741. Laconique, concis. *Laconique* suppose peu de paroles ; *concis*, les paroles strictement nécessaires. Le premier se dit des choses et des personnes ; le second ne se dit guère que des choses, principalement des ouvrages et du style.

742. **Lacs, rets, filet.** Le *filet* enveloppe et contient ; le *rets* arrête et retient ; le *lacs* saisit et enlace.

743. **Laine, toison.** La *laine* est le vêtement de l'animal ; la *toison* en est la dépouille. Une *toison* est la totalité de la (*laine*) de l'animal.

744. **Lamentable, déplorable.** Ce qui est *lamentable* excite notre compassion ; ce qui est *déplorable* arrache nos larmes. La situation des personnes est *déplorable* ; leurs cris sont *lamentables*.

745. **Lamentation, crainte.** La *lamentation* est une plainte forte et continue ; la *plainte* s'exprime par le discours. Les gémissements accompagnent la (*lamentation*).

746. **Lancer, darder.** *Lancer* c'est jeter ; *darder*, c'est frapper, percer, pénétrer. La couleuvre des Moluques se suspend à des branches d'arbre pour se *lancer* sur les animaux et les *darder*.

EXERCICE (739, 740, 741, 742, 743, 744, 745, 746).

On voit encore quelques ruines du (..............) de Mendès. La justice s'égare dans le (........) des lois. Ce sont les héros qui fondent les empires et les (........) qui les perdent. Les (............) n'ont point à craindre les précipices. Les journalistes doivent être (............) et leurs articles très-(........). Les muets du sérail étranglent avec des (......) de soie ceux que le sultan leur ordonne de faire mourir. Dans les (......) de la chèvre un cerf se trouva pris. Les hommes sont faits comme les oiseaux, ils se laissent toujours prendre dans les mêmes (......) où l'on a déjà pris mille autres oiseaux de leur espèce. La (......) choisie d'Angleterre est moins fine et moins douce au toucher, mais plus longue et plus luisante que la (......) d'Espagne. Les Espagnols vendent les (..........) de leurs bêtes à laine. Que le sort de la condition humaine est (..............)! Jérémie seul est capable d'égaler les (................) aux calamités. La douleur arrache des (............). Dieu (........) le soleil dans l'espace. Le soleil (......) ses feux sur l'hémisphère.

747. Landes, friches. Les *landes* sont de mauvaises terres qui ne donnent que quelques misérables productions ; les *friches* sont des terres incultes ou négligées, auxquelles il ne manque que la culture.

748. Langage, langue, idiôme, dialecte, patois, jargon. Le *langage* convient à tout ce qui exprime les pensées ; l'*idiôme* exprime les tours dans la manière de parler ; le *dialecte* est une manière de parler une langue relative à d'autres manières de la parler ; un *patois* est un usage dans la manière de parler une langue, contraire au bon usage ; un *jargon* est un langage particulier à certaines gens, et de pure convention.

749. Languissant, langoureux. *Langoureux* exprime cette espèce de langueur qu'on attribue à quelque passion naissante ; *languissant* exprime l'abattement ou la simple diminution des forces. Un regard *langoureux*, un malade *languissant*.

750. Lares, pénates. Les *lares* sont les dieux protecteurs de l'habitation et de la famille ; les *pénates* sont les dieux tutélaires de la maison intérieure ou de la chose domestique. Les *lares* président à la sûreté ; les *pénates*, au ménage.

751. Larmes, pleurs. Toute cause physique qui produit une compression des muscles de l'œil, fait couler des *larmes*. Les *pleurs* sont toujours marqués par quelque chose de lugubre, une émotion violente, des signes éclatants. La sensibilité, la pitié, la tendresse, les passions douces répandent des *larmes* ; la colère, la fureur, le désespoir, les passions violentes versent des *pleurs*.

752. Larron, fripon, filou, voleur. Le *larron* prend en cachette ; le *fripon* prend par finesse ; le *filou* prend avec adresse ; le *voleur* prend de toute manière, et même avec violence.

EXERCICES (747, 748, 749, 750, 751, 752).

Il y a des (......) dans des cantons, des (......) dans des provinces. Chaque langue parlée renferme plusieurs (........).

Le (.....) distingue l'homme des animaux. Les (.......) se sont approprié exclusivement certaines façons de parler qui rendent difficile la traduction des pensées de l'un ou de l'autre. A Paris, on n'entend pas le (......) des Auvergnats. Chaque province a son (......). Il y a six mois que ce malade est (.......) dans son lit. Des regards languissants sont (.......), s'ils sont tendres en même temps. Les lares et les (......) sont, dans la mythologie, des dieux ou des génies tutélaires. On voit tous les jours des enfants transportés de joie ou versant des (......) au récit des aventures qu'on leur raconte. Les coutumes de Bretagne condamnaient tous les (......) à être pendus. Les grands (......) pendent les petits. Il y a plus de (......) par état que par nature. Nos (......) de Paris n'ont de dignes émules qu'à Londres.

---

753. **Las, fatigué, harassé.** *Las* se dit quand on est affecté de cette inaptitude au travail et à l'action, abstraction faite de toute cause; *fatigué*, quand on s'est mis dans cet état par le travail; *harassé*, quand on ressent une fatigue excessive.

754. **Lasciveté, lubricité, impudicité.** La *lasciveté* naît d'un tempérament très-amoureux; la *lubricité* consiste dans une incontinence hardie, dans l'insatiable avidité de désirs qui dévore l'objet avant que d'en jouir; l'*impudicité* résulte des sentiments et des mœurs contraires à la modération de la nature et à la bienséance.

755. **Légal, légitime, licite.** La forme rend la chose *légale*; le droit rend la chose *légitime*; le pouvoir rend la chose *licite*. Une élection est *illégale* si toutes les conditions requises par la loi ne sont pas observées; une puissance est *illégitime* si elle exerce la force contre le droit; un commerce est *illicite* si la loi le défend.

756. **Légère, inconstante, volage, changeante.** La *légère* ne s'attache pas fortement; l'*inconstante* ne s'attache pas pour longtemps; la *volage* ne s'attache pas à un seul; la *changeante* ne s'attache pas au même.

757. **Légèrement, à la légère.** Des soldats armés

légèrement ont des armes et des vêtements qui ne les chargent pas; des soldats armés *à la légère* ont une espèce d'armure qui les distingue. Au figuré, comme au propre, *légèrement* se prend en bonne part; *à la légère* ne s'emploie qu'en mauvaise part, au figuré. On parle *légèrement* d'une chose qu'on ne touche qu'en passant; on ne devrait jamais en parler *à la légère*.

758. Lépreux, ladre. Le *lépreux* et le *ladre* sont attaqués de la même maladie. La *lèpre* est le genre de maladie; la *ladrerie* est cette maladie particulière dont un sujet est actuellement atteint. *Lépreux* se dit des hommes; *ladre*, des animaux. Au figuré, on dit la *lèpre* du péché; *ladrerie* désigne une sordide avarice.

EXERCICES (753, 754, 755, 756, 757, 758).

Robert, roi de France, lavait et baisait les pieds du (.......) pour se mettre en odeur de sainteté. Au XIIIe siècle, il y avait tant de (.....) en France, qu'il n'y avait presque ni ville ni bourgade qui ne fût obligée de bâtir un hôpital pour les retirer. Il ne faut pas croire (.........). Il ne faut rien entreprendre (.........). Que de femmes (......) dans leurs paroles et dans leurs actions! Les femmes accusent les hommes d'être (......), et les hommes disent qu'elles sont (......). Quand on est (..) de travailler, il faut aller se promener. Il y a des jours où les peuples, comme les individus, (......,..) de se haïr, éprouvent le besoin d'une réconciliation, même passagère, même trompeuse. Quand les troupes sont (.........), il est bon de les faire reposer. La (.......) est un vice qui blesse la pureté des mœurs. Les princes orientaux s'abandonnent à toutes sortes de (e.......). Les résultats de la (........) ont partout signalé la décadence des Empires et la ruine des individus, ou l'abâtardissement des races. Hélène, par son (..........), mit en feu toute l'Asie. Ce que nous appelons justice, n'est bien souvent qu'une injustice (.....). La guerre la plus nécessaire et la plus (.......), c'est celle que l'on fait à ses passions. Ce qui n'est pas défendu est (....). La mort d'un criminel est (....); la loi qui le punit a été faite en sa faveur.

759. **Lettre, épître.** *Lettre* se dit de toutes les lettres qu'on écrit d'ordinaire, surtout en prose; *épître* se dit en parlant des lettres écrites en vers, ou de celles qui ont été écrites en prose par les anciens.

760. **Lever, hausser.** L'action de *lever* a pour objet d'enlever la chose de sa place; l'action de *hausser* a pour objet de donner plus de hauteur. On *lève* un fardeau; on *hausse* les épaules.

761. **Lever, élever, soulever, hausser, exhausser.** On *lève* en mettant debout; on *élève* en plaçant dans un ordre éminent; on *soulève* en faisant perdre terre, en portant en l'air; on *hausse* en ajoutant un degré supérieur; on *exhausse* en donnant plus de hauteur. On *lève* une échelle; on *élève* une statue; on *soulève* un coffre; on *hausse* la voix; on *exhausse* un bâtiment.

762. **Lever un plan, faire un plan.** On *lève un plan* sur le terrain; on *fait un plan* en traçant sur du papier la figure du terrain.

763. **Libéralité, largesse.** La *libéralité* est un don généreux; la *largesse*, une ample libéralité. Ce qu'on donne *libéralement* n'est pas dû; ce qu'on donne *largement* n'est ni compté ni mesuré. La *largesse* n'est souvent que profusion dans la dépense. On peut payer *largement* sans avoir le mérite de la *libéralité*.

764. **Liberté, franchise.** La *franchise* fait dire ce qu'on pense; la *liberté* fait oser dire ce qu'on dit. La vérité, la droiture inspirent la *franchise*. La hardiesse, le courage inspirent la *liberté*.

765. **Libertin, vagabond, bandit.** L'amour du plaisir fait le *libertin*; l'amour excessif de la liberté fait le *vagabond*; l'amour d'une vie déréglée et aventureuse fait le *bandit*.

766. **Libre, indépendant.** On est *libre*, quand on a le pouvoir de n'exercer que sa volonté; on est *indépendant*, quand on est libre de toute dépendance.

EXERCICES (759, 760, 761, 762, 763, 764, 765, 766).

Les douze villes de l'Attique fondées par Cécrops étaient devenues autant de Républiques qui toutes avaient des magistrats particuliers et des chefs presque (............). Celui-là est véritablement (...) qui se commande à lui-même. Le (.......) débauché n'est, aux yeux de la société, qu'un être repoussant, qui soulève le dégoût, dont elle redoute le contact, parce qu'il souille et flétrit tout ce qu'il approche. La liberté donnée à des peuples corrompus est une vierge livrée à des (........). Braver les bienséances et les lois, c'est vivre en vrai (.....). Les (.........) sont dangereux pour la société ; n'ayant pas de moyens de subsistance, ils s'en procurent à ses dépens. La véritable (......) consiste à n'obéir à aucune passion. La (........) ne consiste pas à dire tout ce qu'on peut, mais à ne dire que ce qu'on pense. Les savants écrivent mal les (.....) familières, comme les danseurs font mal la révérence. M. de Crouzas a fait une réfutation des (......) de Pope. Quand on prête serment devant un juge, il faut (....) la main. On peut (.......) le ton sans sortir du diapason ordinaire de la voix. Quand la marée vient, elle (......) les navires qui sont sur la vase, et les met à flot. Quelle plus éclatante carrière pourrions-nous désirer que celle qui nous (........), par une correspondance immédiate, vers la Divinité ? La (........) tient le milieu entre la prodigalité et l'avarice. La Fontaine est le seul qui n'ait pas eu part aux (.........) de Louis XIV. L'économie peut suffire pour des (.........); pour des (......), il faut de l'opulence.

---

767. **Se licencier, s'émanciper.** *Se licencier*, c'est sortir des bornes du devoir ; *s'émanciper*, c'est prendre trop de liberté. Qui *s'émancipe* pourra bientôt *se licencier*.

768. **Licite, permis.** Ce qui est *licite* n'a pas été défendu ; ce qui est *permis* a été autorisé.

769. **Lier, attacher.** On *lie* pour empêcher que les membres n'agissent, ou que les parties d'une chose ne se séparent ; on *attache* pour arrêter une chose, ou pour em-

pêcher qu'elle ne s'éloigne. On *lie* les pieds et les mains d'un criminel, et on l'*attache* à un poteau. Au figuré, on est *lié* lorsqu'on n'a pas la liberté d'agir ; on est *attaché* quand on ne peut changer de parti ou le quitter.

770. **Lieu, endroit, place.** *Lieu* indique le total de l'espace ; *endroit*, la partie ; *place* donne une idée d'ordre et d'arrangement. Paris est le *lieu* du monde le plus agréable ; les sergents de ville stationnent à tous les *endroits* de la ville ; ceux qui vont au théâtre ne vont pas tous aux premières *places*.

771. **Limer, polir.** *Limer*, c'est enlever avec la lime les parties saillantes d'un corps dur ; *polir*, c'est rendre, par le frottement, un corps uni, luisant, agréable à l'œil. Au figuré, *limer* désigne la critique qui retranche ce qu'il y a d'inégal, de dur dans un ouvrage d'esprit ; *polir* désigne la perfection qu'il faut y mettre.

EXERCICES (767, 768, 769, 770, 771).

On risque beaucoup de (..........) avec les souverains. On doit faire des gains honnêtes et (.....). Les grands se croient tout (......). Tout ce qui est convenable est (......). La chaux et le ciment (....) les pierres. Les hommes ont (......) des noms pompeux à toutes les entreprises des puissants. Les dieux ont (.....) presque autant de malheurs à la liberté qu'à la servitude. Il faut aimer le (...) que l'on doit habiter. Il y a dans nos tragédies des (......) qui font pleurer, et dans nos comédies, des (......) qui font rire. La ville de Paris possède un grand nombre de (.....), parmi lesquelles on distingue la (....) Vendôme, la (.....) Royale et la (....) de la Concorde. Des dentistes emploient une petite lime très-plate et très-fine pour (.....) l'extrémité des dents inégales. La jeunesse doit travailler à purifier son cœur et à (....) son esprit.

772. **Limon, fange, boue, bourbe, crotte.** Le *limon* est le dépôt des eaux courantes ; la *bourbe*, le dépôt des eaux croupissantes ; la *boue*, de la poussière

détrempée ; la *fange*, de la boue presque liquide ; la *crotte*, des éclaboussures de boue.

773. **Lisière, bande, barre.** *Lisière*, longueur sur les extrémités ; *bande*, longueur prise isolément sur un tout ; *barre*, corps long, étroit et consistant.

774. **Liste, catalogue, rôle, nomenclature, dénombrement.** *Liste*, suite d'indications simples et courtes ; *catalogue*, classification de livres par titres et par ordre alphabétique ; *rôle*, liste indiquant l'ordre à observer à l'égard des contribuables ou des causes à plaider ; *nomenclature*, dénombrement de noms ; *dénombrement*, compte détaillé d'un tout. *Liste* de candidats ; *catalogue* de livres ; *rôle* des soldats ; *nomenclature* des plantes ; *dénombrement* des habitants.

775. **Littéralement, à la lettre.** *Littéralement* désigne le sens strict et rigoureux. Il ne faut pas prendre *littéralement* ce qui ne se dit que par métaphore ; il ne faut pas prendre *à la lettre* ce qui ne se dit qu'en plaisantant.

776. **Littérature, érudition, savoir, science, doctrine.** *Littérature*, connaissance des belles-lettres ; *érudition*, profond savoir ; *savoir*, ce qui est acquis par l'étude ; *science*, savoir qu'on acquiert par la lecture et la méditation ; *doctrine*, connaissance de ce qu'enseigne une religion, une secte, un particulier, relativement à la croyance et aux mœurs.

EXERCICES (772, 773, 774, 775, 776.)

Beaucoup de rivières, dans les endroits où la vitesse de leur courant est ralentie par une cause quelconque, déposent une grande quantité de *limon*, particulièrement à leur embouchure. Les rues sont pleines de (.....). Le comédien, couché dans son carrosse, jette de la (....) au visage de Corneille, qui est à pied. Après des temps de pluie les fossés sont pleins de (......). Il y a des hommes qui vivent dans la (.....) des vices. On envoie les journaux sous (.....) par la poste. Il y a des (......) d'appui aux fenêtres. On mène les enfants à la

(.....). Il y a le (........) des saints. La (....) civile est votée par les Chambres. La (............) chimique a été changée. Les capitaines ont un (...) de leurs soldats. Nous devons entendre (..........) les passages de l'Écriture. On ne doit pas prendre les compliments (..........). La (.........) fait les gens lettrés; l'(........) fait les gens de lettres; le (......) fait les doctes; la (......) fait les savants; la (doc-....) fait les gens instruits.

---

777. **Livrer, délivrer.** *Livrer* n'exprime que la simple tradition d'une main à l'autre; *délivrer* exprime l'action de livrer dans les formes et en vertu d'une obligation. Vous *délivrez* la chose que vous devez *livrer*.

778. **Logique, dialectique.** La *logique* part des principes du raisonnement; la *dialectique* part de données incertaines, basées sur des raisonnements hypothétiques. La *logique* est une science certaine, nécessaire; la *dialectique*, un art conjectural.

779. **Logis, logement.** *Logis* désigne une retraite suffisante pour établir une demeure; *logement* annonce de plus une destination personnelle. Le maréchal-des-logis marque les *logis*; l'officier municipal distribue les *logements*.

770. **Loisir, oisiveté.** Le *loisir* est un temps dont on peut disposer; l'*oisiveté*, un temps d'inaction. L'*oisiveté* est l'abus du *loisir*.

781. **Longuement, longtemps.** *Longuement* désigne une action plus ou moins lente; *longtemps* désigne seulement une durée de temps.

782. **Lorsque, quand.** *Quand* marque la circonstance du temps; *lorsque*, celle de l'occasion. Il faut travailler *quand* on est jeune; il faut être docile *lorsqu'on* nous reprend.

783. **Louche, équivoque, amphibologique.** Toute phrase *louche* ou *équivoque* est par-là même *amphibologique*. Ce dernier terme comprend les deux premiers.

La disposition des mots qui semblent avoir un certain rapport quoiqu'ils en aient un autre, rend une phrase *équivoque*.

784. **Lourd, pesant.** *Lourd* regarde proprement ce qui charge le corps ; *pesant*, ce qui regarde l'esprit. Dans le sens propre, tout corps est *pesant* ; on n'appelle *lourds* que ceux qui ont une pesanteur considérable ou relative. Au figuré, *lourd* enchérit sur *pesant*. L'esprit *pesant* conçoit avec peine ; l'esprit *lourd* ne conçoit rien.

EXERCICES (777, 778, 779, 780, 781, 782, 783, 784).

L'or est le plus (.....) de tous les métaux. L'administration de toutes les affaires de l'État est un fardeau bien (......) pour un seul homme. Les oracles étaient presque toujours (............). Un habile négociateur sait parler ambigument, et se servir de tours de mots (..........), pour les interpréter ensuite selon les occasions. Tant que nous proportionnons nos besoins et nos désirs à la sphère de nos moyens et de nos facultés, nous pouvons vivre heureusement et (........). Avec une abondance d'idées on parle (........) ; avec une abondance de paroles on parle (..........). Le charme des doux (.....) est le fruit d'une vie laborieuse. L'(......) est aussi fatigante que le repos est doux. Les palais, les hôtels ont des appartements ; les maisons bourgeoises, des (........). Nous avons passé la nuit à la *Tête-Noire* ; c'est un mauvais (...). La (.......) nous apprend l'usage que nous devons faire de notre raison dans la recherche de la vérité. Chez les Grecs, la (.........) était ce qu'est pour nous la logique tout entière. Vous (.......) la chose que vous devez livrer.

---

785. **Loyal, franc.** Celui qui est *loyal* est plein de probité et d'honneur ; celui qui est *franc* est droit et ouvert.

786. **Lumière, lueur, clarté, éclat, splendeur.** La *lueur* est une *lumière* faible et légère ; la *clarté*

une lumière vive; l'*éclat*, une lumière brillante; la *splendeur*, le plus grand éclat de la lumière.

877. Luxe, faste, somptuosité, magnificence. Le *luxe* désigne une dépense excessive; le *faste*, une dépense d'apparat; la *somptuosité*, une dépense extraordinaire; la *magnificence*, une dépense dans le grand et dans le beau.

EXERCICES (785, 786, 787).

Rapportez-vous-en à l'homme (....), qui sera plutôt pour vous que pour lui. Une âme (......) et incapable de mauvaise foi a contre les vices des ressources qui manqueront toujours aux autres. Les hiboux fuient la (.....). Les végétaux dont les fleurs ont le moins d'(....) sont habités par les animaux dont les couleurs sont les plus brillantes. Il y a des esprits qui ont des éclairs, d'autres n'ont que des (.....). Les expériences portent à croire que la (......) de Sirius est vingt mille millions de fois moins forte que celle du soleil. La (........) des grands ajoute à notre propre misère le poids du bonheur des autres. L'amour du (....) éteint tout sentiment de bienveillance. Le cardinal de Richelieu anéantissait par son pouvoir et son (....) royal la majesté personnelle du roi. La cour est le séjour du (....) et de la mollesse. Le (....) est le précurseur de la misère. Les enfants de la gloire et de la (........) sont rarement les enfants de la sagesse et de la vertu. Ce qui est chez les grands splendeur, (.........), magnificence, est folie, dissipation, inertie dans les particuliers.

M

788. Mafflu, joufflu. *Mafflu*, qui a le visage plein et large; *joufflu*, qui a de grosses joues.

789. Maint, plusieurs. *Plusieurs* marque purement et simplement la pluralité; *maint* réduit la pluralité à une sorte d'unité, à une sorte de classe; il a le privilège de se répéter et d'exprimer par sa répétition un assez grand nombre. *Plusieurs* historiens; *maint* écrivain; *maint* et *maint* auteur.

790. Maintenir, soutenir. On *maintient* ce qu'il faut tenir pour qu'il subsiste; on *soutient* ce qui courrait risque de tomber. La puissance *soutient* les lois; les magistrats en *maintiennent* l'exécution.

791. Maintien, contenance. Le *maintien* est une marque d'égards; la *contenance*, une représentation qui impose. Il faut avoir de la *contenance* quand on est en exercice; il faut toujours avoir un *maintien* honnête et décent.

792. Maison, hôtel, palais, château. Les bourgeois occupent des *maisons*; les grands, des *hôtels*; les rois et les princes, des *palais*; les seigneurs, des *châteaux*.

793. Maison, logis. *Maison* marque l'édifice; *logis* fait entendre qu'on y a sa résidence. Une *maison* peut avoir plusieurs corps de *logis*.

794. Maison des champs, maison de campagne. Une *maison des champs* est une habitation avec verger, potager, basse-cour, écuries pour toute sorte de bétail, etc. Une *maison de campagne* est une habitation avec avenues, remises, jardins, parterre, bosquets, parc même, etc. La *maison de campagne* est pour l'agrément; la *maison des champs* est pour l'économie rurale.

EXERCICES (788, 789, 790, 791, 792, 793, 794).

Telle femme serait jolie, qui est trop (......). Il faut bien qu'il y ait (........) raisons d'ennui, quand tout le monde est d'accord pour *bâiller*. On met aux enfants des souliers à agrafes pour leur (.........) le pied. Le cou (.......) la tête et la réunit au corps. Tous les ordres de l'État contribuent au (........) du gouvernement. Vous rencontrez-vous en public avec un adversaire fougueux, le sang-froid est la meilleure (.........) à lui opposer. Les Kamtchadales se réfugient en hiver dans des maisons souterraines. J'ai loué un petit corps de (.....) sur le jardin. On rencontre aux environs de Paris un grand nombre de beaux (........). Le président de la Chambre des Députés est logé dans un grand (....). Les chagrins, les soucis habitent plus ordinairement les (.....) que les chaumières. Le surintendant Fouquet avait à St-Marcel une jolie (......) de plaisance.

---

795. Maladresse, malhabileté. *Maladresse* se dit, dans le sens propre, du peu d'aptitude aux exercices du corps; *malhabileté* ne se dit que du manque d'aptitude aux fonctions de l'esprit. Un joueur de billard est *maladroit*; un négociateur est *malhabile*. On peut dire aussi figurément un négociateur *maladroit*.

796. Malavisé, imprudent. Celui qui ne s'avise pas des choses dont il doit s'aviser est *malavisé*; celui qui ne voit pas aussi avant dans la chose, qu'il avait dû y voir, est *imprudent*. Le premier manque d'attention; le second de prévoyance.

797. Malcontent, mécontent. On est *malcontent* quand on n'est pas aussi satisfait que l'on avait droit de l'attendre; on est *mécontent* quand on n'a reçu aucune satisfaction. Le premier se dit du supérieur à l'égard de l'inférieur; le second, de l'inférieur à l'égard du supérieur. *Malcontent* exige toujours un complément; *mécontent* peut s'employer d'une manière absolue.

798. Malentendu, quiproquo. Un *malentendu* vient de ce que l'on a mal compris; un *quiproquo*, de ce qu'on a pris une chose pour une autre.

799. Malfaisant, nuisible, pernicieux. La nature du premier est de faire le mal; le second peut n'être pas *malfaisant* de sa nature, mais le devenir en certains cas; ce qui est *pernicieux* mène nécessairement à la perte, à la ruine.

800. Malfamé, diffamé. Un homme est *malfamé* lorsqu'il court des bruits injurieux à sa réputation, bruits assez bien fondés, mais sans les preuves légales qui constatent et consomment la diffamation. Un homme est *diffamé* lorsqu'un éclat déshonorant ou une suite d'actions infâmes l'ont perdu de réputation aux yeux de tout le monde.

EXERCICES (795, 796, 797, 798, 799, 800).

Il y a (..........) et défaut de générosité lorsqu'on n'accorde pas la grâce à un ennemi qui la demande. A dire tout ce qu'on pense sans savoir devant qui on parle, on est fort (..........). Les femmes sont bien (..........) de se fier aux discours des hommes. Un prince peut être (..........) des services de ses sujets ; un père, de l'application de son fils ; un maître, des progrès de son élève. L'homme se montre si (..........) de son sort, qu'il semblerait devoir moins regretter la vie. Les (..........) ont fait plus de mal au monde que les tremblements de terre. Les (..........) d'apothicaire sont très-dangereux. C'est l'instinct de tous les animaux, dès que le péril les occupe, de cesser d'être (..........). Tout excès est (..........). Les choses qui nous paraissent les plus (..........) sont souvent des effets de la Providence. Dans l'ancien Paris, certaines rues étaient des lieux (..........). On évite la société ou l'alliance de l'homme (..........) ; on rougirait d'avoir le moindre rapport avec l'homme (..........).

---

801. **Malheur, accident, désastre.** Le *malheur* s'applique aux événements ; l'*accident* regarde la personne ; le *désastre* annonce quelque chose de plus général. Perdre son argent ou son ami est un *malheur* ; tomber est un *accident* ; se voir ruiné est un *désastre*.

802. **Malheureux, misérable.** On est *malheureux* à cause d'accidents imprévus et fâcheux ; on est *misérable* quand on est réduit à un état digne de compassion. On peut être *malheureux* au jeu ; mais la passion du jeu rend *misérable*.

803. **Malice, malignité, méchanceté.** Le propre de la *malice* est l'adresse et la finesse ; le propre de la *malignité*, la dissimulation et la profondeur ; le propre de la *méchanceté*, l'audace et l'atrocité.

804. **Malin, mauvais, méchant, malicieux.**

Le *malin* est rusé; le *mauvais* et le *méchant* cherchent à nuire; le *malicieux* a l'esprit tourné à la plaisanterie; les tours qu'il joue ne sont que pour rire.

805. Mal parler, parler mal. C'est *mal parler* que de dire des choses offensantes; c'est *parler mal* que d'employer des expressions qui sont contre l'usage ou contre la grammaire.

806. Maltraiter, traiter mal. *Maltraiter* signifie faire outrage à quelqu'un; *traiter mal*, c'est ou faire faire mauvaise chère ou en mal user. L'homme violent *maltraite*; l'avare *traite mal*.

807. Maniaque, lunatique, furieux. Le *maniaque* est possédé de manie; le *lunatique*, de caprices bizarres qui se multiplient dans certains temps; le *furieux* est agité, par moments, de transports qui obligent à l'enchaîner.

EXERCICES (801, 802, 803, 804, 805, 806, 807).

De quatre cents épileptiques que nous avons à la Salpêtrière, cinquante au moins sont (.........). Les Latins appelaient (........) celui qui n'avait que des accès périodiques de folie. Il y a des (.. ...) qui n'ont que des accès violents d'une fièvre chaude. Nicole craignait tellement les (........) imprévus, qu'il n'osait sortir de sa chambre dans la crainte d'en être la victime. La peste, la famine, les incendies, aucun (.......) n'accable un peuple de tant de misères que l'esclavage. Le (.......) est moins difficile à supporter que l'extrême bonheur; l'un nous fortifie, et l'autre nous énerve. On oublie aisément les (..........) quand on est dans la prospérité. Les Scythes, le plus (........) de tous les peuples, ont résisté aux plus puissants monarques de l'univers. Le Français, né (.....), créa le vaudeville. La malice, chez nous, est la mère de la chanson, et la chanson a été pendant je ne sais combien de temps la seule consolation de nos aïeux. Quand on ne peut satisfaire sa vanité en se faisant grand, on tâche de satisfaire sa (........) en rabaissant ceux qui le sont. On ne saurait mieux définir la (........) qu'en l'appelant une difformité naturelle du cœur. Dieu fait luire son soleil sur les bons et sur les (.. ....). Les hommes sont quelquefois plus (........) que les femmes, mais les femmes sont toujours plus (..........) que les hommes. *Mal parler* tombe sur les choses que l'on dit, et *parler mal*, sur la manière de les dire : le premier est contre la morale, le second contre la grammaire. Un homme violent et grossier (........) ceux qui ont affaire à lui ; un homme avare et mesquin (........) ceux qu'il est forcé d'inviter à manger.

808. **Manifeste, notoire, public.** La chose *manifeste* n'est plus cachée ; la chose *notoire* n'est plus incertaine ; la chose *publique* n'est plus secrète.

809. **Manigance, machination, manége.** La *manigance* est un emploi de petites manœuvres cachées et artificieuses pour parvenir à quelque fin ; la *machination* est l'action de concerter et de conduire sourdement des artifices odieux qui tendent à une mauvaise fin ; le *manége* est une conduite adroite avec laquelle on manie, on ménage si bien les esprits et les choses, qu'on les amène insensiblement à ses fins.

810. **Manœuvre, manouvrier.** Le *manœuvre* sert ceux qui font l'ouvrage ; le *manouvrier* travaille pour ceux qui ordonnent ou entreprennent l'ouvrage.

811. **Manque, défaut, faute, manquement.** Le *manque* est ce dont il s'en faut pour qu'une chose soit entière ; le *défaut* est l'absence de la chose ; le *manquement* est une faute, tantôt d'omission, tantôt de ce qui n'est pas permis ; par la *faute*, on fait mal ; par e *manquement*, on n'observe pas la règle.

812. **Mansuétude, douceur, bonté.** La *mansuétude* se donne par l'éducation ou la religion ; la *douceur* est dans le caractère ou dans l'esprit ; la *bonté* est une qualité du cœur.

813. **Marchandise, denrée.** Les *marchandises* sont les matières premières manufacturées ; les *denrées* sont les productions de la terre qui servent à notre subsistance.

814. Mari, époux. *Mari* désigne la qualité physique; *époux*, l'engagement social. *Époux* est du haut style, *mari* est plus familier.

EXERCICES (808, 809, 810, 811, 812, 813, 814).

Lorsque le voleur était surpris avec la chose volée, avant qu'il l'eût portée dans le lieu où il avait résolu de la cacher, cela était appelé, chez les Romains, vol (........). La guerre dite du bien (... .) fut une des guerres civiles sous Louis XI. A la cour, ramper, flatter, demander, c'est tout le (......) des subalternes. Compiler est un ouvrage de (.........). Quelques talents que l'on ait, le (.......) de politesse détruit l'estime. Le trop d'attention à observer les (......) d'autrui fait qu'on meurt avant d'avoir eu le temps de connaître les siens. Les plus expérimentés dans les affaires font des fautes capitales. Le propre de la (.....) est de se faire aimer. Les yeux noirs ont plus de force d'expression et plus de vivacité, mais il y a plus de (......) dans les yeux bleus. La (..........) est une vertu chrétienne. Les (......) nécessaires à la consommation des hommes ne peuvent être saisies pour aucune créance, même pour celle de l'État. Les grains, les fruits, les métaux, les étoffes, les meubles, en un mot toutes les productions de la nature et de l'industrie des hommes deviennent des (............) lorsqu'elles entrent dans le commerce. Le (....) doit protection à la femme, la femme obéissance à son mari. Quiconque est bon fils doit être bon (.....). Perdre un (.....), une (......) est un si grand malheur qu'on ne doit pas s'y exposer deux fois.

---

815. Marquer, indiquer, désigner. *Marquer*, c'est distinguer un objet par des caractères particuliers; *indiquer*, c'est donner des lumières, des renseignements sur un objet qu'on ignore et qu'on cherche; *désigner*, c'est enseigner ou annoncer la chose cachée par le rapport de certaines figures avec elle. Le cadran *marque* les heures; une *carte indique* votre chemin; le signalement *désigne* la personne.

816. Marri, fâché, repentant. *Marri* est affecté au style religieux et au style satirique ; *fâché* exprime un déplaisir quelconque, un mécontentement léger et passager ; *repentant* suppose des remords. L'homme *marri* de ses fautes les pleure ; l'homme *fâché* de ses fautes les déteste ; l'homme *repentant* de ses fautes les abjure.

817. Massacre, carnage, boucherie, tuerie. L'atrocité ordonne le *massacre* ; la soif du sang commande le *carnage* ; l'impitoyable cruauté fait une *boucherie* ; le choc tumultueux des combattants fait une *tuerie*.

818. Mater, mortifier, macérer. On *macère* des plantes en les faisant tremper dans un liquide ; on *mate* des animaux en s'opposant à l'exercice de leurs habitudes naturelles ; on *mortifie* des corps, et particulièrement des viandes et des chairs, en amortissant le tissu de leurs parties pour les amollir ou les attendrir. *Macérer* ne s'emploie au figuré qu'en style de dévotion.

819. Matière, sujet. La *matière* est ce qu'on emploie dans le travail ; le *sujet*, ce sur quoi l'on travaille. La *matière* d'un discours consiste dans les mots, les phrases et les pensées ; le *sujet* est ce qu'on explique par ces mots, en phrases et en pensées.

EXERCICES (815, 816, 817, 818, 819).

Plus on voit de livres sur une (......), plus on peut juger que l'on n'y connaît rien. Il faut posséder toute la (......) pour bien traiter le plus petit (....). Tout tient à tout. Les vérités de l'Évangile sont la (......) du sermon ; un sermon a pour (....) quelqu'une de ces vérités. Les dévots (......) leur chair par les jeûnes et les austérités, par les haires et les disciplines. Il faut se (........) pour l'amour de Dieu. L'Europe fut un champ de (........) et d'horreur. Relever son parti vaincu, c'est faire recommencer les (......). Les lions, les tigres, les loups vivent de (.......). Ces malheureux ne pouvaient se défendre, on en fit une horrible (........). On n'est pas (.....) de voir un méchant renversé dans la boue, mais il ne faut pas l'y tourner et retourner pendant des heures entières. La fraîcheur du teint (......) la santé. On doit

.......) le linge de ménage afin qu'il ne se perde ou ne s'égare pas lorsqu'on le donne à blanchir. Le baromètre doit (.......) toutes les variations de l'atmosphère. On doit être bien (......) d'avoir offensé Dieu. Faible, passionnée, orgueilleuse de sa figure, et (........) de sa vie, on aime Marie Stuart, et on la blâme.

---

820. **Matinal, matineux.** Celui qui se lève matin est *matinal*; celui qui en a l'habitude est *matineux*.

821. **Mécontents, malintentionnés.** Les *mécontents* ne sont pas satisfaits du gouvernement; les *malintentionnés* ne sont pas satisfaits de leur situation et ils pensent à s'en procurer une meilleure.

822. **Méfiance, défiance.** La *méfiance* est une crainte habituelle d'être trompé; la *défiance*, un doute sur les bonnes qualités des hommes ou des choses.

823. **Se méfier, se défier.** *Se méfier* dit moins que *se défier*: cet homme ne me paraît pas franc, je m'en *méfie*; cet autre est un fourbe avéré, je m'en *défie*.

824. **Mêler, mélanger, mixtionner.** *Mêler*, c'est mettre ensemble toute espèce de choses; *mélanger*, c'est assembler, assortir des choses qui doivent se convenir; *mixtionner*, c'est mélanger, fondre des drogues dans des liqueurs pour les y incorporer. On *mêle* l'eau et le vin on *mélange* les couleurs; on *mixtionne* des substances.

EXERCICES (820, 821, 822, 823, 824).

Les coqs ont beau chanter matin, je suis plus (.........) encore. Quelle que soit la justice du souverain, il fera toujours des (.........). Il est rare que les (............) soient excusables, parce que leur mauvaise intention est criminelle en soi. La (.......) mutuelle des fripons est un avis aux honnêtes gens. La moindre inquiétude du négociant le conduit à la (......). On se (.....) du caractère et des intentions d'un homme; on (.......) de son esprit et de ses talents. Vous (.....) le vin avec l'eau pour le boire; vous (........) différentes sortes de vins pour corriger ou améliorer l'un par l'autre et en faire un autre vin; vous (..........) le vin que vous frelatez avec des drogues.

---

825. Mémoire, souvenir, ressouvenir, réminiscence. La *mémoire* et le *souvenir* expriment une attention libre de l'esprit et des idées qu'il n'a point oubliées; le *ressouvenir* et la *réminiscence* expriment une attention fortuite à des idées entièrement oubliées. On se rappelle la *mémoire* ou le *souvenir* des choses quand on veut; on a le *ressouvenir* ou la *réminiscence* des choses quand on peut.

826. Ménage, ménagement, épargne. On se sert du mot *ménage* en fait de dépense ordinaire; du mot *ménagement* dans la conduite des affaires; du mot *épargne* à l'égard des revenus.

827. Mensonge, menterie. Le *mensonge* est une fausseté méditée, composée de manière à séduire, à abuser; la *menterie* est une simple fausseté avancée dans l'intention de tromper. Le fourbe dit des *mensonges*; le bavard, des *menteries*.

828. Menu, délié, mince. *Menu* a rapport à la grosseur dont un objet manque, et quelquefois à la grandeur en tous sens; *délié* n'est opposé qu'à la grosseur; *mince* ne se dit que de ce qui manque d'épaisseur.

829. Merci, miséricorde. La volonté reçoit à *merci*; le cœur tendre fait *miséricorde*. On est à la *merci* des bêtes fauves, comme des hommes; la *miséricorde* n'appartient qu'aux êtres sensibles.

EXERCICES (825, 826, 827, 828, 829).

L'infidèle (.......) trace au crayon les bienfaits et burine les injures. Le (.......) des injures dure plus que celui des bienfaits. Les Perses avaient le (..........) orgueilleux de leurs conquêtes passées. Les platoniciens croyaient que toutes les connaissances que nous acquérons ne sont que des \ . . . .) de ce que nous avons su avant la naissance. On travaille parce qu'on doit laisser à ses enfants ou à ceux qu'on aime le fruit de ses sueurs et de ses (. . . . .). Les (. . . . .) nous empêchent de choquer ou de faire de la peine. Le vice et la vertu, le mensonge et la vérité, l'égoïsme et la bonté font mauvais (. . . . . .). Par des (. . . . .) on se rend odieux, et par des (. . . . .), méprisable. La cloison du nez doit être (. . . . .) et les lèvres (. . . . . .). L'esprit de Jésus est un esprit de paix, de (. . . . .) et d'amour.

---

830. **Mériter, être digne.** On *mérite* par ses actions, par ses services ; on *est digne* par ses qualités, par sa supériorité. Le *mérite* donne une sorte de droit ; la *dignité* donne un titre. *Mériter, être digne* se prennent en bonne ou en mauvaise part.

831. **Mésaise, malaise.** *Mésaise* exprime la simple privation d'aise ou de bien-être ; *malaise*, un mal positif, ennemi de l'aise ou du bien-être.

832. **Mésuser, abuser.** On *mésuse* de la chose qu'on emploie mal ; on *abuse* de la chose qu'on emploie à faire du mal. Une mauvaise tête *mésuse* des bienfaits ; un mauvais cœur en *abuse*.

833. **Métal, métail.** *Métal* indique un pur minéral ; *métail*, une composition de métaux. L'or est un *métal* ; le similor, un *métail*.

834. **Métamorphose, transformation.** *Métamorphose* exprime un changement de forme ; *transformation* désigne d'autres changements. La *métamorphose* emporte toujours une idée de merveilleux ; la *transformation*, plus simple et plus facile, s'arrête aux apparences et aux manières.

EXERCICES (830, 831, 832, 833, 834).

Cyrus, Alexandre et César ont (. . . . . .) l'amitié et l'estime de tous les siècles. Si vous n'êtes Romain, soyez (. . . . .) de l'être. Fuyez provisoirement les jeux près desquels vous éprouverez du (......); à l'examen vous reconnaîtrez presque toujours que vous avez bien fait. La fortune, moins folle que l'on ne pense, retire presque toujours les bienfaits à ceux qui en (.......). Le bien est dans la nature des choses, le mal dans la nature de l'homme qui (.....) des choses. La corruption des hommes (.....) de tout. Les (......), en général, sont les meilleurs conducteurs de l'électricité, et c'est à la faveur de cette propriété que le grand physicien et philosophe Franklin est parvenu à ravir la foudre au ciel. Le tombac est un (......). L'an dernier, vous étiez léger et inconséquent; aujourd'hui vous êtes prudent et discret; quelle heureuse (............)! Quelle merveille que la (............) d'une chenille en papillon !

---

835. **Mettre, poser, placer.** *Mettre* a un sens plus général que *poser* et *placer*. *Poser*, c'est mettre avec justesse ; *placer*, c'est mettre avec ordre. On *met* des colonnes pour soutenir un édifice ; on les *pose* sur des bases ; on les *place* avec symétrie.

836. **Mignon, mignard, gentil, joli.** *Mignon* se dit de tous les agréments propres à la petitesse ; *mignard* d'un certain mélange de gentillesse et d'afféterie ; *gentil*, de tout ce qui est léger, délicat, gracieux ; *joli*, de ce qui plaît plus par sa gentillesse que par sa beauté. Un pied *mignon* ; un sourire *mignard* ; un *gentil* garçon ; une *jolie* fille.

837. **Minutie, babiole, bagatelle, gentillesse, vétille, misère.** *Minutie* désigne le peu de conséquence d'une chose qu'on néglige ; *babiole*, la puérilité d'une chose qui ne convient qu'à des enfants ; *bagatelle*, le peu de valeur d'une chose dont on ne fait pas cas ; *gentillesse*, la légèreté d'une chose qui n'a que les mérites de l'agrément ; *vétille*, la futilité d'une chose dont on ne doit pas s'embarrasser ; *misère*, la nullité d'une chose qu'on compte pour rien.

838. **Mirer, viser.** *Mirer* n'exprime que l'action de considérer le but ; *viser*, celle de diriger le coup vers le but.

Mirer ne se dit qu'au propre ; *viser* s'emploie souvent au figuré. Un canonnier *mire* une tour et *vise* à l'abattre.

839. **Moment, instant.** *Moment* se prend quelquefois pour le temps en général, et il est d'usage dans le sens figuré ; *instant* marque la plus petite durée du temps, et n'est jamais employé que dans le sens littéral. Demander un *moment* d'audience ; avoir un *instant* de bonheur.

EXERCICES (835, 836, 837, 838, 839).

Tous les (......) sont chers à qui connaît le prix du temps. Il ne faut souvent qu'un (......) pour changer la face entière des choses qu'on croyait le mieux établies. Après avoir bien (.....), on n'approche pas seulement du but. En (.....) trop à l'effet dans les arts, on tombe dans l'exagération. Les (......) plaisent surtout aux femmes et aux enfants. L'homme est si vain et si léger, que la moindre (........) suffit pour le divertir. Le goût en (......) annonce la petitesse du génie ou la bassesse de l'âme. Se retirer des affaires avec cinquante mille livres de rente, c'est une (......). Tibulle est celui des écrivains du siècle d'Auguste qui a (...) dans ses vers le plus d'élégance et de charme. L'homme d'État doit (.....) son cœur dans sa tête. Le sage couronne de fleurs ses cheveux blancs, et la pudeur les (....) sur son sein. Dieu nous a tous (......) ici-bas pour travailler et pour nous servir les uns les autres. La bécassine de Madagascar est très (....). On n'aime pas moins pour être moins (....).

---

840. **Monde, univers.** *Monde* ne renferme que l'idée d'un être seul, quoique général ; *univers* renferme l'idée de plusieurs êtres, ou plutôt celle de tout ce qui existe. Le premier se prend dans un sens particulier : l'ancien et le nouveau *Monde*. Le second se prend toujours à la lettre et dans un sens qui n'excepte rien. Le soleil échauffe tout le *monde*, il est le foyer de l'*univers*.

841. **Le grand monde, le beau monde.** Le *grand monde* est la première classe de la société ; le *beau monde*, l'élite du monde poli.

842. **Mont, montagne.** *Montagne* est un terme générique; le *mont*, un terme spécifique. Les *montagnes* d'Auvergne; le *mont* Valérien.

843. **Moquerie, plaisanterie, raillerie.** La *moquerie* vient du mépris; la *plaisanterie* est un badinage fin et délicat, dont l'effet est de réjouir; la *raillerie* désapprouve avec ironie. La *moquerie* se prend en mauvaise part; la *raillerie* en bonne ou mauvaise part; la *plaisanterie*, en bonne part.

844. **Mot, parole.** La *parole* exprime la pensée; le *mot* représente l'idée qui sert à former la pensée.

845. **Mot, terme, expression.** Le *mot* est de la langue; le *terme* est du sujet; l'*expression* est de la pensée. La pureté du langage dépend des *mots*; sa précision, des *termes*; son brillant, sa justesse, des *expressions*.

CORRIGÉ DES EXERCICES (840, 841, 842, 843, 844, 845).

L'Écriture nous dit que Dieu créa le (.....) en six jours. La femme est le chef-d'œuvre de l'(.......). Le (..........) est un grand tourbillon qu'il faut voir de loin pour ne pas en être froissé ou foulé. Le (..........) est un cercle qu'il faut voir quelquefois pour se polir et s'urbaniser. Le serval est originaire des (.........) de l'Inde. L'Espagne est coupée par des (.........). L'aigle abat sur les (.....) son vol audacieux. La (........) est une arme offensive qu'on ne voit jamais dans la main d'un homme bien né, délicat et poli. La (..........) est une arme à deux pointes et à deux tranchants. La (.......), qui fait une partie des amusements de la conversation, est difficile à manier. Le peuple prend les (....) pour les choses. Le mauvais emploi des (....) cause autant d'erreurs que l'ignorance. Jésus-Christ a rendu la vue aux aveugles, la (.....) aux muets. C'est abuser des (......) que de dire que les végétaux dorment la nuit. La véritable éloquence est une (.........) de l'âme. L'harmonie du discours dépend surtout du choix et de l'assortiment des (*mots*); le mérite principal du style dépend du choix et de l'ensemble des (.....).

846. **Mou, indolent.** Un homme *mou* ne soutient pas ses entreprises ; un *indolent* ne veut rien entreprendre. Le premier manque de courage et de fermeté ; le second, de volonté et d'émulation.

847. **Mur, muraille.** Le *mur* est susceptible de différentes dimensions ; la *muraille* est un *mur* étendu dans ses différentes dimensions. Les *murs* d'une maison ; les *murailles* d'une ville. Le *mur* sépare ; la *muraille* fortifie.

848. **Mutation, changement, révolution.** La *mutation* est une succession d'objets ; le *changement*, une altération ; la *révolution*, une décomposition totale.

849. **Mutuel, réciproque.** *Mutuel* désigne l'échange ; *réciproque*, le retour. Le premier exprime l'action de donner et de recevoir de part et d'autre ; le second, l'action de rendre, selon qu'on reçoit.

EXERCICES (846, 847, 848, 849).

Les Chinois sont des peuples (....) et efféminés. Les esprits (........) ne peuvent rien étudier sérieusement. il y a encore dans différents pays des vestiges de (....) construits pour arrêter des incursions de barbares. Les (........) de Babylone, construites par Sémiramis, étaient placées au rang des sept merveilles du monde. A chaque (........) de propriétaire foncier, il est dû un droit d'enregistrement. Tel deuil n'est rien qu'un (..........) d'habits. Il se peut que notre globe ait éprouvé autant de (..........) que les États ont éprouvé de (..........). Les amitiés qui ne sont pas (..........) ne peuvent être durables. Après une (..........), il n'y a de salut pour tous les partis que dans un (......) pardon.

N

850. **Nabot, ragot, trapu.** Le *nabot* est gros et court ; la laideur, la difformité le changent en *ragot*. L'homme *trapu* est court et ramassé, vigoureux et robuste.

851. **Naïf, naturel.** Ce qui est *naïf* naît du sujet, et en sort sans effort ; ce qui est *naturel* appartient au sujet, mais il n'éclôt que par la réflexion. Une réponse simple et *naïve* ; des besoins, des sentiments *naturels*.

852. **Une naïveté, la naïveté.** Ce qu'on appelle *une naïveté* est une pensée, un trait d'imagination, un sentiment qui nous échappe malgré nous, et qui peut quelquefois nous faire tort à nous-mêmes ; *la naïveté* est une simplicité naturelle et gracieuse avec laquelle une chose est exprimée ou représentée, selon la vérité ou la ressemblance.

853. **Naïveté, candeur, ingénuité.** L'*ingénuité* peut être une suite de la sottise, quand elle n'est pas l'effet de l'inexpérience ; la *naïveté* n'est souvent que l'ignorance des choses de convention, faciles à apprendre, et bonnes à dédaigner ; la *candeur* est la première marque d'une belle âme.

854. **Narrer, raconter, conter.** On *conte* pour récréer la société ; on *raconte* avec exactitude pour expliquer les faits ; on *narre* avec art pour attacher, intéresser les auditeurs.

855. **Nation, peuple.** *Nation* comprend les naturels du pays ; *peuple*, tous les habitants. Dans plusieurs pays, la *nation* est le tout, et le *peuple*, la partie. Souvent ces deux mots s'emploient l'un pour l'autre dans un sens analogue.

EXERCICES (850, 851, 852, 853, 854, 855).

La médiocrité s'entoure de (......) pour se grandir. C'était un petit (.....), grassouillet et rond comme une boule. Toute pensée (.....) est naturelle ; mais toute pensée naturelle n'est pas (.....). Amyot, Montaigne et Marot ne soupçonnaient probablement pas que la postérité les appellerait (....). Ceux qui s'aiment sont exposés à mourir deux fois, de la mort (........) et de l'absence. Les sciences (.........) ont tué la superstition. La (.......) de Marot, de Montaigne et de quelques autres écrivains est une grâce ; chez d'autres, c'est la très-proche voisine de la bêtise. Une (......) ne convient qu'à un sot, qui parle sans être sûr de ce qu'il dit. La (.. ..) ne peut appartenir qu'aux grands génies, aux vrais talents, aux hommes supérieurs. Si à la candeur se joint une innocence peu éclairée, qui croit que tout ce qui est naturel est bien, c'est l'(........). La (......) est le plus bel ornement des femmes. Une des marques de la médiocrité d'esprit est de toujours (.....). Madame de Sévigné (.....) autrement que Mascaron la mort du grand Turenne. L'histoire (......) les faiblesses comme les vertus. Les mœurs d'une (......) sont plus sacrées au peuple que ses lois. La (......) est le corps des citoyens; le (.....) est l'ensemble des régnicoles. La (.....) se divise en plusieurs ordres, et le (......) en est le dernier. De tous les (......) du monde, le plus fier et le plus hardi, le plus avisé, le plus laborieux, a été le peuple romain.

856. **Naturel, tempérament, constitution, complexion.** Le *naturel* est l'assemblage des qualités naturelles; le *tempérament*, le mélange des humeurs; la *constitution*, le système entier des parties constitutives du corps; la *complexion*, l'ensemble des habitudes que le corps a contractées.

857. **Nautonnier, nocher, pilote.** Le *nautonnier* travaille à la manœuvre; le *pilote* tient le gouvernail; le *nocher* est comme le capitaine-propriétaire.

858. **Nef, navire.** *Nef* est un terme poétique qui marque quelque chose d'élevé, de construit sur l'eau; *navire* désigne tous les grands bâtiments ou les vaisseaux. Le *navire* est la *nef* qui va.

859. **Nègre, noir.** Le *nègre* est proprement l'homme d'un tel pays; le *noir*, l'homme d'une telle couleur. Vous opposez les *noirs* aux blancs, et des *nègres* vous faites une sorte de bétail.

860. **Néologie, néologisme.** La *néologie* est un art, le *néologisme* en est l'abus.

861. **Net, propre.** Une chose est *propre* quand elle est *nette* et arrangée comme il convient.

EXERCICES (856, 857, 858, 859, 860, 861).

C'est le (......) du feu de tendre en haut. Le (.......) de l'homme est d'être sociable. C'est le (......) du poisson de vivre dans l'eau, de l'oiseau de s'élever dans l'air. Pour délivrer de toutes les maladies un homme d'une faible (.........)', il faudrait lui faire un tempérament nouveau. Outre la constitution commune, chacun apporte en naissant un (............) particulier qui détermine son génie et son caractère. Les médecins distinguent quatre (............) générales, selon que l'une des quatre humeurs prédomine. La (...) de Saint-Pierre a résisté à tous les orages et à toutes les tempêtes. Les bateaux à vapeur ont remplacé les (......) à voiles. Les Portugais des côtes d'Afrique, qui ne sont pas alliés au sang éthiopien, ne deviennent pas (.....). Le (.....) passe sa vie avec sa négresse et ses négrillons. L'Evangile ne fait aucune distinction des blancs et des (....) dans ses préceptes de charité. La (.......) a ses lois et ses règles : la première de ces lois est de n'ajouter à la langue que ce qui lui manque ; la première de ces règles est de suivre, dans la formation des mots, le génie, l'analogie et les formes propres de la langue. Des mots vains et superflus, qui ne font que surcharger la langue d'une abondance stérile ; des mots et des expressions baroques et bizarres qui réveillent l'idée du barbarisme, sont du (.........) tout pur. On dit d'un gros mangeur qui ne laisse rien dans les plats, qu'il fait les plats (...) ; mais ces plats-là ne sont pourtant pas (......), il faut les laver pour qu'on y mange.

---

862. **Neuf, nouveau, récent.** Ce qui n'a point servi est *neuf* ; ce qui n'avait pas encore paru est *nouveau* ; ce qui vient d'arriver est *récent*. Un habit *neuf* ; une mode *nouvelle* ; un fait *récent*.

863. **Nippes, hardes.** *Nippes* indique également des habits et des meubles portatifs ; *hardes* n'indique que des habillements.

864. Noircir, dénigrer. Celui qui vous *dénigre* veut vous nuire; il attaque votre réputation, il ravale votre mérite. Celui qui vous *noircit*, veut vous perdre; il attaque votre honneur, il vous perd de réputation. Le calomniateur *noircit*, le détracteur *dénigre*. On *dénigre* un ouvrage, une marchandise, mais on ne les *noircit* pas. On *dénigre* et l'on *noircit* un auteur.

865. Noise, querelle, rixe. Les gens pétulants et emportés sont sujets aux *querelles*; les personnes aigres, acariâtres, sont sujettes aux *noises*; le peuple brutal et grossier est sujet aux *rixes*.

866. Nom, renom, renommée. Le *nom* annonce une sorte de célébrité; le *renom* s'applique à la réputation; la *renommée* est au-dessus de l'une et de l'autre. Sans épithètes, ces trois synonymes se prennent ordinairement en bonne part; mais le mot *nom* ne se dit guère que dans le genre noble, tandis qu'on dit d'un artisan qu'il a du *renom*, qu'il a le *renom* ou la réputation d'être bon ouvrier. La *renommée* ne se dit que de ce qui est grand et noble.

867. Nommer, appeler. On *nomme* pour distinguer dans le discours; on *appelle* pour faire venir au besoin. Dans un autre sens, *nommer* a rapport au nom de la personne, et *appeler* à quelque qualification distincte. Vous *nommez* Tibère, et vous l'*appelez* monstre.

EXERCICES (862, 863, 864, 865, 866, 867).

Une pensée est (.....) par le tour qu'on lui donne; (......), par le sens qu'elle exprime; (......), par le temps de sa production. Celui qui n'a pas encore l'expérience et l'usage du monde, est un homme (....). Celui qui ne commence que d'y entrer, ou qui est le premier de son nom, est un homme (......). On est moins touché des anciennes histoires que des (......). A la Chine, une femme n'apporte pour dot que ses habits de noces, quelques (......) et les meubles dont son père lui a fait présent. Quand on n'a pas d'argent, on peut engager ses (.....) au Mont-de-Piété. Les savants se (......) quelquefois les uns les autres : Fréron a constamment (......) tous les talents supérieurs, et exalté ce qu'il y avait de plus mauvais en auteurs. La calomnie peut (......) l'homme le plus innocent, la conduite la plus pure. De petite chose vient souvent grande (....). En Corse, il y a des (.......) héréditaires. Il y a de grandes (....) entre les paysans. Le jeu engendre toujours des (....). Avec un mérite brillant et les circonstances, on se fait un (...). Des qualités et des succès qui éblouissent et flattent la faveur populaire, dépend le (.....). Aux places élevées, aux talents sublimes, aux qualités transcendantes, à ce qui produit de profondes impressions et de grands effets, s'attache la (.........). Vous (.......) Louis XII, et vous l'(......) le père du peuple. Vous (.......) Bayard ou du Terrail, et vous l'(......) le chevalier sans peur et sans reproche.

---

868. **Nonne, nonnette, nonnain.** *Nonne* exprime l'état ou la qualité de la personne; *nonnette* est un diminutif qui exprime la jeunesse, ou quelque chose de tendre ou de fin; *nonnain* exprime un rapport particulier de la *nonne* avec son ordre. Tous ces mots sont du style badin.

869. **Notes, remarques, observations, considérations, réflexions.** Les notes disent quelque chose de court et de précis; les *remarques* annoncent un choix et une distinction; les *observations* désignent quelque chose de critique et de recherché. Les *réflexions* expriment seulement quelque chose d'ajouté aux pensées de l'auteur. Les *considérations* servent à développer avec plus ou moins d'étendue la raison des choses.

870. **Notifier, signifier.** On *notifie* des ordres, de manière à ne laisser que la ressource de l'obéissance; on *signifie* ses intentions, de manière à ne pas laisser l'excuse de l'ignorance.

871. **Nourrir, alimenter, sustenter.** *Nourrir*, c'est fournir à la subsistance des corps vivants les aliments qui se transforment en cette substance; *alimenter*, c'est pourvoir à ce qu'ils aient toujours des aliments; *sustenter*, c'est pourvoir à ce qui est nécessaire pour vivre. La mère

DES SYNONYMES.

nourrit ses enfants; un pourvoyeur *alimente* des soldats; la charité *sustente* l'indigent.

872. **Nourrissant, nutritif, nourricier.** *Nourrissant*, qui nourrit beaucoup; *nutritif*, qui a la faculté de nourrir, de se conserver en la substance de l'objet; *nourricier*, qui opère la nutrition, qui se répand dans le corps pour en augmenter la substance. Les mets *nourrissants* abondent en parties *nutritives*, dont l'estomac extrait une grande quantité de sucs *nourriciers*.

EXERCICES (868, 869, 870, 871, 872).

Les (....) servent proprement à éclaircir ou expliquer un texte; les (.........), à relever dans un ouvrage ou dans un sujet ce qui arrête ou mérite particulièrement l'attention; les (..........), à découvrir par un nouvel examen des choses nouvelles, et à conduire par de nouveaux développements, ou d'un ouvrage ou d'un sujet, à des résultats du moins plus certains; les (...........), à développer avec étendue les différents rapports d'un objet intéressant et la raison des choses, en présentant l'objet distinct sous ses différentes faces; les (.........), à creuser les idées ou à tirer de nouvelles pensées du fond des choses. On fit (......) aux ambassadeurs que la paix était conclue. Je lui ai (......) que je ne voulais pas mettre le pied chez lui. Les provinces (.........) Paris. Les enfants sont obligés de (......) leur père et leur mère dans le besoin. Le consommé est très-(..........). Les artères (..........) s'enfoncent dans les trous des os longs pour les sustenter. Le pain, la viande, les légumes contiennent beaucoup de parties (........). La lecture (.......) l'esprit. La lecture de l'Ecriture sainte est plus propre qu'aucune autre à (........) l'âme.

---

873. **Nue, nuée, nuage.** *Nue* marque plus particulièrement les vapeurs les plus élevées; *nuée* désigne une grande quantité de vapeurs étendues dans l'air et promettant de l'orage; *nuage* indique un amas de vapeurs fort condensées. *Nue* fait penser à l'élévation; *nuée*, à la quantité et à l'orage; *nuage*, à l'obscurité. On dit figurément: tomber des *nues*, une *nuée* d'oiseaux, un *nuage* de poussière.

874. **Nuer, nuancer.** *Nuer* exprime l'art ou l'action de distribuer les couleurs sur un fond ; *nuancer* exprime l'action d'observer ou d'employer leurs nuances.

875. **Nul, aucun.** *Nul* est purement négatif ; *aucun* ou quelqu'un ne sont synonymes qu'avec une négation. L'homme grossier n'a *nul* égard pour personne ; l'homme honnête peut n'avoir *aucun* égard pour tel individu qui n'en mérite pas.

876. **Numéral, numérique.** *Numéral* signifie ce qui dénomme un nombre ; *numérique*, ce qui a rapport aux nombres. Lettres *numérales*, différence *numérique*.

EXERCICES (873, 874, 875, 876).

Le soleil dissipe les (......). La vérité dissipe les (......) de l'erreur. Dieu voit du haut des (....) les entreprises des hommes et les renverse. Des (.....) de papillons, peints de mille couleurs, volent sans bruit sur les fleurs. En poésie, comme en peinture, il faut savoir (......) les couleurs, observer les jours et les règles de l'optique, car il en est une pour les yeux de l'esprit comme pour ceux du corps. Des papillons et des chenilles étalent une riche variété de couleurs (.....) avec un art infini. L'homme ne trouve (....) part son bonheur sur la terre. L'athéisme ne peut faire (......) bien à la morale, et peut lui faire beaucoup de mal. On a fait beaucoup d'épitaphes en vers (.........) dans lesquelles on désigne l'année de la mort, et beaucoup d'inscriptions pour les monuments dans lesquelles on désigne l'année de leur érection. L'arithmétique (.........) se sert seulement de chiffres au lieu de lettres.

O

877. **Obéissance, soumission.** La première est une conséquence de la seconde. La *soumission* indique la volonté ; l'*obéissance*, l'action. Celui qui est *soumis* à Dieu, *obéit* à sa volonté.

878. **Obliger, engager.** On *oblige* à faire une chose

par le devoir ou la nécessité ; on y *engage* par des promesses ou par de bonnes manières.

879. Obliger, contraindre, violer, violenter. *Obliger* est un acte de pouvoir qui impose un devoir ou une nécessité ; *contraindre*, un acte de persécution ou d'obsession qui arrache un consentement ; *forcer*, un acte de puissance qui détruit une volonté opposée ; *violenter*, un acte d'emportement ou de brutalité qui dompte une volonté rebelle et opiniâtre.

880. Obscène, déshonnête. *Obscène* se dit des paroles, des tableaux, des postures ; *déshonnête*, de tout ce qui blesse la pudeur ou la pureté. *Obscène* dit plus que *déshonnête*. Des pensées *déshonnêtes* se présentent quelquefois aux cœurs les plus purs ; des manières *obscènes* appartiennent à la plus sale corruption.

881. Obscur, sombre, ténébreux. Ce qui est *obscur* manque de clarté ; ce qui est *sombre* manque de jour ; ce qui est *ténébreux* est privé de toute lumière.

882. Obséder, assiéger. On *assiège* par l'assiduité, les assauts, les poursuites, pour parvenir à un but quelconque ; on *obsède* par l'assiduité, l'artifice, la malignité, pour parvenir à gagner et gouverner les personnes. Les courtisans *assiègent* le trône et *obsèdent* le prince.

EXERCICES (877, 878, 879, 880, 881, 882).

L'(.........) aux volontés d'un chef absolu assimile l'homme à la brute. La grande difficulté de l'éducation est de tenir les enfants dans la (.........) sans dégrader leur caractère. La loi naturelle, la loi divine nous (.....) à honorer père et mère. L'équité nous (.....) à restituer ce qui ne nous appartient pas. Il a fallu une loi pour régler l'extérieur de l'avocat, et le (..........) ainsi à être plus grave et plus respecté. Le beau temps (......) à la promenade. L'ennui est une douleur qui nous (....) à nous occuper. La terre (.... les saisons et devient fertile en son temps. O femmes ! souvenez-vous bien qu'une pensée (.........) fait perdre la pureté, et qu'une parole (......) fait perdre la pudeur. Tacite est (.....) parce qu'il ramasse sa pensée en si peu de mots qu'à peine peut-on deviner ce qu'il veut dire. Les vertus d'un homme (......) n'intéressent que ses amis. Un temps (.......) s'harmonise avec la douleur ; mais une nature tout étincelante des rayons colorés du soleil semble une cruelle ironie du ciel dans les calamités publiques. L'enfer est (..........). Les remords (........) le coupable. Les pensées (........), jusqu'à ce qu'on les ait déposées sur le papier.

883. **Observation, observance.** *Observation* désigne une action particulière; *observance*, l'exécution habituelle de la règle.

884. **Observer, garder, accomplir.** *Observer* marque la fidélité à son devoir ; *garder*, la persévérance de la continuité ; *accomplir*, la perfection ou la consommation de l'œuvre. On *observe* la loi : on *garde* sa foi ; on *accomplit* sa tâche.

885. **Obstacle, empêchement.** L'*obstacle* est devant, il arrête ; l'*empêchement* est là et là, il retient. L'*obstacle* a quelque chose d'élevé, il faut le vaincre ; l'*empêchement* a quelque chose de gênant, il faut s'en débarrasser. L'*obstacle* se trouve dans les grandes entreprises ; l'*empêchement*, dans les actions ordinaires.

886. **Occasion, occurrence, conjoncture, cas, circonstance.** *Occasion* se dit pour l'arrivée de quelque chose de nouveau ; *occurrence* se dit uniquement de ce qui arrive sans qu'on le cherche ; *conjoncture* marque la situation qui provient d'un concours d'événements, d'affaires, d'intérêts ; *cas* indique le fond de l'affaire, avec un rapport à la particularité ; *circonstance* ne porte que l'idée d'une chose accessoire à une principale.

887. **Odeur, senteur.** *Odeur* est le terme générique ; on l'emploie pour exprimer l'espèce particulière d'*odeur* de chaque espèce de corps. *Senteur* ne se dit guère que d'une manière vague et indéterminée, pour une forte *odeur*. Au pluriel, les *odeurs* et les *senteurs* sont également des parfums agréables destinés à embaumer, à parfumer, à sentir bon.

DES SYNONYMES.

888. Odieux, haïssable. Le premier dit plus que le second. Les défauts rendent *haïssable*; les vices rendent *odieux*.

889. Odorant, odoriférant. *Odorant* se dit du corps qui produit la senteur ; *odoriférant*, de celui qui produit l'odeur.

890. Œillade, coup d'œil, regard. L'*œillade* est un *coup d'œil* jeté comme furtivement, avec dessein et avec une expression marquée ; le *coup d'œil* est un regard furtif ou jeté comme en passant ; le *regard* est l'action de la vue qui se porte sur l'objet qu'on veut voir. *Œillade* ne se dit qu'au propre et dans le style familier. Dans le style soutenu, il faut dire *coup d'œil* pour œillade. *Coup d'œil* se dit au figuré comme *regard*.

EXERCICES (883, 884, 885, 886, 887, 888, 889, 890).

Les Pharisiens se piquaient de l'exacte (.........) des cérémonies prescrites par la loi. Ne faites pas à autrui ce que vous ne voudriez pas qui vous fût fait : l'(..........) exacte de cette maxime fait la probité. Le souverain n'a qu'un seul devoir à remplir vis-à-vis de l'État, c'est de faire (.......) la loi. Crains Dieu et (.....) ses commandements. Faire des promesses et ne pas les (.......), peut être d'un homme habile, mais ce n'est certes pas d'un honnête homme. Celui qui craint les difficultés, voit partout des (........). Celui qui manque de bonne volonté, a toujours des (............). On connaît les gens dans l'(.......). Il faut se comporter selon l'(.........) du temps. Ce sont ordinairement les (............) qui déterminent au parti qu'on prend. Quelques politiques prétendent qu'il y a des (...) où la raison défend de consulter la vertu. La diversité des (...........) fait que le même homme pense différemment sur la même chose. Un de nos plus grands monarques, Louis XIV, n'aimait pas les (.....) agréables. L'acide vitriolique est absolument sans (.....) et sans couleur. La rose a une bonne (......). Un homme méchant, pervers, dangereux est (.......). Une personne incommode, fâcheuse, impatientante, contrariante, dévient (........). Les corps (...........) parfument, embaument; les corps (.......) ont une odeur agréable, sentent bon. Les amants trahissent par des (.......) l'intelligence qu'ils veulent cacher. Il y a un (.........) d'avis qu'on jette inutilement sur ceux qui ne pensent pas à ce qu'ils disent. Le (.. ...) ou la manière de regarder, propre à chacun, indique ou décèle le caractère à celui qui sait lire sur le visage.

---

891. **Œuvre, ouvrage.** *OEuvre* exprime ce qui est produit par un agent; *ouvrage*, ce qui est fait par un ouvrier. L'*œuvre* de la création a été l'*ouvrage* de six jours.

892. **Office, charge.** Une *charge* est momentanée; un *office* est à vie.

893. **Office, ministère, charge, emploi.** L'*office* impose un devoir; le *ministère*, un service; la *charge*, des fonctions; l'*emploi*, de l'occupation.

894. **Offrande, oblation.** L'*oblation* est l'action d'offrir; l'*offrande* est la chose offerte.

895. **Offusquer, obscurcir.** *Offusquer* signifie empêcher de voir ou d'être vu clairement par l'interposition d'un obstacle; *obscurcir* exprime l'action simple de faire perdre à un objet de son éclat. Une montagne *offusque* votre maison, en borne la vue; un mur qui lui ôte le jour l'*obscurcit*.

896. **Oisif, oiseux.** Être *oisif*, c'est ne rien faire actuellement; être *oiseux*, c'est être habituellement dans l'oisiveté.

EXERCICES (891, 892, 893, 894, 895, 896).

L'(.....) de la rédemption est ce que Jésus-Christ a fait pour le salut des hommes, et son (.......) est leur salut. Toutes les (......) de Dieu sont l'équité et la justice même. Athalie est l'(*œuvre*) la plus parfaite du génie inspiré par la religion. La lumière paraît être l'(.......) de la nature.

L'(....) donne en même temps un pouvoir, une autorité pour agir; le (........), une qualité, un titre pour représenter les personnes, disposer des choses; la (......), des prérogatives, des priviléges qui honorent ou distinguent le titulaire; l'(......), des salaires, des émoluments qui paient ou récompensent le travail. L'(.......) du pain et du vin dans le sacrifice de la messe, est une (.......). Les présents que les fidèles font à l'autel, sont proprement des (........). Trop de paroles ....) le discours; trop de brièveté dans l'expression (........) l'idée. Il y a des gens dont ne doit pas dire que la vie soit (.....); mais on doit dire qu'ils la passent dans des occupations (......). Avec du loisir, on est (....); avec de l'oisiveté, on est (.....).

897. Ombrageux, soupçonneux, méfiant.
L'*ombrageux* voit tout en noir; tout l'offusque; le *soupçonneux* voit tout en mal; tout le choque; le *méfiant* est toujours en garde; il craint tout.

898. Ondes, flots, vagues.
Les *ondes* sont l'effet naturel de l'eau qui coule avec calme, dans les rivières surtout; les *flots* sont produits par un mouvement accidentel, indiquant un peu l'agitation, surtout dans la mer; les *vagues* proviennent d'un mouvement plus violent, et sont plus agitées dans les rivières que dans la mer. On coule sur les *ondes*; on est porté sur les *flots*; on est entraîné par les *vagues*.

899. Orage, tempête, ouragan, bourrasque.
L'*orage* est la réunion du vent, de la pluie, de la grêle, des éclairs et du tonnerre; la *tempête* peut n'être, particulièrement sur mer, qu'un vent violent; s'il est d'une violence extrême, mais passagère, c'est un *ouragan* sur terre, une *bourrasque* sur mer.

900. Ordinaire, commun, vulgaire, trivial.
Ce qui est *ordinaire* n'a rien de distingué; ce qui est *commun* n'a rien de recherché; ce qui est *vulgaire* n'a rien de noble; ce qui est *trivial* a quelque chose de bas.

901. **Ordre, règle.** On observe l'*ordre* ; on suit la *règle*. le premier est un effet de la seconde.

902. **Orgueil, vanité, présomption.** L'*orgueil* fait que nous nous estimons ; la *vanité*, que nous voulons être estimés ; la *présomption*, que nous nous flattons d'un vain pouvoir.

EXERCICES (897, 898, 899, 900, 901, 902).

L'(.........) s'arrête aux apparences ; le (...........), à la supposition ; le *méfiant*, à la crainte d'être trompé. Un terrain raboteux rend les (....) inégales. Un grand vent fait enfler les (...) et excite les (......). Les (..........) sont fréquentes sur certaines mers. L'ombre succède à l'ombre et l'(.....) aux orages. Les (........) n'affectent pas les zones tempérées, et semblent se renfermer dans la région intertropicale. Quand on est arrivé au port, qu'il est doux de rappeler le souvenir des (.....) et des tempêtes ! La dissimulation est (........) à la cour. Les monstres sont (........) en Afrique. Les disputes de religion ont rendu (........) des faits qui n'étaient connus que des savants. De tous les genres d'écrire, il n'y a que le comique où les expressions (.......) puissent trouver place. L'(....) de l'univers, tout admirable qu'il est, ne frappe pas également tous les yeux. Le goût est l'arbitre et la (....) des bienséances et des mœurs comme de l'éloquence. Un noble (......) convient au mérite indigent que l'on veut rabaisser. La (..........) est compagne de l'inexpérience. Ce qui nous rend la (.....) des autres insupportable, c'est qu'elle blesse la nôtre.

---

903. **Orient, levant, est.** L'*orient* est le lieu du ciel où le soleil commence à luire ; le *levant* est le lieu où le soleil paraît se lever ; l'*est* est le lieu de l'horizon d'où le vent souffle quand le soleil se lève.

904. **Origine, source.** L'*origine* est le commencement des choses ; la *source* est la cause qui les produit.

905. **Parer, orner, décorer.** *Orner*, c'est ajuster v

DES SYNONYMES. 207

une chose simple des choses accessoires qui, sans en faire partie, servent à la rendre plus agréable; *parer*, c'est embellir une chose par des accessoires qui la font paraître plus belle; *décorer*, c'est distribuer tous les ornements que l'on ajuste à une chose, de manière qu'ils concourent également à l'embellir.

906. **Os, ossements.** Les *ossements* sont un amas d'*os*.

907. **Ourdir, tramer, machiner.** *Ourdir*, c'est disposer les fils pour faire une trame; *tramer*, c'est passer des fils entre d'autres fils tendus par le métier. Au figuré, *tramer* exprime un plan mieux concerté; *ourdir*, c'est commencer; *tramer*, c'est avancer l'ouvrage; *machiner* marque quelque chose de plus profond et de plus odieux.

EXERCICES (903, 904, 905, 906, 907).

C'est de l'(.....) que sortit, avec la hiérarchie et la dignité patriarchales, le développement intellectuel de l'homme au milieu des accidents les plus élevés et les plus terribles de la vie des peuples. L'Allemagne est au *levant* de la France. Le chemin de fer de l'(...) nous conduit à Strasbourg. C'est Thalès qui a recherché l'(......) des vents. Les vapeurs qui s'élèvent de la terre et se résolvent en pluie sur les montagnes, les neiges éternelles qui couvrent les pics les plus élevés et fondent partiellement, telles sont les causes qui, par l'infiltration des eaux, produisent les (......) que l'on rencontre aux flancs de presque toutes les hauteurs du globe, et principalement de celles qui sont formées de granit et de schiste. Les (......) minérales sont dues au passage des couches d'eau qui les forment à travers des terrains dont elles prennent des parties en dissolution. Les cheveux blancs d'un vieillard sans reproche sont une couronne dont le temps a (.....) sa tête. Les figures (.....) le discours. Le printemps (....) la terre de fleurs. Dans la vieillesse les (..) deviennent plus solides. On trouve dans divers terrains des (........) dont l'origine est inconnue et déconcerte notre raison. Les biens et les maux sont tellement (.....) ensemble, qu'on les sépare difficilement sans déchirer l'étoffe. La religion n'est, pour certaines gens, qu'une magnifique tapisserie derrière laquelle ils (.......) plus aisément de funestes complots.

908. **Outil, instrument.** L'*outil* est une machine maniable dont les arts simples se servent pour faire des travaux communs ; l'*instrument* est une machine ingénieuse dont les arts plus relevés et les sciences font usage pour faire leurs opérations. *Outils* de menuisier ; *instruments* de mathématiques.

909. **Outrageant, outrageux.** *Outrageant* a rapport à l'action ; *outrageux*, à la nature de la chose. *Outrageant* ne se dit que des choses ; *outrageux* s'applique également aux personnes.

910. **Outré, indigné.** Le premier dit plus que le second. On est *indigné* de tout mauvais traitement ; quand il se répète et qu'il est porté à l'excès, on en est *outré*.

911. **Ouvrage de l'esprit, ouvrage d'esprit.** Les inventions dans les sciences et dans les arts sont des *ouvrages de l'esprit* ; les compositions en prose et en vers sont des *ouvrages d'esprit*.

EXERCICES (908, 909, 910, 911).

Un bon ouvrier se sert de toute sorte d'(.....). Les (..........) aratoires donnent à l'agriculture la puissance d'arracher du sein de la terre la nourriture des hommes. Un homme (........) a l'intention et le dessein, l'habitude et le défaut, le caractère et l'humeur qui portent à outrager. Un homme d'honneur ne peut entendre des discours (..........). Psyché se mit en l'esprit que son époux, (....) de ressentiment, ne l'avait transportée sur le bord d'un fleuve qu'afin qu'elle se noyât. On est (......) de l'ingratitude dont sont payés nos bienfaits. Les systèmes des règles qui constituent la logique, la rhétorique, la poétique, sont de beaux *ouvrages de l'esprit*. La Théorie des sentiments agréables, le Lutrin, la Henriade, Athalie, le Tartufe, sont d'excellents (..............).

P

912. **Pacage, pâturage, pâtis, pâture.** Le *pacage* est un lieu propre pour nourrir et engraisser du bétail ; le *pâturage* est un champ où le bétail pâture et se repaît ;

le *pâtis* est une terre où l'on met paître le bétail ; la *pâture* est un terrain inculte où le bétail trouve quelque chose à paître. Bons *pacages*, gras *pâturages*, simples *pâtis*, vaine *pâture*.

913. **Pacifique, paisible.** Celui qui est *pacifique* aime la paix ; celui qui est *paisible* est en paix. On peut être *paisible* sans être *pacifique*, et *pacifique* sans être *paisible*.

914. **Pâle, blême, livide, hâve, blafard.** *Pâle*, faible de couleur ; *blême*, très-pâle ; *livide*, plombé, taché de noir ; *hâve*, morne et défiguré par le décharnement ; *blafard*, pâle jusqu'à l'affadissement. Un convalescent est *pâle* ; une personne saisie de crainte est *blême* ; un malheureux meurtri de coups est *livide* ; un pénitent consumé par des jeûnes, des macérations, est *hâve* ; une femme crépie de blanc est *blafarde*.

915. **Parabole, allégorie.** La *parabole* a pour objet les maximes de morale ; l'*allégorie*, les faits d'histoire. Les *paraboles* sont fréquentes dans les instructions que nous donne le Nouveau Testament ; l'*allégorie* fait le caractère de la plupart des ouvrages orientaux.

916. **Parade, ostentation.** On se met en *parade* pour être vu ; on s'y montre avec *ostentation*. On fait une chose pour la *parade* ; on la fait par *ostentation*. *Parade* marque le but ; *ostentation*, la cause.

917. **Paralogisme, sophisme.** Le *paralogisme* est contraire aux règles du raisonnement ; le *sophisme* est l'abus du raisonnement. Tous les deux induisent en erreur ; le premier, par la forme ; le second, par le fond.

918. **Parasite, écornifleur.** L'assiduité à une table et l'art de s'y maintenir constituent le *parasite* ; l'avidité de manger et l'art de surprendre des repas distinguent l'*écornifleur*.

EXERCICES (912, 913, 914, 915, 916, 917, 918).

Qui n'a labourage n'a (........). Le froment sert, comme le seigle, à former des (........). Ce qui n'était qu'un (....), est devenu un bon (........). La parole de Dieu est la (..

...) de l'âme. Les petits poissons sont la (......) des gros. Les campagnes sont couvertes de (........) et de troupeaux. Le règne de Salomon fut un règne (........). Le (.......) habitant des champs n'a besoin, pour sentir son bonheur, que de le connaître. Un homme (.....) a le teint pâle et éteint, le visage plus ou moins maigre et décharné, et quelquefois toute l'habitude du corps maladive. Les yeux creux, enfoncés, éteints, contribuent, comme les joues creuses, à former un visage (....). Une figure (......) est celle des hommes qui conspirent dans l'ombre. Minos juge aux enfers tous les (....) humains. Les noyés exposés sur les dalles ont le visage tout (.....). Les prophètes se sont servis de (........) pour rendre sensibles aux princes et aux peuples les menaces ou les promesses. Les réformateurs, les épurateurs doivent méditer la (.......) évangélique de l'ivraie et du bon grain. L'(......) est l'ornement du langage. Est-il une (........) plus parfaite que celle qui place un papillon sur une tombe? On connaît l'ingénieuse (.......) de Platon, qui dit qu'au commencement des siècles l'épouse et l'époux venaient ensemble au monde, et ne constituaient qu'une seule créature animée. Tirer une conséquence de principes qui sont faux, c'est faire un (..........). Condamner, comme J.-J. Rousseau, la médecine à cause de l'ignorance de quelques médecins, est un (.......). Les courtisans sont les (........) des rois. Le (.......) et la gangrène ont cela de commun, qu'ils ne quittent point prise tant qu'il y a quelque chair à ronger. Voltaire faisait plus cas d'un cordonnier que de tous les (..........) du Parnasse.

---

919. **Paresse, fainéantise.** La *paresse* est un moindre vice que la *fainéantise*. Celle-là semble avoir sa source dans le tempérament, et celle-ci dans le caractère de l'âme.

920. **Parfait, fini.** Le *parfait* regarde proprement la beauté qui naît du dessin et de la construction de l'ouvrage; le *fini*, celle qui vient du travail et de la main de l'ouvrier.

921. **Partie, part, portion.** La *partie* est ce que l'on détache du tout; la *part*, ce qui en doit revenir; la

portion, ce qu'on en reçoit. Le premier de ces mots a rapport à l'assemblage; le second, au droit de propriété; le troisième, à la quantité. Une *partie* du corps; une *part* de gâteau; une *portion* d'héritage.

922. **Pas, point.** *Pas* nie en partie ou avec modification; *point* nie toujours absolument. N'être *pas* bien riche; n'être *point* riche; n'avoir *pas* beaucoup d'argent; n'avoir *point* d'argent.

923. **Passer, se passer.** Les choses qui *passent* n'ont qu'une existence bornée; les choses qui *se passent* sont sur leur déclin. Les fleurs et les fruits n'ont qu'une saison, ils *passent*; une fleur *se passe*, elle se fane et se flétrit.

924. **Patelin, patelineur, papelard.** On est *patelin* par caractère et par un caractère souple et artificieux; on est *patelineur* par le fait et par les manières propres du patelin; on est *papelard* par hypocrisie et par vice caché.

EXERCICES (919, 920, 921, 922, 923, 924).

La (......) est un des sept péchés capitaux. Les lazzaroni étaient plongés dans une (..........) profonde. La (..........) est un vice plus grand encore que la paresse, qui paraît dépendre du tempérament, qui fait qu'on craint la peine, et qu'on est lent dans ses opérations. Ce qu'on peut mieux faire n'est pas (.......); ce qu'on peut encore travailler n'est pas (...). Dans la coutume de Normandie, toutes les filles qui viennent à partager, ne peuvent avoir plus de la troisième (......) des biens pour leur (...), qui se partage entre elles par égales (........). La plupart des philosophes ne sont (...) fort raisonnables. Si, pour avoir du bien, il en coûte à la probité, je n'en veux (.....). La vie (.....) et elle se (....) à perdre la plus grande partie du temps. La vraie joie (....) comme un éclair. La peine (.......) avec le temps et la réflexion. Le (........) est en paroles, selon les idées reçues, ce que le (......) est par ses manières. Que de (..........), dit maître Guillaume, en voyant autour de lui toute la famille de l'avocat Patelin.

925. **Pâtre, pasteur, berger.** *Pâtre* désigne tout gardien de troupeaux, et surtout de gros bétail; *pasteur* se dit proprement de celui qui garde le menu bétail; *berger* n'indique qu'un gardien de moutons.

926. **Pauvre, indigent, nécessiteux, mendiant, gueux.** Le *pauvre* a peu; l'*indigent* n'a point de bien; le *nécessiteux* est dans la détresse; le *mendiant* demande la charité; le *gueux* est dénué de tout.

927. **Pauvreté, indigence, disette, besoin, nécessité.** Dans la *pauvreté*, on est privé des commodités de la vie; dans l'*indigence*, on manque des choses nécessaires; dans la *disette*, on manque de vivres; le *besoin* est moins pressant que la *nécessité*.

928. **Paie, solde, salaire.** La *paie* est le salaire d'un service continu; le *salaire* est le prix ou la rétribution due à un travail, à un service; la *solde* est le prix ou la paie d'un service rendu par une personne soudoyée.

929. **Payer, acquitter.** *Payer*, c'est remplir la condition d'un marché en livrant le prix convenu d'une chose ou d'un service qu'on reçoit; *acquitter*, c'est remplir une charge imposée, de manière à être libéré et quitte avec celui envers qui elle était imposée.

EXERCICES (925, 926, 927, 928, 929).

Les personnages de Théocrite ne sont quelquefois que des (.....) grossiers. Quand Romulus voulut fonder Rome, il assembla les (.......) de la contrée. La mort égalise les rois et les (.......). Un bon (.....) doit savoir plus de choses, pour bien faire son métier, que n'en savent les autres agents de la culture. La qualification de (.....) fut donnée aux gentilshommes flamands confédérés, en 1566, par le comte de Blairmont. Les (........) sont les membres de Jésus-Christ. L'(.......) valide a droit au travail, et l'infirme au secours. Il n'est pas permis aux (.........) d'errer dans les communes. Un écrivain illustre est ordinairement un illustre (..........). Il faut soulager les (......) des pauvres. Les (......) qui arrivent dans l'Etat sont une preuve que la police n'y est pas bien faite.

L'(........) du peuple est la cause première des maladies physiques du riche. L'abondance des uns doit suppléer à la (.........) des autres. La (........) est une pierre précieuse dont le monde ne connaît pas l'éclat, mais qui, aux yeux de Dieu, est plus brillante que tout l'or du monde. On retient tant à chaque soldat pour la (....) de sa chaussure. Il ne faut pas retenir le (.....) des domestiques, des artisans. Philippe-Auguste essaya le premier l'établissement de quelques troupes permanentes et d'une (....) régulière affectée à leur entretien ; il fixa à un sou par jour la (....) de chaque homme de pied appelé à le suivre à la croisade. On (....) les personnes et l'on (........) envers elles. En (......) une dette, on (........) envers son créancier.

---

930. **Avoir peine, avoir de la peine à faire une chose.** On *a peine* à faire la chose à laquelle on répugne naturellement ; on *a de la peine* à faire ce qu'on ne fait qu'avec plus ou moins de difficulté.

931. **Pensée, penser.** *Penser* désigne l'action ; *pensée* en est l'effet ou le produit.

932. **Pensée, perception, sensation, conscience, idée, notion.** La *pensée* s'entend de toutes les opérations de l'âme ; la *perception*, de la vision des objets ; la *sensation*, de l'effet produit sur les sens ; la *conscience*, du sentiment intérieur des objets ; l'*idée*, de l'image des objets ; la *notion*, de toute idée qui est notre propre ouvrage.

933. **Penser, songer, rêver.** On *pense* tranquillement et avec ordre pour connaître son objet ; on *songe* avec plus d'inquiétude et sans suite, pour parvenir à ce qu'on souhaite ; on *rêve* d'une manière abstraite et profonde pour s'occuper agréablement.

934. **Perçant, pénétrant.** *Perçant* tient de la force de la lumière et du coup d'œil ; *pénétrant*, de la force de l'attention et de la réflexion. Un esprit *perçant* voit les choses à travers les voiles dont on les couvre ; un esprit

pénétrant approfondit les choses sans s'arrêter à la superficie.

935. Périphrase, circonlocution. La *périphrase* roule sur une proposition entière; la *circonlocution*, sur une expression quelconque. Par circonlocution, l'on dit : *le père du peuple*, pour Louis XII; *le vainqueur de Darius*, pour Alexandre. Par périphrase, on dit : *le soleil sort des bras de Téthys, il se replonge dans l'Océan*, pour le soleil se lève, et il se couche.

936. Perméable, pénétrable. Un corps est *perméable*, lorque ses pores laissent passage à d'autres corps; un corps serait *pénétrable* si l'espace qu'il occupe pouvait contenir un autre corps sans déplacement.

EXERCICES (930, 931, 932, 933, 934, 935, 936).

Les petites gens ont (.........) à vivre. Nous avons (.....) à concevoir ce qui choque nos idées. Nous avons (.........) à concevoir ce qui ne nous est pas présenté d'une manière claire et intelligible. La (.....) est la première faculté de l'homme. Quel est l'homme sur la terre qui peut assurer, sans une impiété absurde, qu'il est impossible à Dieu de donner à la matière le sentiment et le (......). Il nous est impossible d'apercevoir notre âme autrement que par la (......). A la vue appartient la (........) de la couleur; à l'ouïe, celle du son; à l'odorat, celle des odeurs; au goût, celle de la saveur; au toucher, celle de la résistance, de la solidité, de la distance et de la forme. La douleur et le plaisir sont de pures (..........). La (........) est le meilleur livre de morale que nous ayons; c'est celui que l'on doit consulter le plus souvent. Quelque défectueuses que soient nos (....), nous les prenons pour des (......) évidentes par elles-mêmes. On ne peut avoir de (.....) juste de ce qu'on n'a pas éprouvé. L'homme du monde voit tout et n'a le temps de (.....) à rien. Le philosophe (....) à l'arrangement de son système; l'homme embarrassé d'affaires (.....) aux expédients pour en sortir; l'amant solitaire (....) à ses amours. Rien n'est si (........) que le mercure. Une alène, un foret sont des instruments (......). Les définitions et les analyses sont proprement des (..........) dont le propre est d'expliquer une chose. La

(............) est une figure qu'il faut se garder de trop prodiguer; car, lorsqu'on peut s'en passer, l'expression simple est toujours préférable. Le verre est (.........) à la lumière. Le papier est (.........) à l'eau. Il y a des bois si épais qu'ils sont à peine (...........).

937. **Perpétuel, continuel, éternel, immortel, sempiternel.** *Perpétuel* se dit d'une chose qui a commencé pour ne plus finir; *continuel* se dit d'une chose qui a commencé et qui durera sans interruption, soit qu'elle ne doive pas avoir de fin, soit qu'elle doive finir dans un temps donné; *éternel* se dit d'une chose qui n'a point eu de commencement et qui n'aura point de fin; *immortel* se dit de l'être qui ne meurt pas ou ne passe pas; *sempiternel* réunit toutes les éternités passées et futures, et n'appartient qu'à Dieu dans le style relevé, et dans le style familier, ironique, à une vieille très-âgée.

938. **Persévérer, persister.** *Persévérer* se dit proprement des actions et de la conduite; *persister*, des opinions et de la volonté. On *persévère* dans le bien; on *persiste* dans son opinion.

939. **Personnage, rôle.** *Personnage* est relatif au caractère de l'objet représenté; *rôle*, à l'art qu'exige sa représentation. C'est au poëte à caractériser le *personnage*; c'est à l'acteur à le rendre en jouant bien son *rôle*.

940. **Pesanteur, poids, gravité.** Le *poids* est l'effet, la mesure de la *pesanteur*, dont la force se nomme *gravité*, en ce sens que le corps *pesant* gravite vers le centre où il tend.

941. **Pestilent, pestilentiel, pestilentieux, pestifère.** *Pestilent*, qui tient du caractère de la peste; *pestilentiel*, qui est infecté de la peste et qui est propre à la répandre; *pestilentieux*, qui répand de tous côtés la contagion; *pestifère*, qui produit la peste.

942. **Peu, guère.** *Peu*, déterminant une petite quantité, est positif; *guère*, ne déterminant rien sur la petite quantité, est vague et s'emploie toujours avec la négation. J'ai *peu* d'argent; je n'ai *guère* d'amis.

EXERCICES (937, 938, 939, 940, 941, 942).

Le culte des dieux demandant une attention (.........), la plupart des peuples furent portés à faire du clergé un corps séparé. Dieu est (.......). L'âme est (.........). Il règne au Brésil un printemps (.........). On commence à pratiquer la vertu par amour-propre, on continue par honneur, on (........) par habitude. Pour (.........), il faut toujours agir de même, sans se démentir ; pour (.......), il n'y a qu'à demeurer ferme, sans varier. Un (...) est aisé ou difficile ; un (..........) est noble ou bas. La (........) est à l'égard des corps terrestres ce que la (......) est à l'égard des corps célestes ; elle suit les mêmes lois, et se rattache à la puissance universelle, connue sous le nom d'attraction. L'unité adoptée en France est le gramme, équivalant en (....) à un centimètre cube d'eau distillée à quatre degrés au-dessous de zéro, maximum de condensation de ce liquide. Ceux qui vont en Amérique y meurent pour la plupart des fièvres (............). Pour qui sait choisir et se borner, il suffit d'une bibliothèque de (...) de livres, d'une pharmacie de (...) de remèdes, d'une cuisine de (...) de ragoûts, d'une société de (...) d'amis. Dans la zone torride, les fleurs à grands pétales n'éclosent (....) qu'à l'ombre même des rameaux qui les portent.

---

943. **Peur, frayeur, terreur.** La vue d'un danger subit cause la *peur* ; si elle est plus frappante et réfléchie, elle produit la *frayeur* ; si elle abat notre esprit, c'est la *terreur*.

944. **Piquant, poignant.** Ce qui est *piquant* entame légèrement ; ce qui est *poignant*, pénètre plus avant et fait une blessure. Au figuré, ce qui est *piquant* d'abord, devient quelquefois *poignant* avec le temps : c'est la durée de l'impression qui en fait la différence.

945. **Pis, pire.** Le premier est adverbe et ne modifie que les verbes ; le second est adjectif et qualifie les substantifs. *Pire* s'oppose à *meilleur* ; *pis*, à *mieux*. Louis XI était

pire que Tibère. Je puis faire aussi mal, mais je ne ferai pas *pis*. Si le remède est *pire* que le mal, tant *pis*.

946. **Pitié, compassion, commisération.** La *pitié* est un sentiment de charité universelle; mise en action, elle devient *compassion*; l'habitude de voir et de soulager les malheureux en général produit la *commisération*.

947. **Plaindre, regretter.** On *plaint* les malheureux; on *regrette* les absents. L'un est un mouvement de la pitié; l'autre, un effet de l'attachement.

948. **Plein, rempli.** Il n'en peut plus tenir dans ce qui est *plein*; on n'en peut pas mettre davantage dans ce qui est *rempli*. Le premier a un rapport particulier à la capacité du vaisseau; le second, à ce qui doit être reçu dans cette capacité. Aux noces de Cana, les vases furent *remplis* d'eau, et, par miracle, ils se trouvèrent *pleins* de vin.

949. **Plier, ployer.** *Plier*, c'est mettre en un ou plusieurs plis, de manière qu'une partie de la chose se rabatte sur l'autre; *ployer*, c'est mettre en forme de boule ou d'arc, de manière que les deux bouts de la chose se rapprochent plus ou moins. *Plier* du linge, *ployer* une branche.

EXERCICES (943, 944, 945, 946, 947, 948, 949).

Quand on a (....), tout orgueil s'humanise. Dans la (....) qu'Auguste eut toujours devant les yeux d'éprouver le sort de son prédécesseur, il ne songea qu'à s'éloigner de sa conduite: voilà la clef de toute la vie d'Octave. Après la bataille de Cannes la (......) fut extrême dans Rome; mais il n'en est pas de même de la consternation d'un peuple libre et belliqueux, qui trouve toujours des ressources dans son courage, comme de celle d'un peuple esclave, qui ne sent que sa faiblesse. On ne saurait exprimer la (......) que répandit César lorsqu'il passa le Rubicon; Pompée lui-même, éperdu, ne sut que fuir, abandonner l'Italie, et gagner promptement la mer. Une épigramme est (.......). Le remords est (........). Louis XI était (...) que Tibère. Rendons grâces à celui qui nous nuit de ce qu'il ne fait pas (...) s'il le peut. La (....) qu'on a du mal d'autrui ne se mesure pas sur la quantité de ce mal, mais sur le sentiment qu'on prête à ceux qui le souffrent. Marcellus, considérant le peuple infortuné qu'il vient d'écraser et d'ensevelir sous les ruines de Syracuse, frémit de sa gloire, et il en est puni comme d'un grand crime par les larmes amères et intarissables d'une (..............) stérile et désespérée. La (..........) sert d'aiguillon à la clémence. Un cœur dur ne (.....) personne. Les princes les plus loués pendant leur vie ne sont pas toujours les plus (.......) après leur mort. Toutes les œuvres de la Divinité sont (......) de ses providences. L'océan de vapeurs dont l'atmosphère est (......), contient toute l'eau des fleuves qui doit couler en un jour sur la terre. On (...) de la mousseline, et l'on (....) une branche d'arbre.

---

950. **Plus, davantage.** Ces deux mots diffèrent en ce que le premier seulement demande un *que* après lui pour exprimer le second terme de la comparaison. Il a du bien ; j'en ai *plus* que lui. Il a de l'argent ; j'en ai *davantage*.

951. **Le point du jour, la pointe du jour.** Le *point* est la plus petite division de l'étendue ; la *pointe* est le plus petit bout de la chose. Le *point du jour* est le premier et le plus simple élément de la journée qui commence à courir ; la *pointe du jour* est la première et la plus légère apparence du jour qui commence à luire.

952. **Poison, venin.** *Poison* se dit des plantes ou des préparations dont l'usage est dangereux pour la vie ; *venin* se dit du suc de ces plantes, ou de certaine liqueur qui sort du corps de quelques animaux. La ciguë est un *poison*. Le scorpion porte un *venin*.

953. **Poli, policé.** *Poli* ne suppose que des signes extérieurs de bienveillance, signes toujours équivoques et souvent contradictoires avec les actions ; *policé* suppose des lois qui constatent les devoirs réciproques de la bienveillance commune, et une puissance autorisée à maintenir l'exécution des lois. Les peuples *policés* valent mieux que les peuples *polis*.

954. **Poltron, lâche.** On est *lâche* par caractère ; *pol-*

tron, par crainte. Le *lâche* est tellement abattu à la vue du danger, qu'il ne conçoit même pas l'idée de la résistance; le *poltron* est tellement inquiet sur les suites du danger, qu'il est continuellement aux aguets, soit pour le prévenir, soit pour trouver les moyens de s'y soustraire. Le *lâche* ne se bat jamais; le *poltron* ne se bat qu'à la dernière extrémité, et quelquefois il se bat bien.

955. **Pontife, prélat, évêque.** On est *pontife* par la puissance et par la hauteur des fonctions que l'on exerce dans l'Eglise; *prélat*, par la dignité et par le rang qu'on occupe dans la hiérarchie ecclésiastique; *évêque*, par la consécration et par le gouvernement spirituel d'un diocèse.

EXERCICES (950, 951, 952, 953, 954, 955).

C'est (...) par l'air que par les manières que les hommes sont gracieux. Le laboureur va aux champs dès la (.....) du jour. L'ennui et l'insipidité sont un (.....) froid contre lequel bien peu de gens trouvent un antidote. L'envie mêle souvent son (....) au fiel de la critique. Les peuples les plus (.....) ne sont pas aussi les plus vertueux; les mœurs simples et sévères ne se trouvent que parmi ceux que la raison et l'équité ont (.....), et qui n'ont pas encore abusé de l'esprit pour se corrompre. Chez les barbares, les lois doivent former les mœurs; chéz les peuples (.....), les mœurs perfectionnent les lois, et quelquefois y suppléent. Le (....) tombe, s'abandonne et se laisse achever. Le (......) dort l'œil ouvert, il fuit, il craint le bruit de la guerre; mais s'il est forcé, il se bat, et se bat bien. Aaron fut le premier (......) des Juifs. Les évêques, les papes, les cardinaux sont des (......). L'(.....) est le premier pasteur et le chef d'un diocèse.

---

956. **Porter, apporter, transporter, emporter.** *Porter* n'a rapport qu'au fardeau; *apporter* y ajoute l'idée du lieu où on le porte, *transporter* y ajoute l'idée de l'endroit où on le prend; *emporter* enchérit sur toutes ces idées par une attribution de propriété du fardeau. Les crocheteurs *portent* les fardeaux; les domestiques *apportent* ce qu'on

leur envoie chercher; les voituriers *transportent* les marchandises; les voleurs *emportent* ce qu'ils ont pris.

957. **Poster, aposter.** On *poste* pour observer ou pour défendre; on *aposte* pour faire un mauvais coup. La troupe est *postée*; l'assassin est *aposté*.

958. **Poudre, poussière.** La *poudre* est la terre desséchée et réduite en molécules; la *poussière* est la poudre la plus fine que le moindre vent enlève. La *poussière* s'élève d'un corps réduit en *poudre*.

959. **Pour, afin.** *Pour* marque une vue plus présente; *afin* en marque une plus éloignée. On se présente devant le prince *pour* lui faire sa cour; on lui fait sa cour *afin* d'en obtenir des grâces.

960. **Pour, quant.** *Pour* a meilleur grâce dans le discours, lorsqu'il s'agit de la personne ou de la chose qui régit le verbe suivant; *quant* y figure mieux lorsqu'il s'agit de ce qui est régi par le verbe. *Pour* moi, je ne me mêle d'aucune affaire; *quant* à moi, tout m'est indifférent.

961. **Pourtant, cependant, néanmoins, toutefois.** *Pourtant* a plus de force; *cependant* est moins absolu et moins ferme; *néanmoins* distingue deux choses opposées; *toutefois* dit proprement une chose par exception.

EXERCICES (956, 957, 958, 959, 960, 661).

Virgile a loué le pieux Énée d'avoir (....) son père Anchise sur ses épaules, pour le sauver du sac de Troie. Saint Luc nous apprend que les premiers fidèles (..........) aux apôtres le prix des biens qu'ils vendaient. L'histoire nous montre que la Providence punit toujours l'abus de l'autorité, en la (..........) en d'autres mains. Si un de nos traducteurs avait bien fait attention aux idées accessoires qui caractérisent les synonymes, il n'aurait pas dit que le malin esprit (.......) Jésus-Christ, au lieu de dire (.........). On a (....) des tireurs pour le sanglier. Des témoins furent (......) pour l'accuser. Si vous réduisez un corps en (......), il s'en élève une (........) incommode et souvent dangereuse. Les filles d'un certain âge font tout ce qu'elles peuvent (....) plaire, (...) de se procurer un mari. La religion des personnes éclairées consiste dans une foi vive, dans une morale pure, et dans une conduite simple, guidée par l'autorité divine et soutenue par la raison. (....) celle du peuple, elle consiste dans une crédulité aveugle et dans les pratiques extérieures autorisées par l'éducation et affermies par la force de l'habitude. (.....) à celle des gens d'église, on ne la connaîtra au juste que quand on en aura séparé les intérêts matériels. Que toute la terre s'arme contre la vérité, on n'empêchera (.......) pas qu'elle ne triomphe. Quelques docteurs se piquent d'une morale sévère; ils recherchent (........) tout ce qui peut flatter la susceptibilité. Corneille n'est pas toujours égal à lui-même; (.........) Corneille est un excellent auteur. Que ne haïssait pas Néron? (.......) il aimait Poppée.

---

962. **Pouvoir, puissance, faculté.** Le *pouvoir* vient du secours et de la liberté d'agir; la *puissance* vient des forces; la *faculté* vient des propriétés naturelles.

963. **Précipice, gouffre, abîme.** On tombe dans le *précipice*; on est englouti par le *gouffre*; on se perd dans l'*abîme*. Le premier emporte avec lui l'idée d'un vide escarpé de toutes parts; le second renferme une idée particulière de voracité insatiable; le troisième emporte l'idée d'une profondeur immense.

964. **Précis, succinct, concis.** *Précis* et *succinct* regardent ce qu'on dit; *concis*, la manière dont on le dit. Les deux premiers ont la chose pour objet, et vont au fait; le troisième a pour but l'expression qu'il abrége. L'opposé du (*précis*) est le prolixe; l'opposé du (*succinct*) est l'étendu; l'opposé du *concis* est le diffus.

965. **Précision, abstraction.** La *précision* sépare les choses véritablement distinctes, pour empêcher la confusion qui naît du mélange des idées; l'*abstraction* sépare les choses réellement inséparables, pour les considérer à part indépendamment les unes des autres. On ne saurait se faire des idées trop (*précises*); mais il est quelquefois dangereux d'en avoir de trop *abstraites*.

966. **Prédication, sermon.** On s'applique à la *prédica-*

tion, et l'on fait un *sermon*. L'une est la fonction du prédicateur; l'autre est son ouvrage. Les discours faits aux infidèles pour leur annoncer l'Evangile, se nomment *prédications*; ceux qui sont faits aux chrétiens, pour nourrir leur piété, sont des *sermons*.

967. **Premier, primitif.** *Premier* se dit en parlant de plusieurs êtres réels et abstraits, entièrement distincts les uns des autres, mais envisagés comme appartenant à une même suite; *primitif* se dit en parlant des différents états par lesquels passe successivement un même être. Les *premiers* siècles du christianisme; la *primitive* Eglise.

EXERCICES (962, 963, 964, 965, 966, 967).

L'homme, sans la grâce, n'a pas le (......) de faire le bien. La jeunesse manque de savoir pour délibérer, et la vieillesse manque de (........) pour exécuter. L'âme humaine a la (......) de raisonner. L'avarice est le (........) de l'équité. Paris est le (......) des provinces. L'infini est l'(......) du raisonnement. Le discours (......) ne s'écarte pas du sujet, rejette les idées étrangères, et méprise tout ce qui est hors de propos. Le discours (......) explique et énonce en très-peu de mots, et bannit tout le surabondant. Dans le discours (......) on se débarrasse des idées inutiles, et on ne choisit que celles qui sont essentielles au but. Il n'y a pas de science plus certaine ni plus claire que la géométrie, parce qu'elle fait des (........) exactes; on y a cependant mêlé certaines (..........) métaphysiques qui font que les géomètres tombent dans l'erreur comme les autres, non pas, à la vérité, quand il est question de grandeur et de mesure, mais quand il est question de physique. Les apôtres ont fait autrefois des (...........) remplies de solides vérités. Les prêtres d'aujourd'hui font des (.......) pleins de brillantes figures. La langue que parlaient Adam et Ève est la (.......) de toutes les langues; et, si les différents idiômes qui distinguent les nations ne sont que différentes formes de cette langue, elle est aussi la langue (......) du genre humain.

968. **Préoccupation, prévention, préjugé.** La *préoc-*

cupation et la *prévention* sont des dispositions qui empêchent l'esprit d'acquérir les connaissances nécessaires pour juger régulièrement des choses: la première est dans le cœur, et rend injuste; la seconde est dans l'esprit, et l'aveugle. Le *préjugé* est un jugement porté précipitamment et sans examen.

969. **Prérogative, privilége.** La *prérogative* regarde les honneurs et les préférences personnelles; le *privilège* regarde quelque avantage d'intérêt ou de fonction. La naissance donne des *prérogatives*; les charges donnent des *priviléges*.

970. **Près, proche.** *Près* s'emploie au propre et au figuré, dans tous les styles et dans une foule d'acceptions; *proche* ne s'emploie qu'au propre et dans le style usuel, pour marquer une proximité de temps ou de lieu.

971. **Présenter, offrir.** On *présente* à quelqu'un, afin qu'il reçoive ou qu'il prenne; on lui *offre*, afin qu'il accepte ou qu'il agrée. Il suffit qu'on trouve bon ce que vous *offrez*; il faut que vous remettiez en quelque sorte à la personne ce que vous lui *présentez*.

972. **Présomption, conjecture.** La *présomption* est réelle, fondée sur des motifs de crédulité, de certitude; elle est un préjugé légitime, un commencement de preuve. La *conjecture* est idéale, établie sur de simples apparences, sur des raisonnements; elle est une interprétation, une supposition.

EXERCICES (968, 969, 970, 971, 972).

La solution d'un problème est la (............) ordinaire d'un géomètre studieux. Dans l'esprit d'un juge passionné la (..........) équivaut à la conviction. Les bons (.......) sont ceux que le jugement ratifie quand on raisonne. La raison, la parole et la liberté sont les trois plus belles (..........) de l'homme. Une haute naissance est une (..........) illustre, à laquelle le consentement des nations a de tout temps attaché des distinctions d'honneur et d'hommage. Dans le principe, les (........) ne furent que la récompense des services. Il n'y a maintenant que deux classes en Europe : celle qui demande des (........) et celle qui les repousse. Une difficulté d'importance a fort embarrassé Tycho-Brahé et Képler, touchant les éclipses centrales de la lune qui se font (......) de l'équateur. Qui n'est pas généreux est bien (....) d'être injuste. On ne connaît l'importance d'une action que quand on est (?..) de l'exécuter. Personne ne vous (......) de secours quand vous êtes dans la détresse; tout le monde vous (....) ses services quand vous n'en avez pas besoin. On (...) de faire des réparations d'honneur, et on (....·.) ses soumissions pour les faire. Jusqu'à preuve du crime, la (..........) d'innocence est pour l'accusé. La manie de la critique est souvent l'effet d'une ridicule (.......·..). La (..........) est compagne de l'inexpérience. Le pays des (.........) est la plus grande province de la république des lettres. Quand Molière lisait ses pièces aux comédiens, il voulait qu'ils y amenassent leurs enfants, pour tirer des (.........) de leurs mouvements naturels.

973. **Pressentir, se douter, soupçonner.** *Pressentir*, c'est prévoir confusément par un mouvement intérieur; *se douter*, c'est croire vaguement, d'une manière indécise; *soupçonner*, c'est croire sur de faibles indices, et ordinairement en mauvaise part. On *pressent* sa fin prochaine; on *se doute* de ce qui va arriver; on *soupçonne* un piége.

974. **Sous le prétexte, sur le prétexte.** Quand on fait une chose sans raison, on la fait *sur un prétexte*; quand on la fait pour des raisons, qu'on dissimule, on la fait *sous un prétexte*. Dans le premier cas on veut s'autoriser, se disculper; dans le second cas, on veut se déguiser, en imposer.

975. **Prêtrise, sacerdoce.** *Prêtrise* ne se dit que des prêtres catholiques; *sacerdoce* se dit en général des prêtres de tous les cultes.

976. **Prier, supplier.** On *prie* avec respect et instance; on *supplie* avec beaucoup d'humilité et un empressement extrême.

977. **Prier de dîner, prier à dîner, inviter à dîner.** *Prier de dîner* se dit d'une invitation accidentelle, sans cérémonie; *prier à dîner* suppose une invitation préméditée; *inviter à dîner* suppose quelque appareil. Quand on *prie de dîner*, c'est sans apprêt; quand on *prie à dîner*, l'apprêt

doit être un meilleur ordinaire; quand on *invite à dîner*, l'apprêt doit sentir la cérémonie.

978. **Principe, élément.** Le *principe* est aux *éléments* ce que la cause est à l'effet, Dieu est le *principe* de toutes choses; la bonté est un des *éléments* de l'être divin.

979. **Prix, récompense.** Le *prix* est ce que la chose vaut; la *récompense*, ce qui est dû au mérite. On paie le *prix* de ce qu'on achète; on donne une *récompense* pour le service qui vous est rendu.

EXERCICES (973, 974, 975, 976, 977, 978, 979).

Nous (.........) tous une autre vie, une vie d'amour et de bonheur. Il y a bien des choses dont on ne (.......) pas. Il faut ne pas (.........) ceux que l'on emploie, ou ne pas employer ceux que l'on (........). Bien des gens (........ ....) toujours qu'on veut les tromper. Vous trouvez assez de gens qui, (...) *le prétexte* qu'il serait ridicule de ne pas être et de faire comme tout le monde, se rendent fort ridicules. Vous voyez des gens qui ne se conviennent plus se quitter(....)*divers prétextes* qui ne trompent personne. L'évêque seul a le droit de conférer la (.......). La préparation pour le (........) n'est pas une application de quelques jours, mais une étude de toute la vie. Saint Augustin dit qu'on n'a jamais (....) en vain la vierge Marie. Il faut (.....) Dieu le matin en se levant et le soir en se couchant. Je vous (.......), ô mon Dieu, d'avoir pitié de moi. Quand il n'y a pas de façon, on *prie* quelqu'un (..) dîner. Si vous engagez quelqu'un à venir dîner avec vous, vous le *priez* ou vous *l'invitez* (.) dîner. La chaleur est le (........) de la vie; l'air est notre (........). On gagne, on remporte un (....); on obtient, on reçoit une (..........). Bien souvent les (..........) tombent plutôt sur les apparences du mérite que sur le mérite même.

---

980. **Probité, intégrité, honnêteté.** La *probité* tient à la droiture; l'*intégrité*, à la pureté; l'*honnêteté*, à la bonté du cœur. La *probité* exclut l'injustice; l'*intégrité*, la corruption; l'*honnêteté*, l'ombre même du mal.

981. Probité, vertu, honneur. La *probité* est un attachement à toutes les vertus civiles et religieuses; la *vertu* est une disposition habituelle aux bonnes actions; l'*honneur* fait qu'on exécute sans répugnance et de bonne grâce tout ce que le devoir le plus rigoureux peut exiger.

982. Problématique, douteux, incertain. Dans ce qui est *problématique*, l'esprit reste indifférent et libre pour ou contre; dans ce qui est *douteux*, il n'a pas de raisons suffisantes pour se déterminer pour ou contre; dans ce qui est *incertain*, il n'a que des preuves précaires auxquelles on ne peut ajouter foi.

983. Procéder, provenir, émaner, découler, dériver. *Procéder* indique le principe et un certain ordre dans les choses; *provenir*, la cause et les moyens ou la manière de produire l'effet; *émaner*, la source et l'action de répandre avec force; *découler*, la source, la voie et l'écoulement successif; *dériver*, la source ou la racine, l'action d'en tirer la chose ou ses modifications. Le fils *procède* du Père et du Saint-Esprit; la licence *provient* de l'impunité; la lumière *émane* du soleil; l'eau *découle* des montagnes; la langue française *dérive* de la langue latine.

984. Proche, prochain, voisin. *Proche* annonce une proximité quelconque; *prochain*, une grande proximité de temps ou de lieu; *voisin*, une grande proximité locale. Saint-Denis est *proche* de Paris; la semaine *prochaine* viendra après celle-ci; l'Espagne est *voisine* de la France.

985. Prodige, miracle, merveille. Le *prodige* est un phénomène éclatant hors du cours ordinaire des choses; le *miracle*, un événement contre l'ordre des choses; la *merveille*, une œuvre qui efface toutes les autres.

EXERCICES (980, 981, 982, 983, 984, 985).

La (......) reconnue est le plus sûr de tous les serments. Quelles que soient les lumières et l'(... ....) des juges, leurs arrêts tiennent souvent à ceux du sort. La (......) s'arrête aux devoirs de la justice. L'(........) s'étend à tous les devoirs. L'amour est privé de son plus grand charme quand l'(......) l'abandonne. Dans une cause désespérée la voix de l'(.......), qui conseille de résister le plus longtemps possible, est toujours bonne à écouter. On ne saurait jamais être heureux sans pratiquer la (....). Les magiciens de Pharaon font des (........); Moïse fait des (.......); saint Paul, ravi au troisième ciel, voit des (.........) inénarrables. Vous chercherez la solution de ce qui est (............), la vérification de ce qui est (.......), la confirmation de ce qui est (........). La vengeance et l'ingratitude (........) toujours d'une âme trop faible pour supporter une injure, un bienfait. Il n'y a point d'erreur qui ne produise de mal, ni de mal qui ne (.........) de l'erreur. Le Saint-Esprit (.....) du Père et du Fils. Les humeurs (........) du cerveau dans l'estomac. Les hérésies, les erreurs et la plupart des maux qui affligent l'humanité (.......) de l'orgueil. Les maisons qui sont (.......) de la ville sont sujettes aux inondations. De grandes richesses sont l'occasion (........) d'une grande pauvreté. Il n'y a point de solitude plus douce que celle qui est (......) d'une grande ville, ni de fête populaire plus agréable que celle qui est donnée près d'une solitude.

986. **Prodigue, dissipateur.** Le *prodigue* s'écarte des règles de l'économie en poussant sa dépense à l'excès ; le *dissipateur* donne dans l'extrémité à l'avarice en ne mettant dans ses dépenses ni règle, ni mesure, ni bienséance. Un *prodigue* commence la ruine de sa fortune; un *dissipateur* la consomme.

987. **Production, ouvrage.** La *production* est le fait de la fécondité; l'*ouvrage*, le résultat du travail. La *production* reçoit l'être ; l'*ouvrage*, la forme.

988. **Profanation, sacrilége.** La *profanation* est une irrévérence envers les choses sacrées, un abus des choses précieuses; le *sacrilége*, un outrage à la divinité.

989. **Proférer, articuler, prononcer.** *Proférer*, c'est prononcer des paroles à haute et intelligible voix ; *articuler*, c'est prononcer distinctement ou marquer les syllabes en les liant ensemble; *prononcer*, c'est exprimer ou faire entendre par le moyen de la voix.

990. **Proie, butin.** *Proie* désigne ce que les animaux car-

nassiers ravissent et mangent; *butin*, ce qu'on a pris à la guerre ou sur l'ennemi.

991. **Projet, dessein.** Le *projet* est un plan ou un arrangement de moyens pour l'exécution d'un dessein; le *dessein* est ce qu'on veut exécuter. De beaux *projets;* de grands *desseins.*

EXERCICES (986, 987, 988, 989, 990, 991).

L'expérience de tous les siècles nous apprend que les têtes à grands (.......) et les esprits féconds en beaux (.....) sont sujets à donner dans la chimère. Le (.....) d'un avare est de s'enrichir; son (......) est d'amasser. Un bon ministre n'a d'autre (.....) que la gloire du prince et le bonheur des sujets. Un bon général a autant d'attention à cacher ses (.......) qu'à découvrir ceux de l'ennemi. L'appétit féroce cherche une (....); l'avide cupidité cherche du (....). L'animal carnassier court à sa (....) pour la déchirer et en faire sa pâture; l'abeille diligente vole au (....) pour l'enlever et l'emporter dans sa ruche. Il y a des oiseaux qui (.......) fort bien plusieurs mots de suite. Les paroles que Jésus-Christ (......) sur la croix sont des paroles de paix et de miséricorde. Les Italiens, les Allemands, les Anglais (.........) le latin autrement que nous. Le (.......) jouit moins que l'économe. Le (.........) dans un équipage doré passe en fredonnant et plein d'indifférence devant l'hôpital où peut-être il ira mourir. L'univers est la (.........) ou la création d'une puissance infinie qui l'a fait de rien; il est l'(.......) d'une intelligence infinie qui a donné à la matière ces formes merveilleuses et cette ordonnance faite pour jeter dans l'extase l'âme sensible. La (..........) d'un art n'avilit que celui qui le possède. L'usage des paroles de l'Ecriture pour des pratiques superstitieuses est une (...........). C'est un (.......) que d'offenser son père. C'est un (.......) d'insulter aux malheureux.

---

992. **Promenade, promenoir.** *Promenade* signifie l'action de se promener, et, par extension, le lieu où l'on se promène; *promenoir* est le lieu destiné à la promenade.

993. **Promettre, s'engager, donner parole.** On *pro-*

DES SYNONYMES. 229

met de payer une somme; on *donne parole* de la payer tel jour; on *s'y engage* par écrit.

994. **Promptitude, célérité, vitesse, diligence.** La *promptitude* exclut les délais; la *célérité* ne souffre pas d'interruption; la *vitesse* est ennemie de la lenteur; la *diligence* met tout à profit, et fuit les longueurs. Il faut obliger avec (*promptitude*); faire ses affaires avec *célérité*; courir avec *vitesse* au secours des malheureux; travailler avec *diligence* à sa propre perfection.

995. **Propre à, propre pour.** Un bois est *propre pour* teindre ou donner la teinture; une étoffe est *propre à* teindre ou à recevoir la teinture. *Propre pour* marque la propriété; *propre à*, l'aptitude.

996. **Prosternation, prostration.** La *prosternation* est l'action par laquelle on se prosterne; la *prostration*, l'action par laquelle on est incliné. Dans la *prosternation* simple on s'incline profondément, et l'on se relève; dans la *prostration*, on reste profondément incliné. Celle-ci marque une sorte de culte; celle-là une humble révérence.

EXERCICES (992, 993, 994, 995, 996).

Les Chinois font plusieurs (............) quand ils se présentent devant l'empereur; plusieurs (..........) quans ils honorent l'image de Confucius. Un savant en état de donner de bonnes leçons est *propre* (....) une chaire; un jeune homme en état de recevoir ses instructions est *propre* (...) sciences. La (..........) fait commencer aussitôt; la (......) fait agir de suite; la *vitesse* emploie tous les moments avec activité; la (.......) choisit les voies les plus courtes et les moyens les plus efficaces. Tout lieu où l'on se promène est (..........); il n'y a de (........) que le lieu disposé exprès pour qu'on s'y promène. L'exercice modéré de la (..........) est salutaire. Echappé des langes de l'enfance et admis dans le collège, l'adolescent aspire après le jour où la (..........) lui sera permise comme délassement de ses études, comme moyen de conservation pour sa santé. Les grands portiques de la cour des Invalides, du jardin du Palais-Royal, des rues Castiglione et Rivoli, sont de magnifiques (..........). Un souverain ne doit jamais (........) que ce qu'il veut tenir.

997. Protection, auspices. Il est d'un bon augure de se présenter, pour une place, sous les *auspices* d'un homme estimé; il est plus sûr de l'obtenir sous la *protection* d'un homme puissant.

968. Prouesses, exploits. *Prouesses* se dit des actions d'un chevalier, d'un aventurier ou d'un homme vain; *exploits*, des grandes actions d'un général, d'un grand capitaine. Les *prouesses* d'Amadis et d'Esplandian; les *exploits* d'Alexandre et de César.

999. Publicain, financier, traitant, partisan, maltôtier. Le *publicain* percevait les revenus publics; le *financier* avait la ferme ou la régie des droits, maniait les deniers de l'Etat, faisait des opérations de banque; le *traitant* ou le *partisan* opérait les recouvrements à certaines conditions réglées par un traité, ou ce qu'on appelait alors un parti; le *maltôtier* exigeait, outre l'impôt légal, des sommes qui n'étaient pas dues. *Financier* est plus noble; *traitant*, plus en sous-ordre; *partisan*, plus odieux; *maltôtier*, plus méprisable. *Publicain* ne se disait que des financiers de l'antiquité.

1000. Pureté, chasteté, pudicité, continence. La *pureté* est la condition de l'âme qui a conservé intacte la fleur de l'innocence; la *chasteté* est une vertu rigide qui dompte le corps, l'épure et tient constamment ses désirs dans un respect sacré de la loi; la *pudicité* se couvre du voile de la pudeur, pour défendre l'âme du contact corrupteur de l'immodestie et de l'immoralité; la *continence* commande aux sens et résiste invinciblement à l'entraînement du plaisir.

1001. Purger, purifier, épurer. *Purger*, c'est rendre la chose nette, saine, libre de ce qui lui ôtait sa pureté apparente ou l'offusquait; *purifier*, c'est rendre à la chose sa pureté, son intégrité, sa vertu essentielle qu'elle avait perdue par altération, mélange ou corruption; *épurer*, c'est augmenter la pureté de la chose par des raffinements, des purifications, des perfectionnements successifs.

EXERCICES (997, 998, 999, 1000, 1001).

Plaise à Dieu que l'année commence sous de riants (........)! Chaque citoyen est sous la (........) des lois. Un homme ridiculement vain parle de ses (.........); le héros, le conquérant font des (......). Le nom de (........) devint odieux, surtout chez les Juifs, à cause des profits scandaleux qu'ils accumulaient. Combien de républicains ardents sont devenus des (.........) impitoyables ! Pendant le XVe et le XVIe siècle les (........) ont été sévèrement punis comme concussionnaires. Le (........) était une dénomination injurieuse qu'on donnait aux (.......) qui venaient. Avant d'être un devoir de morale, la (.......) est une foi de conservation que la nature impose à tous les êtres vivants. La chasteté des vierges consiste à vivre dans une perpétuelle (..........). La pudeur est une conséquence de la (.......). La (......) morale est la santé de l'âme. Une diction plus nette, plus châtiée, plus élégante (....) le style. Le sucre, bien (.....), prend une blancheur éclatante. Vous (......) le mercure en le sublimant. Le cœur se (.....) par la pénitence. Le feu (......) les métaux. On (.....) son esprit d'erreurs et de préjugés funestes. Il faut de temps en temps (......) sa conscience.

Q

1002. Qualité, talent. Les *qualités* constituent le caractère de la personne ; les *talents* en font l'ornement. On acquiert ceux-ci ; celles-là sont naturelles. *Qualité* s'emploie en bien ou en mal ; *talent* ne s'emploie qu'en bonne part.

1003. Quant à moi, pour moi. *Quant à moi* a quelque chose de plus décidé que *pour moi*. On dit avec un air de doute : *pour moi*, je penserais, je ferais cela. On dira d'une manière résolue : *quant à moi*, je pense, je fais ainsi.

1004. Quasi, presque. *Quasi* marque la ressemblance ; c'est un terme de similitude. *Presque* marque l'approximation ; c'est un terme de mesure.

1005. Quereller, gronder. On *gronde* en murmurant ; on *querelle* avec plus d'éclat, d'aigreur.

1006. Questionner, interroger, demander. *Questionner* suppose un esprit de curiosité ; *interroger* suppose l'autorité ; *demander* a quelque chose de plus civil, de plus respectueux, et ne présente d'autre accessoire que l'idée de savoir. L'espion *questionne* les gens; le juge *interroge* les prévenus; le soldat *demande* l'ordre au général.

EXERCICES (1002, 1003, 1004, 1005, 1006).

Les (.......) du cœur sont les plus essentielles ; celles de l'esprit sont les plus brillantes. Les (......) qui servent aux besoins sont les plus nécessaires ; ceux qui servent aux plaisirs sont les mieux récompensés. On se fait aimer ou haïr par ses (......) ; on se fait rechercher par ses (......). Des (.......) excellentes, jointes à de rares (.....), font le parfait mérite. (.......) moi, je dispute avant que je m'engage. (.......) moi, je ne tenterai rien qu'avec de bonnes précautions. Pour (...), je ne réponds de rien. (....) vous, vous réussirez infailliblement. Dites à une mère coquette qu'elle est (....) jeune comme sa fille, elle vous croira ; elle voudra vous faire accroire qu'elle est (.......) aussi grande que sa fille, qui a quatre pouces de plus qu'elle, et vous n'oserez pas la démentir. C'est un homme qui (.......) toujours ses domestiques. Nous (.........) les malheureux, pour nous dispenser de les secourir. Une honnête femme doit être contente de son mari quand il ne la bat pas, ne la (......) pas et ne la laisse manquer de rien. Quand on veut savoir la cause d'un événement, on (.........) tout le monde. Les examinateurs (.........) les candidats avant de les recevoir. Les Romains (...........) du pain et des spectacles ; Les Chinois (......... ...) du pain et des tréteaux ; les Français, du pain et des nouvelles.

R

1007. Race, lignée, famille, maison. La *race* rappelle son auteur, son fondateur ; la *lignée*, les enfants, les descendants ; la *famille*, les chefs et les membres ; la *maison*, l'origine et les ancêtres. La *race* des Héraclides ; la *lignée* d'Abraham ; la *famille* royale ; la *maison* de Lorraine.

1008. Radieux, rayonnant. L'effusion abondante de la lumière rend le corps *radieux* ; l'émission de plusieurs traits de lumière le rend *rayonnant*. On distingue les rayons du corps *rayonnant*; dans le corps *radieux*, ils sont confondus. Le soleil est *radieux* à son midi ; à son coucher, il est encore *rayonnant*.

1009. **Râle, râlement.** *Râle* exprime le bruit que l'on fait en râlant ; *râlement* marque la crise qui fait qu'on râle. Un agonisant a le *râle* ; la poitrine est oppressée par le *râlement*.

1010. **Rancidité, rancissure.** La *rancidité* est la qualité du corps rance ; la *rancissure* est l'effet éprouvé par le corps rance. La *rancidité* est dans les principes qui vicient ; la *rancissure*, dans les parties viciées.

1011. **Rapiécer, rapiéceter, rapetasser.** *Rapiécer*, c'est mettre des pièces ; *rapiéceter*, c'est remettre sans cesse de nouvelles pièces ; *rapetasser*, c'est mettre grossièrement de grosses pièces. On *rapièce* un bas, du linge, un rideau ; on *rapiécète* des vêtements ; on *rapetasse* les vieilles hardes.

1012. **Rapport, analogie.** Les choses ont *rapport* l'une avec l'autre par une sorte de liaison ; elle met de l'*analogie* entre elles par une simple ressemblance.

1013. **Rapport à, rapport avec.** Une chose a *rapport à* une autre quand l'une conduit à l'autre ; une chose a *rapport avec* une autre quand elle lui est proportionnée, conforme, semblable.

1014. **Rassurer, assurer.** Vous *assurez* celui qui n'est pas ferme ; vous *rassurez* celui qui est dans la crainte.

EXERCICES (1007, 1008, 1009, 1010, 1011, 1012, 1013, 1014).

La (...) des fripons est fort nombreuse. Les usuriers sont une méchante (....). Dieu promit à Abraham une (.....) nombreuse comme les étoiles du ciel. L'individu inutile à la (......) le sera toujours à la patrie. La (......) du roi faisait partie de la maison militaire. Le soleil est (.......) avec un ciel pur ; à travers les nuées transparentes, il n'est que (.........). Un homme qui a un air de bonne santé, de contentement, de jubilation, est (.......) ; celui qui vient de remporter un avantage honorable, un grand prix, une victoire, est tout (.........) de gloire. Un moribond a le (...). Les pauvres gens vont dans la rue avec des hardes toutes (.........). Il faut détruire la (........) et ôter la rancissure. La langue italienne a de grands *rapports* (....) la langue latine. Le gouvernement aristocratique a plus de *rapport* (....) le gouvernement d'un seul. La pitié naturelle est fondée sur les *rapports* que nous avons (....) l'objet qui souffre. Les actions humaines sont bonnes ou mauvaises, selon le *rapport* qu'elles ont (.) une bonne ou (.) une mauvaise fin. L'intégrité des juges doit nous (.......). Les hommages publics qu'on rend aux grands les (........) sur le mépris secret qu'on a pour eux. On fait opérer sur le cadavre les jeunes chirurgiens, les jeunes dentistes, pour leur (......) la main.

1015. **Ravager, désoler, dévaster, saccager.** On *ravage*, en enlevant, en emportant par une action violente, les productions et les biens; on *désole*, en détruisant la population jusqu'à faire d'une contrée une solitude; on *dévaste*, en détruisant les richesses matérielles d'un pays; on *saccage*, en mettant des lieux peuplés à feu et à sang. Les tempêtes *ravagent* les campagnes; la famine *désole* un pays; des barbares *dévastent* un empire; des vainqueurs féroces *saccagent* une ville prise d'assaut.

1016. **Réaliser, effectuer, exécuter.** *Réaliser*, c'est accomplir ce que des espérances ont donné lieu d'espérer; *effectuer*, c'est accomplir ce que des promesses formelles ont donné droit d'attendre; *exécuter*, c'est accomplir une chose, conformément au plan que l'on s'en est formé auparavant. On *réalise* une promesse; on *effectue* un payement; on *exécute* un plan.

1017. **Rebelle, insurgé.** L'*insurgé* use de son droit, de sa liberté pour s'élever contre un pouvoir tyrannique; le *rebelle* abuse de ses moyens pour s'élever contre l'autorité légitime.

1018. **Rébellion, révolte.** *Rébellion* marque la désobéissance et le soulèvement; *révolte*, la défection et le recours à la force. La *rébellion* est la levée de boucliers; la *révolte*, la guerre déclarée. La *rébellion* secoue le joug ; la *revolte* le brise.

1019. **Recevoir, accepter.** On *reçoit* ce qui vous est donné ou envoyé ; on *accepte* ce qui nous est offert. On *reçoit* des grâces ; on *accepte* des services.

1020. **Rechigner, renfrogner.** *Rechigner*, c'est marquer de la répugnance, du dégoût, du mécontentement par un air raide et des grimaces repoussantes ; *renfrogner*, c'est contracter ou plisser son front de manière à marquer de la rêverie, de l'humeur, de la tristesse.

EXERCICES (1015, 1016, 1017, 1018, 1019, 1020).

Des brigands qui ne cherchent que le butin, (........) ; des pirates qui veulent une proie ou des esclaves, (........) ; des barbares qui se plaisent à détruire, (........) ; des vainqueurs effrénés qui n'ambitionnent que de signaler leur vengeance, (........). On prend quelquefois plus de plaisir à former un projet qu'à le (........). La bonne foi est si rare qu'on est réduit à encourager par des éloges ceux qui ont assez de droiture pour (........) les engagements qu'ils ont contractés. Il semble qu'il y ait un projet universel d'anéantir toute probité et que l'on travaille à l'envi à l'(........). Les gouvernements légitimes ne pourraient sans nuire à leur propre intérêt et à celui de l'humanité, violer à l'égard des (........) les lois de morale, de justice et d'honneur qui doivent toujours former la base des rapports internationaux. Toute la Pologne est sillonnée de bandes d'(........). La (......) a toujours quelque chose de grand, de violent, de terrible et de funeste, tandis que la (........) n'est quelquefois qu'une désobéissance, une opposition, une résistance, coupable sans doute, mais sans de grands troubles et de grands dangers. Il faut toujours être reconnaissant des bienfaits qu'on a (....). Il ne faut jamais rejeter ce qu'on a (......). Les enfants sont sujets à n'obéir qu'en (........).

1021. **Rechute, récidive.** La *rechute* diffère de la *récidive* ; elle exprime le retour d'une maladie, plus ou moins longtemps après le rétablissement complet de la santé. *Rechute* est un terme de médecine et de morale ; *récidive*, un terme de jurisprudence et de lois pénales. Un malade fait une *rechute* ; un coupable fait une *récidive*.

1022. **Réclamer, revendiquer.** *Réclamer*, c'est s'opposer à toute sorte de prétentions ; *revendiquer*, c'est s'opposer à l'usurpation. La *réclamation* est une demande, un appel ; la *revendication*, une action, une poursuite

1023. **Récolter, recueillir.** On *récolte* ce qui se coupe, les grains, les foins, les raisins, et, en général, les grands objets de culture ; on *recueille* ce qui s'arrache, les fruits, les légumes, les racines, et autres moins importants. On *récolte* du blé ; on *recueille* du sel.

024. **Reconnaissance, gratitude.** La *reconnaissance* est due au bienfait ; la *gratitude*, à la bienfaisance. Service pour service, c'est la *reconnaissance* ; sentiment pour sentiment, c'est la *gratitude*.

1025. **Récréation, amusement, divertissement, réjouissance.** La *récréation* est un temps court de délassement ; *l'amusement*, une occupation légère, de peu d'importance, et qui plaît ; le *divertissement* est accompagné de désirs plus vifs ; la *réjouissance* se marque par des actions extérieures, des danses, des cris de joie, des acclamations de plusieurs personnes.

1026. **Rectitude, droiture.** La *rectitude* est une qualité intellectuelle, une qualité de l'esprit ; la *droiture*, une qualité morale, une qualité du cœur.

EXERCICES (1021, 1022, 1023, 1024, 1025, 1026).

La (.......) entraîne une peine plus forte que celle à laquelle on a été condamné précédemment. Une (......) est pire que le mal. Tout le monde abandonne avec raison celui qui ne se soucie de personne, et, pour avoir le droit de (........) des services, il en faut rendre aux autres. On a droit de (............) tout ouvrage dont on est l'auteur. C'est un grand travail pour un sot ignorant que d'employer une grande fortune ; il la sème maladroitement et s'étonne de ne (.......)

aucun plaisir. Après avoir (......) les fruits de la terre, les peuples s'assemblaient pour offrir des sacrifices et se livrer aux transports qu'inspire l'abondance. La (..........) est douce pour celui qui la sent, mais mille fois plus douce pour celui qui en est l'objet. L'homme qui n'exige pas de reconnaissance est précisément celui qui mérite toute votre (..........). La comédie fut toujours la (........) ou le délassement des grands hommes, le (............) des gens polis et l'(.........) du peuple; elle fait une partie des (...........) publiques dans certains événements. La (........) de l'esprit et du cœur rapproche l'homme des Dieux. La (.......) et l'honneur ornent tous les sentiments qui les accompagnent.

1027. **Recueil, collection.** *Collection* ne désigne que des choses nombreuses ou volumineuses de même nature mises ensemble, rapprochées les unes des autres, abstraction faite de toute liaison et de tout ordre; *recueil* suppose une petite réunion de choses qui ont une suite, un ordre, une liaison. *Recueil* de pièces fugitives; *collection* des conciles.

1028. **Reculer, rétrograder.** *Reculer* suppose une direction contraire à la direction ordinaire et naturelle de la marche; *rétrograder* suppose qu'après avoir fait un mouvement en avant, on en fait un en arrière.

1029. **Réformation, réforme.** La *réformation* est l'action de réformer; la *réforme* en est l'effet. Avec la *réformation* on remédie aux abus; avec la *reforme* les abus sont corrigés.

1030. **Regarder, concerner, toucher.** Si nous prenons quelque part à une chose, elle nous *regarde*; il en faut prendre davantage pour qu'elle nous *concerne*, elle est plus personnelle lorsqu'elle nous *touche*.

1031. **Régie, direction, administration, conduite, gouvernement.** La *régie* regarde des biens temporels confiés à quelqu'un, pour les faire valoir au profit du propriétaire auquel il doit rendre compte; la *direction* est pour certaines affaires de finances, ou pour des occupations auxquelles on est commis pour y maintenir l'ordre convenable ; l'*administration* a pour objet la justice ou les finances d'un Etat ; la *conduite* désigne de l'habileté à l'égard des choses, et une subordination à l'égard des personnes ; le *gouvernement* indique une supériorité de place et a un rapport particulier à la politique.

1032. **Règle, modèle.** La *règle* prescrit ce qu'il faut faire ; le *modèle* montre la chose toute faite. On suit l'une ; on imite l'autre.

EXERCICES (1027, 1028, 1029, 1030, 1031, 1032).

Un (.....) de maximes doit plaire à ceux qui aiment à lire peu et à réfléchir beaucoup. Nous possédons une grande (........) de mémoires sur l'histoire de France. L'abondance embellit le dedans du royaume, tandis que la valeur en (.....) les frontières. La société (.........) vers la barbarie, lorsque le métier de tueur d'hommes est le premier. Ceux qui sont chargés de travailler à la (..........) ne doivent s'attendre à réussir qu'autant qu'ils commenceront par vivre eux-mêmes dans la *réforme*. Plusieurs grammairiens ont déjà tenté la (.......) de l'orthographe. Beaucoup de gens s'inquiètent mal à propos de ce qui ne les (......) pas, se mêlent de ce qui ne les (.......) point, et négligent ce qui les (......) de près. Les guerres civiles, pendant les minorités, ont d'ordinaire pour prétexte la mauvaise (.............) des affaires, ou les abus qui se commettent dans l'(.............) de la justice. L'Église est chargée de la (.......) des âmes. C'est une bonne (.......) que celle du mouvement général des fonds. Les Egyptiens sont les premiers où l'on ait su les règles du (............). La (....) ne cesse d'être odieuse aux peuples que lorsque l'impôt est consenti par ses députés. Il faut que la vie d'un roi puisse être proposée comme (....) à ses successeurs. La vie de saint Vincent de Paul est un (......) de vertu et de charité. Homère et Virgile sont de beaux (........).

1033. **Règle, règlement.** La *règle* regarde les choses

qu'on doit faire; le *règlement,* la manière dont on doit les faire.

1034. **Réglé, rangé.** On est *réglé* par ses mœurs et par sa conduite; on est *rangé* dans ses affaires et dans ses occupations.

1035. **Réglé, régulier.** Ce qui est *réglé* est assujetti à une règle quelconque, uniforme ou variable, bonne ou mauvaise; ce qui est *régulier* est conforme à une règle uniforme et louable. Le mouvement de la lune est *réglé,* mais il n'est pas *régulier.*

1036. **Réglément, régulièrement.** *Réglément* indique de la précision, et suppose de la sagesse et de l'ordre; *régulièrement* désigne de l'attention, et suppose toujours de la soumission et de l'obéissance.

1037. **Relâche, relâchement.** Le *relâche* est une cessation de travail; le *relâchement,* une cessation d'activité ou de zèle. Il y a *relâche* à tel théâtre; *relâchement* des mœurs dans tel pays.

EXERCICES (1033, 1034, 1035, 1036, 1037).

Le goût est l'arbitre et la (....) des bienséances et des mœurs, comme de l'éloquence. La mollesse et l'oisiveté blessent également les (.....) de la piété et les devoirs de la vie civile. Tous les (.........) de Cécrops respiraient la sagesse et l'humanité. L'imagination bien ou mal (.....) enfante des réalités ou des chimères. Celui qui a beaucoup d'ordre dans sa conduite, dans ses affaires, est un homme (......). Ce n'est point un avantage d'avoir l'esprit vif, s'il n'est juste; la perfection d'une pendule n'est pas d'aller vite, mais d'être (......). Une vie (........) est conforme aux principes de la morale et aux maximes de la religion. La fièvre le prend (.........) tous les jours à telle heure. Le soleil, comme un époux éclatant qui sort de sa couche nuptiale, se lève et parcourt (............) tout ce vaste univers. Le (......) est un soulagement qui prépare à de nouveaux travaux; le (..........) dans ce qui concerne la piété, la discipline ou les mœurs, est une infraction qui en amène d'autres, et conduit au désordre.

1038. **Relevé, sublime.** *Relevé* a rapport à la science et à la nature des choses qu'on traite; *sublime*, à l'esprit et à la manière dont on les traite.

1039. **Religion, dévotion, piété.** La *religion* est plus dans le cœur qu'elle ne paraît au dehors; la *piété* est dans le cœur, et paraît au dehors; la *dévotion* paraît quelquefois au dehors sans être dans le cœur. Où il n'y a point de probité, il n'y a point de *religion*; qui manque de respect pour les temples, manque de *piété*; point de *dévotion* sans attachement au culte des autels.

1040. **Remarquer, observer.** On *remarque* les choses par attention pour s'en souvenir; on les *observe* par examen pour en juger. Le général doit *remarquer* ceux qui se distinguent parmi ses troupes; il doit *observer* les mouvements de l'ennemi.

1041. **Remède, médicament.** Tout ce qui contribue à guérir est *remède*; toute matière, toute mixtion préparée pour servir de remède, est *médicament*.

1042. **Renaissance, régénération.** *Renaissance* ne s'emploie qu'au figuré, et se dit du renouvellement d'une chose; *régénération* se dit au propre et au figuré; au propre, c'est un terme de chirurgie; au figuré, c'est un terme de religion.

1043. **Rencontrer, trouver.** On *trouve* les choses inconnues ou celles que l'on cherche; on *rencontre* les choses qui sont sur notre chemin, ou qui se présentent à nous, sans les chercher. On *trouve* une bourse; on *rencontre* un ami.

1044. **Rendre, remettre, restituer.** On *rend* un prêt, un don; on *remet* un gage, un dépôt; on *restitue* un vol, un plagiat.

EXERCICES (1038, 1039 1040, 1041, 1042, 1043, 1044).

Des mots recherchés, joints à des raisonnements profonds et métaphysiques, forment le style (......). Des expressions également justes et brillantes, jointes à des pensées vraies, finement et noblement tournées, font le style (......). La

(........) donne à la vertu les plus douces espérances; au vice impénitent de justes alarmes, et au vrai repentir les plus puissantes consolations. Il faut que les grands apprennent aux peuples à respecter la (....), en respectant eux-mêmes ceux qui la pratiquent. C'est assez pour une personne du monde d'avoir de la (.......); la (....) convient aux personnes qui se piquent de vertu ; la (.......) est le partage des gens entièrement retirés. Ceux qui (........) la conduite des autres pour en (.........) les fautes, le font ordinairement pour avoir le plaisir de censurer, plutôt que pour apprendre à rectifier leur propre conduite. Le voyageur (.........) ce qui le frappe le plus. L'espion (......) les démarches qu'il croit de conséquence. Le (......) guérit le mal ; le (.........) est un traitement fait au malade. Depuis la (..........) des lettres en Europe, la rusticité des barbares qui l'avaient inondée, a fait place à des mœurs plus polies et plus douces. Il y a des exemples de (...........) d'os dans des sujets jeunes et qui n'avaient pas encore pris tout leur accroissement. Un torrent entraîne tout ce qu'il (........) sur son passage; des voleurs emportent tout ce qu'ils (........) dans une maison. Il faut (.....) à César ce qui appartient à César. Les concierges doivent (.......) exactement les lettres que le facteur vous apporte. Il faut (.......) ce qu'on a pris.

1045. **Renoncer, renier, abjurer.** On *renonce* à des maximes et à des usages qu'on ne veut plus suivre, ou à des prétentions dont on se désiste; on *renie* le maître qu'on sert, ou la religion qu'on avait embrassée; on *abjure* l'erreur dans laquelle on s'était engagé et dont on faisait profession publique. Philippe V a *renoncé* à la couronne de France; saint Pierre a *renié* Jésus-Christ; Henri IV *abjura* le calvinisme.

1846. **Renonciation, renoncement.** *Renonciation*, terme de jurisprudence, est l'abandon des droits qu'on avait ou qu'on prétendait avoir sur une chose ; *renoncement*, terme de spiritualité, est le détachement des choses de ce monde. La *renonciation* est extérieure; le *renoncement*, intérieur.

1047. Rente, revenu. La *rente* est le prix annuel ; le *revenu*, ce qui revient annuellement de la propriété, des avances.

1048. Réponse, réplique, repartie. La *réponse* se fait à une demande ou à une question ; la *réplique*, à une réponse ou à une remontrance ; la *repartie*, à une raillerie ou à un discours offensant.

1049. Reprendre, réprimander. *Reprendre*, c'est avertir simplement de la faute ; *réprimander*, c'est y ajouter des parolles qui renferment une correction.

1050. Représenter, remontrer. *Représenter*, c'est engager doucement quelqu'un à changer d'opinion, de conduite ; *remontrer*, c'est vouloir, par des paroles sévères, détourner d'une faute, faire revenir d'une erreur.

EXERCICES (1045, 1046, 1047, 1048, 1049, 1050).

L'hérétique (.....) quand il rentre dans le sein de l'Église ; le chrétien (....) quand il se fait mahométan ; le schismatique (.......) à la communion universelle des fidèles pour s'attacher à une société particulière. La profession de la vie religieuse exige, dans l'intérieur, un (..........) entier de soi-même et de toutes les choses de ce monde, et emporte, par le fait, la (..........) à tous les droits de propriété que l'on pouvait avoir avant la prononciation des vœux. Les (.....) publiques sont des charges du (......) public ; sans le (......), on ne peut payer les (.....). La (......) doit être claire et juste ; il faut que ce soit le bon sens et la raison qui la dictent. La (.......) doit être forte et convaincante ; il faut que la vérité y paraisse armée et fortifiée de toutes ses preuves. La (.......) doit être vive et prompte ; il faut que le sel de l'esprit y domine et la fasse briller. Une heure avant de mourir, Malherbe (.....) un garde qui venait de prononcer un mot qui n'était pas français. Il faut (..........) sans amertume. Les supérieurs (..........), à leurs inférieurs, ce qui est de leur devoir. Si l'on ne (........) souvent aux hommes leurs devoirs, on sera souvent obligé de leur (........) leurs fautes.

1051. **Réputation, célébrité, renommée, considération.** La *réputation* est le fruit du talent et du savoir; l'esprit, les talents, le génie, procurent la *célébrité* : c'est le premier pas vers la *renommée*, qui ne diffère que par plus d'étendue; la *considération* est un sentiment d'estime mêlé d'une sorte de respect qu'on a pour vous et pour votre mérite, votre caractère, votre position dans la société.

1052. **Réserve, modestie, retenue, décence, pudeur.** La *réserve* craint de s'avancer; la *retenue* ne s'avance qu'avec circonspection; la *décence* ne se présente que dans un état convenable; la *modestie* fuit les regards et ose à peine paraître; la *pudeur* n'ose se montrer sans rougir.

1053. **Résidence, domicile, demeure.** La *résidence* est la demeure habituelle et fixe; le *domicile*, la demeure légale ou reconnue par la loi; la *demeure*, le lieu où l'on reste, où on est logé.

1054. **Respirer, soupirer, respirer après, soupirer après.** *Respirer* annonce un désir plus ardent; *soupirer*, un désir plus tendre. *Respirer après* marque un désir plus vif; *soupirer après*, un désir plus affectueux ou un regret plus triste. Le malade ne *respire* qu'*après* la santé; le vrai chrétien *soupire après* un bonheur éternel.

1055. **Ressemblance, conformité.** *Ressemblance* se dit des sujets intellectuels ou corporels; *conformité* ne s'applique qu'aux objets intellectuels. *Ressemblance* parfaite entre deux personnes; *conformité* de sentiments entre elles.

1056. **Ressemblant, semblable.** *Ressemblant* indique le fait, et marque qu'un objet ressemble à un autre; *semblable* indique la propriété qu'a l'objet d'être comparé à un autre. Un portrait *ressemblant*; un fils *semblable* à son père.

EXERCICES (1051, 1052, 1053, 1054, 1055, 1056).

La (.......) que donne l'histoire à ceux qui ont cultivé la

vertu, et l'infamie dont elle note les scélérats, sont de puissants moyens pour inspirer l'amour de la vertu et l'horreur du vice. Un petit parvenu, retombé, n'inspire pas une grande (..........). Il n'y a point de fortune à faire, il n'y a guère de (........) à acquérir dans les obligations pénibles que l'instituteur accomplit. Aux yeux de l'envie, la (........) la mieux établie n'est qu'une erreur publique. Nous cherchons à nous parer de la (........) de certains amis qui nous font honneur. La (......) est la grâce de la vertu et le fard du vice. La bonne compagnie exige la (......) dans les expressions et l'extérieur. La (......) n'empêche pas un homme de sentir son mérite. Les filles d'Athènes imaginèrent ces robes commodes et charmantes si favorables à la (......) et à la beauté. Bien des gens affectent une grande (......); ils ne parlent pas, mais ils écoutent. Jamais la (......) ne nuisit à quelqu'un. On peut avoir plusieurs (........) réelles, mais on n'a qu'un (......) légal. La vieillesse n'avait nulle part de (......) plus honorable qu'à Sparte. Les évêques, les curés sont obligés à (........). L'âme resserrée de toutes parts ne peut plus (......) que du côté du ciel. La famille du marin ne (......) qu'après son retour. Les souverains doivent (......) après une gloire toute immortelle. Quelques traits de (..........) entre la doctrine de l'Église catholique et celle des hérétiques des premiers siècles, autorisèrent les païens à condamner absolument le christianisme; leurs préventions les empêchaient de remarquer le défaut de (..........) des uns avec les autres, et l'exacte (........) de la doctrine évanglique. Il n'y a rien de plus (........) à un chat sur une fenêtre qu'une chatte. L'égalité de fait n'est pas dans la nature; elle ne crée pas deux individus parfaitement (........).

1057. **Rétablir, restaurer, réparer.** *Rétablir*, c'est remettre en bon état; *restaurer*, c'est remettre à neuf; *réparer*, c'est raccommoder. On *rétablit* des fortifications; on *restaure* de vieux tableaux; on *répare* une brèche.

1058. **Rétif, rebours, revêche, récalcitrant.** Le *rétif* est fantasque, indocile, têtu; le *rebours*, farouche, morose, intraitable; le *revêche*, aigre, difficile, entier; le *récalcitrant*, volontaire, colère, indisciplinable.

1059. **Réussite, succès, issue.** L'*issue* est la fin propre de la chose ; le *succès*, le moyen ou la fin des personnes et de leurs actions ; la *réussite*, la fin des choses et le but des personnes. On n'a pas bonne *issue* d'une entreprise téméraire ; avec les mêmes moyens, on aura des *succès* différents; la conduite est une chose, et la *réussite*, une autre.

1060. **Rêve, rêverie.** La *rêverie* est le résultat ou la suite du *rêve*. Un bon esprit fait des *rêves;* il ne les prend que pour des *rêveries*.

1061. **Rêve, songe.** Les *rêves*, plus vagues, plus étranges, plus désordonnés, n'ont aucune apparence de raison, de suite; les *songes*, plus sentis, ont une apparence de raison, et laissent, dans le cerveau, des traces profondes. Le *rêve* passe avec le sommeil; le *songe* reste après lui. Au figuré, une chose ridicule, invraisemblable, est un *rêve;* une chose fugitive, vaine, est un *songe*. Nos projets sont des *rêves;* la vie est un *songe*.

1062. **Revenir, retourner.** On *revient* au lieu d'où l'on était parti; on *retourne* au lieu où l'on était allé. On *revient* dans sa patrie; on *retourne* dans son exil.

EXERCICES (1057, 1058, 1059, 1060, 1061, 1062).

On ne trouve pas, dans toutes les histoires, l'exemple d'une grande confiscation dont l'effet ait été de (.......) l'ordre, la justice, la paix et le bonheur dans un État qui les avait perdus. Il est impossible de (........) l'État si les mœurs ne se réforment pas. Il est plus facile de (......) un édifice que de le construire. L'enfant gâté accoutumé à faire sa fantaisie, est (....). L'homme bourru, accoutumé à se livrer à son humeur, sans contrariété, sera (......). Une personne haute, accoutumée à l'empire et aux déférences, pourra bien être (......). Un jeune homme ardent, accoutumé à l'indiscipline et à l'impunité, se trouvera (..........). On ne s'engage pas dans une affaire sans en prévoir (.....). César semblait être assuré de la (.......) dans les entreprises de sa vie privée, comme s'il était né pour être le plus heureux des particuliers. Les bons et les mauvais (.....) semblent s'être partagé la durée des empires. Les gens qui font beaucoup de (....) sont fort sujets à débiter des (.......). Le somnambulisme n'est autre chose que le (....) mis en action. Nous croyons voir de sinistres présages de notre mort dans les (......) d'un songe, dans le chant nocturne d'un oiseau. Joseph expliqua le (....) de Pharaon. Le soleil (.....) sur l'horizon. La beauté passe et ne (......) plus. La course de l'homme inconstant ressemble à celle d'un insensé qui va et revient, et (.......) sans savoir où ses pas doivent le guider.

1063. **Ridicule, risible.** Ce qui est *ridicule* doit exciter la risée ; ce qui est *risible* est propre à exciter le rire. Un objet est *ridicule* par un contraste frappant entre la manière dont il est et celle dont il doit être ; un objet est *risible* par quelque chose de plaisant et de piquant. *Risible* se prend en bonne et en mauvaise part ; *ridicule* ne se prend qu'en mauvaise part. Don Quichotte est *ridicule*; Sancho Pança est *risible*.

1064. **Roc, roche, rocher.** *Roc* désigne la nature de la pierre, la qualité de la matière dont il est formé; *roche* exprime souvent de grandes masses de pierres de différentes qualités et même de matières très-diverses; l'idée de force est particulièrement dominante dans le *rocher*.

1065. **Rogue, arrogant, fier, dédaigneux.** Le *rogue* affecte dans son air la supériorité ; *l'arrogant* affecte dans ses manières la domination ; le *fier* affecte dans ses habitudes une orgueilleuse indépendance ; le *dédaigneux* affecte dans l'accent de toute sa personne une opinion injurieuse des autres.

1066. **Roi, prince, potentat, monarque, empereur.** Un *prince* peut n'avoir qu'un titre de principauté, sans la posséder ; le *potentat* étend sa puissance, à quelque titre que ce soit, sur un vaste pays; il y est *roi*, si quelque corps limite son autorité; *empereur*, s'il a sous lui des rois.

DES SYNONYMES. 247

1067. **Raide, rigide, rigoureux.** Une personne *raide* est d'une sévérité inflexible ; une personne *rigide* est d'une sévérité *intraitable* ; une personne *rigoureuse* est d'une sévérité impitoyable. On a l'esprit *raide* ; des principes *rigides* ; une conduite *rigoureuse*.

EXERCICES (1063, 1064, 1065, 1066, 1067).

Si vous racontez des choses (......), que ce soit d'une manière (.....). C'est sur un (...) qu'il est doux d'avoir des amis. Il y a des (.....) qui tiennent de la nature du caillou, et il y en a qui se débitent par écailles. On n'emploie guère la pierre de (....) que dans les fondations. Le terrain de la mer est de sable, de gravier, souvent de vase, quelquefois de terre ferme, de coquillages, de (......). Voyez cet homme étonné et enorgueilli de son élévation : comme il est (....)! Voyez celui-là, devenu présomptueux et hautain par ses succès : comme il est (.......)! Voyez celui-ci, qui prend sa fortune pour son mérite, comme il est (...)! Voyez cet autre, qui croirait n'être rien, s'il vous comptait pour quelque chose : comme il est (..........)! Jules César s'étant fait nommé dictateur perpétuel l'an de Rome 708, le peuple lui déféra le titre d'*empereur* pour marque de l'autorité absolue dont il jouissait. Tout (........) qui ne se fait pas aimer n'est (...) qu'à demi. Ceux qui aiment et craignent Dieu, ne peuvent que bien faire, et sont toujours plus fidèles à leurs (......). Une censure (....) choque les esprits ; une vertu (.....) les étonne ; une justice (.........) les effraye.

1068. **Rondeur, rotondité.** *Rondeur* exprime l'idée abstraite d'une figure ronde ; la *rotondité* exprime la rondeur propre à tel ou tel corps, la figure de ce corps rond. La *rondeur* d'une boule ; la *rotondité* de la terre.

1069. **Rôt, Rôti.** Le *rôt* est le service des mets rôtis ; le *rôti* est la viande *rôtie*. La viande de boucherie, la volaille, le gibier, etc., cuits à la broche, sont du *rôti* ; les différents plats de cette espèce composent le *rôt*.

1070. **Route, voie, chemin.** *Route* renferme l'idée de

quelque chose d'ordinaire et de fréquenté; *voie* marque une conduite certaine vers le lieu dont il est question; *chemin* signifie précisément le terrain qu'on suit et dans lequel on marche. Si vous allez en Champagne par la *voie* de terre, votre *route* ne sera pas longue, et vous aurez un beau *chemin*.

1071. Rustaud, rustre. C'est faute d'éducation, faute d'usage qu'on est *rustaud*; c'est par humeur, par rudesse de caractère qu'on est *rustre*.

EXCRCICES (1068, 1069, 1070, 1071).

On aime mieux une (.......) grossière qu'une politesse affectée. J'admire la (........) de ce gros financier. Le *rôt* est servi après les entrées. La magnificence des festins consistait surtout dans la somptuosité du (....), comme aujourd'hui aux noces de village : on y servait des sangliers et des bœufs entiers et remplis d'autres animaux. Le service du (....) est presque entièrement retranché; dans les repas ordinaires, il y a seulement quelques plats de (....), mêlés avec l'entremets. Les (.....) impériales sont exécutées et entretenues aux frais de l'État, et les (......) départementales sont à la charge du département. Les (....) romaines portaient le nom de celui qui les avait fait construire ou réparer. L'entretien des (.......) est un des objets les plus importants et cependant les plus négligés dans toutes les exploitations rurales. Il n'y a pas apparence que celle qui aura ce joli doigt soit une (.......) ou une paysanne. Les manières du (.......) sont ses formes; les manières du (.....) sont ses mœurs.

S

1072. Sacrifier, immoler. *Sacrifier*, c'est consacrer une chose à la divinité; *immoler*, c'est offrir un sacrifice sanglant, égorger une victime sur l'autel. L'idée de *sacrifier* est plus vague et plus étendue; celle d'*immoler*, plus forte et plus restreinte. Dans le sens profane et figuré, ces termes conservent encore leur différence : Vous *sacrifiez* tous les genres d'objets auxquels vous renoncez volontairement; vous *immolez* des objets animés ou des êtres personnifiés que vous vouez à la mort, à l'anathème, au malheur. Aristide se *sacrifie* pour sa patrie ; Codrus *s'immole* pour elle.

1073. **Sagacité, perspicacité.** La *sagacité* discerne ; la *perspicacité* pénètre. La prudence veut de la *sagacité* ; l'instruction, de la *perspicacité*.

1074. **Sagesse, prudence.** La *sagesse* fait agir et parler à propos ; la *prudence* empêche d'agir et de parler mal à propos. La *sagesse* est plus éclairée ; la *prudence*, plus réservée.

1075. **Sagesse, vertu.** La *sagesse* suppose dans l'esprit des lumières naturelles ou acquises ; la *vertu* suppose dans le cœur, par tempérament ou par réflexion, du penchant pour le bien, et de l'éloignement pour le mal.

1076. **Sain, salubre, salutaire.** Les choses *saines* ne nuisent point ; les choses *salubres* font du bien ; les choses *salutaires* sauvent du danger. Les hospices doivent être dans une situation *saine* ; les aliments des malades doivent être *salubres* ; les remèdes, *salutaires*.

1077. **Salut, salutation, révérence.** Le *salut* est une démonstration extérieure de civilité, d'amitié, de respect, faite aux personnes qu'on rencontre, qu'on aborde, qu'on visite ; la *salutation* est le salut particulier qu'on fait dans telle occasion, avec des marques de respect ou d'empressement ; la *révérence* est un salut de respect et d'honneur par lequel on incline le corps, ou l'on plie les genoux.

EXERCICES (1072, 1073, 1074, 1075, 1076, 1077).

Les persécuteurs du christianisme naissant obligeaient les chrétiens à (.......) aux faux dieux, non en leur faisant (........) des animaux, mais seulement en exigeant d'eux un acte de culte, comme de brûler de l'encens, de goûter les viandes consacrées. Il faut de la (.......) dans les affaires, et de la (.........) dans les sciences. La (......) est la raison perfectionnée par la science ; la (........) est la droite raison appliquée à la conduite de la vie. La (......) obscure est souvent méprisée, parce que rien ne la relève à nos yeux. Ce qu'il y a de plus important, c'est d'inspirer aux enfants la doctrine la plus (....), en ce qui concerne la religion et les mœurs; en ce qui constitue leurs devoirs envers Dieu, envers la patrie et envers les différentes classes d'hommes, ils ne doivent voir que les meilleurs exemples, et ne recevoir que les instructions les plus (........). Il n'y a que de la grossièreté à ne pas rendre le (....); il est vrai que rien n'est si grossier qu'un orgueil grossier. Un certain abandon dans les (.........) paraît quelquefois ridicule; je ne sais si c'est parce qu'elles en sont plus cordiales. C'est surtout par les petites choses qu'on réussit dans le monde ; rien ne recommande plus une femme au premier abord qu'une (........) faite avec grâce ou avec noblesse.

1078. De sang-froid, de sens froid, de sang rassis, de sens rassis. De ces quatre locutions, celles qui sont consacrées par l'usage et par l'Académie sont de *sang-froid* et de *sens rassis*. De *sang rassis* ne signifie rien et ne peut s'écrire ainsi qu'en violation de l'orthographe.

1079. Satisfait, content. On est *satisfait* quand on a obtenu ; on est *content* lorsque l'on ne souhaite plus. La possession rend *satisfait ;* le goût seul rend *content*.

1080. Sauvage, farouche. On est *sauvage* par défaut de culture ; on est *farouche* par un vice d'humeur. L'animal *sauvage* s'apprivoise ; l'animal *farouche* ne peut être que dompté.

1081. Savant homme, homme savant. Le premier peut se dire ironiquement ou ne s'appliquer qu'à une science : *savant homme* en mathématique ; *homme savant* se dit toujours respectueusement d'un homme qui possède à fond au moins deux sciences ; s'il n'en savait qu'une, on dirait *savant mathématicien*.

1082. Savoureux, succulent. Ce qui est *savoureux* a beaucoup de saveur, un très-bon goût ; ce qui est *succulent* est plein de suc et très-nourrissant. Les champignons sont *savoureux* sans être *succulents*.

EXERCICES (1078, 1079, 1080, 1081, 1082).

Ceux qui font un conte agréable de (....) froid sont plus plaisants que les autres. Cet homme est toujours en colère, il n'est jamais de (...) rassis. Il arrive souvent qu'après s'être (........), on n'en est pas plus (.......). L'homme (........) évite la société, parce qu'il la craint; l'homme (........) la repousse, parce qu'il ne l'aime pas. Celui qui a la mémoire remplie de beaucoup de choses apprises par le moyen de l'étude et du travail est un (.....) homme. Insipide est le contraire de (.........); ce qui est sec ou plutôt desséché est opposé à ce qui est (........).

1083. **Secrètement, en secret.** *Secrètement* suppose l'intention de se cacher; *en secret* n'exprime que l'absence de témoins. On trame *secrètement* un complot; on fait *en secret* une confidence.

1084. **Séditieux, tumultueux, turbulent.** Ce qui est *séditieux* attaque l'autorité légitime et trouble l'Etat, la société; ce qui est *turbulent* bannit la tranquillité et bouleverse l'état naturel des choses; ce qui est *tumultueux* produit les effets d'une violente et bruyante fermentation. Propos *séditieux;* cour *turbulente*; populace *tumultueuse*.

1085. **Séduire, suborner, corrompre.** Induire au mal en imposant, en abusant, c'est *séduire*; engager à une mauvaise action, en y intéressant, c'est *suborner;* infecter de mauvais principes, c'est *corrompre*. On *séduit* l'innocence; on *suborne* les faibles; on *corrompt* la vertu.

1086. **Sein, giron.** Le *sein* est la partie du corps depuis le bas du cou jusqu'au creux de l'estomac; le *giron*, l'espace depuis la ceinture jusqu'aux genoux. *Sein* désigne aussi la partie inférieure du buste. On porte dans son *sein* celui qu'on aime; on accueille dans son *giron* celui que l'on protége.

1087 **Seing, signature.** *Seing* indique un écrit privé; *signature*, un acte authentique. Promesse sous *seing* privé; *signature* au bas d'un écrit.

EXERCICES (1083, 1084, 1085, 1086, 1087).

L'orgueil se glisse (..........) ou imperceptiblement dans le cœur. On s'applaudit (........) ou en soi-même de ses succès. Le gouvernement populaire est fait pour les (.........); là, le champ est vaste et libre pour des citoyens (.........); tout y réside, pouvoir et sagesse, dans des assemblées (............). Richelieu sembla montrer son successeur à la France, et Mazarin s'avançait (..........) à la première place. Comme dans les temples de Babylone, en public tout paraît pour la divinité, (........) et par des voies souterraines, on reprend tout pour soi-même. La plupart des hommes se font une vie (............) et agitée, que Dieu ne demandait pas d'eux. Quels sont les principaux objets qui (........) l'esprit? C'est l'éclat de la naissance, la distinction qui nous vient des sciences et de l'esprit. On (.....) la bonne foi ; on (......) les lâches; on (........) ce qui est pur. La patrie rejette de son (....) celui qui lui déchirait le (....). Si vous signez un écrit d'un nom imaginaire, votre (....) est faux ; si quelqu'un signe un acte de votre nom, la *signature* est fausse.

1088. **Selon, suivant.** *Suivant* indique la conformité; *selon*, la convenance. Le chrétien se conduit *suivant* les maximes de l'Evangile. Je répondrai à mes critiques, *selon* les objections qu'ils feront.

1089. **Sembler, paraître.** *Sembler* signifie *paraître* d'une telle manière. Une chose *paraît* dès qu'elle se montre; un objet *semble* beau lorsqu'il *paraît* l'être.

1090. **Semer, ensemencer.** *Semer* a rapport au grain; *ensemencer* a rapport à la terre. On *sème* le blé ; on *ensemence* le champ.

1091. **Sensible, tendre.** Dans le sens physique, *sensible* signifie qui est capable d'impressions; *tendre*, qui n'est pas dur; dans le sens moral, un cœur est *sensible* par une disposition naturelle à s'affecter de tout ce qui intéresse l'humanité; un cœur est *tendre* par une qualité particulière qui lui inspire les sentiments les plus affectueux. Un corps *sensible*; une viande *tendre*. Un cœur *tendre*; un cœur *sensible*.

1092. **Sentiment, avis, opinion.** Le *sentiment* emporte l'idée de conformité avec ce qu'on croit intérieurement; l'*avis* n'est précisément qu'un témoignage en faveur d'un parti; l'*opinion* renferme l'idée d'un suffrage donné en concours de pluralité de voix.

1093. **Sentiment, opinion, pensée.** Le *sentiment* est une croyance qu'on a par des raisons ou solides ou apparentes; l'*opinion* est un jugement qu'on fait avec quelque fondement; la *pensée* tient de la conjecture. Soutenir un *sentiment*; défendre une *opinion*; justifier une *pensée*.

1094. **Sentiment, sensation, perception.** Le *sentiment* va au cœur; la *sensation* s'arrête aux sens; la *perception* s'adresse à l'esprit. Des *sentiments* affectueux; des *sensations* agréables; des *perceptions* confuses.

EXERCICES (1088, 1089, 1090, 1091, 1092, 1093, 1094.)

Nous mourrons tous (....) la loi de la nature; c'est une nécessité inévitable. Un jeune homme doit survivre à un vieillard (......) le cours ordinaire de la nature. Vous vous comporterez (....) votre devoir; il vous y oblige. Vous vous en détournez (......) les exemples d'autrui; ils vous engagent. Il faut encore savoir gré à ceux qui, n'étant pas honnêtes gens, veulent le (........); ils (.......) avoir de la pudeur, et le respect humain les retient. On s'abstient de (.....) quand il fait du vent, ou si l'on y est forcé, on baisse la main pour que le grain ne soit pas emporté. Le fermier fume ses champs avant de les (.........). L'âge viril ne produit point des fruits de science et de sagesse, si les principes n'en ont été (......) dans le temps de la jeunesse. C'est en (......) de l'argent à propos qu'on peut plus aisément venir à bout de ses projets. En vain l'on (........) son champ, si le ciel n'y répand ses fécondes influences. L'homme (......) fait des sacrifices; l'homme (.....) semble jouir de ceux qu'il fait, et recevoir ce qu'il donne. Il peut y avoir des occasions où un juge soit obligé de donner son (.....) contre son (........), et de se conformer aux (.......) de sa compagnie. La vie la plus agréable est sans doute celle qui roule sur des (.........) vifs, des (.........) gracieuses et des (..........) claires; c'est aimer, goûter et connaître. Les (.........) de l'esprit se joignent avec les (.........) du cœur pour former nos principes ou nos règles particulières à l'égard de notre manière propre de penser et d'agir.

1095. **Serment, jurement, juron.** Le *serment* se fait pour confirmer la sincérité d'une promesse ; le *jurement*, pour confirmer la vérité d'un témoignage ; le *juron* n'est qu'un style dont le peuple se sert pour donner au discours un air assuré et prévenir la défiance.

1096. **Serment, vœu.** Le *serment* se rapporte principalement et directement à celui à qui on le fait ; le *vœu* est un engagement volontaire, par lequel on s'impose à soi-même la nécessité de faire telle ou telle chose. *Serment* de fidélité; *vœu* solennel.

1097. **Serviable, officieux, obligeant.** L'homme *serviable* se fait un plaisir d'être utile; l'homme *officieux* se fait un devoir de concourir à vos desseins; l'homme *obligeant* ne considère que le plaisir de vous rendre heureux.

1098. **Servitude, esclavage.** La *servitude* impose des devoirs, des obligations; une fois qu'ils sont remplis, vous êtes libre. L'*esclavage* vous prive de la propriété de votre existence.

1099. **Sévérité, rigueur.** La *sévérité* se trouve dans la manière de penser et de juger ; elle condamne facilement et n'excuse pas. La *rigueur* se trouve dans la manière de punir ; elle n'adoucit pas la peine, et ne pardonne rien.

1100. **Signalé, insigne.** La chose *signalée* est marquée et remarquée; la chose *insigne* est marquante et remarquable. On est *signalé* par des traits particuliers ; *insigne*, par des qualités peu communes. Plusieurs exploits *signalés* annoncent une *insigne* valeur.

1101. **Signe, signal.** Le *signe* fait connaître; le *signal* avertit. Les mouvements du visage sont les signes de ce qui se passe dans le cœur. Le coup de cloche est le *signal* qui appelle les fidèles à l'église.

EXERCICES (1095, 1096, 1097, 1098, 1099, 1100, 1101).

Le (......) du prince ne l'engage point contre les lois, ni contre les intérêts de son état. Les fréquents (.........) ne rendent pas le menteur plus digne d'être cru. Les (......) sont presque toujours du bas style. Nulle puissance sur la terre ne peut délier les sujets du (.......) de fidélité qu'ils ont prêté à un prince, si ce n'est le prince même qui l'a reçu. Tout (....) contraire à celui de la loi naturelle ou d'une loi positive, est moins un (....) qu'un sacrilége. L'homme (.......) est prompt et empressé à vous servir dans l'occasion, comme un serviteur l'est à l'égard d'un maître. L'homme (.......) est affectueux et zélé, comme un client à l'égard de son patron. L'homme (........) est aise et flatté de vous servir dans le besoin : il va au-devant de l'occasion pour obliger. La (........) vous ravale au-dessous de la condition humaine; l'(........), jusqu'à la condition des animaux domestiques. Si la (........) opprime la liberté, l'(........) la détruit. La royauté est un ministère de religion envers Dieu, de (.......) envers les méchants, de tendresse envers les bons. On condamne dans les autres une passion dont on est exempt; on va jusqu'à la (.......) envers autrui sur l'observance des devoirs qui n'intéressent pas nos propres faiblesses. Une chose (........) est plus ou moins distinguée; une chose (.....) l'est toujours à un très-haut degré. Le même jour que la bataille de Platée, la flotte des Grecs remporta une bataille (........) sur les Perses. On s'explique par (......) avec les muets ou les sourds; on convient d'un (....) pour se faire entendre des gens éloignés.

1102. **Silencieux, taciturne.** Le premier dit beaucoup moins que le second. Le *silencieux* a l'air sérieux et parle peu; le *taciturne* est morose et ne parle pas. Un cercle d'Anglais sera *taciturne*; un cercle de Français ne sera pas longtemps *silencieux*. Il faut que l'Anglais rêve ; il faut que le Français parle.

1103. **Similitude, comparaison.** La *similitude* existe dans les choses : la *comparaison* se fait par la pensée. La ressemblance très-sensible constitue la *similitude*; le rapprochement des traits de ressemblance forme la *comparaison*.

1104. **Simplicité, simplesse.** La *simplicité* est la vérité d'un caractère naturel, innocent et droit, qui ne connaît ni le déguisement, ni le raffinement, ni la malice ; la *simplesse* est l'ingénuité d'un caractère bon, doux et facile, qui ne connaît ni la dissimulation, ni la finesse, ni même le mal. Dans Nicole, il y avait de la *simplicité*; dans La Fontaine, de la *simplesse*.

1105. **Simulacre, fantôme, spectre.** Le *simulacre* se dit de tous les objets vains, vides ou faux, des choses comme des personnes ; le *fantôme* se dit des formes ou des traits bizarres, étranges, qui ne sont pas dans la nature ; le *spectre* se dit des objets défigurés et faits pour inspirer de l'horreur et de l'effroi. Le *simulacre* nous abuse; le *fantôme* nous obsède ; le *spectre* nous poursuit.

1106. **Singulier, extraordinaire.** Ce qui est *singulier* a quelque chose d'original ou de nouveau, de propre ou d'exclusif, de curieux ou de piquant ; ce qui est *extraordinaire* a des traits plus forts ou plus marqués, un caractère de grandeur ou d'excès, une sorte de supériorité ou d'éminence. La boussole a une propriété *singulière*; la vapeur de l'eau bouillante, une force *extraordinaire*.

EXERCICES (1102, 1103, 1104, 1105, 1106).

L'habitude de la retraite rend (.......). Les sauvages parlent peu. La bonne compagnie elle-même. si l'on n'en sortait pas, rendrait (...... .) : on a besoin d'être seul et tranquille. Le prophète Nathan fit connaître à David son péché par une (. ......). Il n'y a aucune (..........) entre l'éléphant et la baleine. On pardonne à celui qui pêche par (....

.....); il a mal fait sans malice. On consolera celui qui a péché par (........); il a mal fait sans le vouloir, et même à bonne intention. Le rêve nous représente toutes sortes de (..........). Les visionnaires sont sujets à voir des (........) dans la veille comme dans le sommeil. L'histoire rapporte beaucoup d'apparitions de (......) vus par des hommes qui n'étaient point faibles d'esprit, mais qui, néanmoins, ont pu ne pas bien voir. On a dit qu'un homme (........) dans ses habillements a quelque chose de (........) dans l'esprit. On a dit que le peuple pardonne plutôt un vice commun qu'une vertu (.............).

1107. **Sinueux, tortueux.** *Sinueux*, ce qui fait des plis et des replis, comme le serpent qui rampe; *tortueux*, qui va de biais, de travers, comme un labyrinthe qui a des tours et des détours. *Sinueux* indique plutôt la marche, le cours des choses; *tortueux*, leur forme, leur coupe. Le cours de la rivière est *sinueux*; la forme de la côte est *tortueuse*.

1108. **Situation, assiette.** La *situation* embrasse tous les rapports locaux; l'*assiette* est bornée à la place ou à l'objet sur lequel pose la chose. Une maison de campagne est dans une jolie *situation*, quand les alentours en sont agréables; une place de guerre est forte d'*assiette* quand sa base est escarpée, insurmontable.

1109. **Situation, état.** *Situation* a quelque chose d'accidentel et de passager; *état* dit quelque chose d'habituel et de permanent. Le mauvais *état* de la santé est un prétexte assez ordinaire dans le monde pour éviter des (*situations*) embarrassantes ou désagréables.

1110. **Situation, position, disposition.** La *situation* est une manière générale d'être en place; la *position*, une manière particulière d'être dans un sens; la *disposition* marque la position combinée de différentes parties qui concourent au même dessein. Vous êtes dans une *situation* quelconque; vous prenez une *position* particulière pour dormir à l'aise; votre corps est, pour cet effet, dans une bonne *disposition*.

1111. **Sobre, frugal, tempérant.** L'homme *sobre* évite

l'excès, content de ce que le besoin exige; l'homme *frugal* évite l'excès dans la qualité et dans la quantité, content de ce que la nature veut et lui offre; l'homme *tempérant* évite également tous les excès et garde un juste milieu.

1112. Sociable, aimable. L'homme *sociable* a toutes les qualités du vrai citoyen; l'homme *aimable* n'est qu'un homme du monde, un homme de salon. L'un se fait remarquer par ses vertus civiques; l'autre, par sa légèreté.

EXERCICES (1107, 1108, 1109, 1110, 1111, 1112.)

Le serpent forme naturellement des plis et des replis (.......). Le monstre lancé par Neptune contre Hippolyte, recourbe avec furie sa croupe en replis (........). Il n'y a de calme, de tranquillité, de constance, de bien-être dans une (........), qu'autant que vous y prenez une (......)convenable et fixe. Sans argent, vous pouvez être dans la (........) d'un pauvre; mais vous n'êtes pas dans l'(...) de pauvreté, si vous avez des ressources. On est dans une (........) très-gênée quant à la fortune; on n'est pas dans une (.......) à faire du bien aux autres; on est en vain dans la (.........) d'esprit et de cœur, de leur en faire. La simple raison rendra l'homme (.....); la philosophie le rendra (.....); la vertu le rendra (.......). Les liaisons particulières de l'homme (......) sont des liens qui l'attachent de plus en plus à l'État; celles de l'homme (.......) ne sont que de nouvelles dissipations, qui retranchent autant de devoirs essentiels.

1113. Soi, soi-même, lui, lui-même. *Soi, soi-même* sont indéfinis et ne sont en rapport qu'avec des noms indéterminés : chacun pour *soi* l'amour, de *soi-même; lui, lui-même* ne sont jamais en rapport qu'avec des noms déterminés : il ne parle que de *lui*, que de *lui-même. Même* ajoute plus d'énergie.

1114. Soigneux, curieux, soigneusement, curieusement. *Curieux* désigne l'idée de savoir, de voir, de posséder; *soigneux* désigne la manière de traiter les choses. L'homme *curieux* de sa parure veut se faire distinguer, l'homme *soigneux* de sa parure ne veut pas s'exposer à la critique. On garde *soigneusement* ce qui est utile; on garde *curieusement* ce qui est rare.

1115. **Soin, souci, sollicitude.** Toute affaire, tout embarras nous donne du *soin;* toute crainte, tout désir nous donne du *souci;* toute charge, toute surveillance nous donne de la *sollicitude.*

1116. **Solennel, authentique.** Ce qui est *solennel* l'est par l'appareil, la cérémonie; ce qui est *authentique* l'est par les formalités légales des preuves. La *solennité* constate l'acte; l'*authenticité* en constate la validité.

1117. **Solidité, solide.** *Solidité* a plus de rapport à la durée; *solide* en a plus à l'utilité. On donne de la *solidité* à ses ouvrages; on cherche le *solide* dans ses desseins.

EXERCICES (1113, 1114, 1115, 1116, 1117).

Les gens gais dehors sont ordinairement tristes chez (...). La jeunesse, en acquérant des talents, se dote (....)même. Si l'on rapporte tout à (...), on n'aura pas beaucoup d'amis. Chacun trouve à redire en autrui ce qu'on retrouve à redire en (...). Soyez plus (.......) de votre honneur, et moins (......) de votre réputation. Le plus heureux naturel a besoin d'être (............) cultivé. Les inclinations des enfants doivent être (...........) observées. Le (...) raisonnable nous attache à la poursuite de l'objet. Le (....) profond nous fait chercher la solitude. La (........) pastorale voue le pasteur au soin de son troupeau. La chose (........) est notoirement vraie et incontestable; la chose (..........) est légalement certaine et inattaquable. Il y a dans quelques auteurs et dans quelques bâtiments plus de grâce que de (......). Les biens et la santé, joints à l'art d'en jouir, sont le (.....) de la vie; les honneurs n'en sont que l'ornement.

1118. **Soliloque, monologue.** Le *soliloque* est une conversation que l'on fait avec soi comme avec un second; le *monologue* est une espèce de dialogue dans lequel le personnage joue tout à la fois son rôle et celui d'un confident.

1119. Sombre, morne. *Sombre* a quelque chose de plus noir, de plus triste, de plus austère ou de plus horrible que *morne*. Le soleil est *morne* quand il est fort pâle et sans éclat; par elle-même la nuit est *sombre* autant qu'elle est profonde.

1120. Somme, sommeil. Le *somme* est l'acte que nous faisons; le *sommeil* est l'état dans lequel nous sommes. On fait un bon *somme*; on est dans un profond *sommeil*.

1121. Sommet, cime, comble, faîte. Le *sommet* désigne le point le plus élevé; la pointe constitue essentiellement la *cime*; le *comble* est un surcroît, ce qui s'élève par-dessus les côtés ou les supporte comme une voûte; le *faîte* est à la rigueur la plus haute pièce de la charpente du toit. Le *sommet* d'un rocher; la *cime* d'un arbre; les *combles* d'un édifice; le *faîte* d'une montagne. Au figuré, le *sommet* est toujours le plus haut point; le *faîte*, le plus haut rang; le *comble*, le plus haut période. Au *sommet* de la gloire; au *comble* des honneurs; au *faîte* des grandeurs.

1122. Son de voix, ton de voix. Le *son de voix* est déterminé par la constitution physique de l'organe; le *ton de voix*, tour-à-tour élevé ou bas, triste ou gai, est déterminé par les affections intérieures.

1123. Songer à, penser à. *Penser* signifie avoir vaguement une chose dans l'esprit, s'en occuper, y attacher sa pensée, y donner son attention, réfléchir, méditer; *songer* signifie seulement rouler une idée dans son esprit, y faire quelque attention, se la rappeler, s'en occuper légèrement, l'avoir présente à sa mémoire. Vous *pensez* à la chose que vous avez à cœur; il suffit qu'une chose se présente à votre esprit pour que vous y *songiez*.

EXERCICES (1118, 1119, 1120, 1121 1122, 1123).

Le (.......) est dans la nature, car il est naturel de converser avec soi-même. Le (.........) n'est point déplacé sur la scène, car il est nécessairement des situations intéressantes dans lesquelles un personnage doit s'entretenir avec lui, et ne se confier qu'à lui. On est (.....) dans le malheur; dans le malheur et le crime, on est (......). Les passions ardentes et concentrées vous rendent (......); les passions douces et trompeuses vous rendent (.....). On achève son (......) comme on achève son ouvrage. On sort du (.......) comme on sort du lit. De longs rayons de soleil dorent les (.....) des arbres et traversent les forêts. Les (.......) en fonte, dont nous ne connaissons pas d'application en France, mériteraient bien de fixer l'attention de nos constructeurs. Monté sur le (....), on aspire quelquefois à descendre. Les ambitieux ne parviennent au (......) des grandeurs que pour tomber plus bas. On reconnaît les personnes au (...) de leur voix, comme on distingue une flûte, un fifre, un hautbois, un vielle, un violon et tout autre instrument de musique, au *son* déterminé par sa construction. On distingue les diverses affections de l'âme d'une personne qui parle avec intelligence ou avec feu, par la diversité des (....) de voix, comme on distingue sur un même instrument les différents airs, les mesures, les modes et autres variétés nécessaires. On ne (.....) pas toujours à ce qu'on dit; rarement y (....)-t-on assez. Celui qui (......) beaucoup aux petites choses ne (.....) guère aux grandes.

1124. **Sot, fat, impertinent.** Le *sot* est celui qui n'a pas même ce qu'il faut d'esprit pour être un fat; le *fat* est celui que les sots croient un homme d'esprit; l'*impertinent* est une espèce de fat enté sur la grossièreté. Un *sot* ne se tire jamais du ridicule, c'est son caractère; un *impertinent* s'y jette tête baissée sans aucune prudence; un *fat* donne aux autres des ridicules qu'il mérite encore davantage.

1125. **Soudain, subit.** *Soudain* est en soi plus prompt que *subit*. Le premier n'a point de préliminaire; le second semble en supposer. L'apparition de l'ennemi est *soudaine*, lorsqu'elle trompe votre prévoyance; elle est *subite*, lorsqu'elle trompe votre attente.

1126. **Soudoyer, stipendier.** *Stipendier* ne se dit que dans le style militaire; *soudoyer* plus usité, se dit des troupes qu'un prince prend à sa solde, et généralement de tous les mercenaires. On *soudoie* des troupes; on *soudoie* aussi des agents, des espions, des brigands.

1127. Souffrir, endurer, supporter. *Souffrir* se dit d'une manière absolue: on *souffre* le mal dont on ne se venge point; *endurer* a rapport au temps: on *endure* le le mal dont on diffère à se venger; *supporter* regarde proprement les défauts personnels: on *supporte* la mauvaise humeur de ses proches.

1128. Soumettre, subjuguer, assujettir, asservir. *Assujettir* et *soumettre* ôtent l'indépendance; *subjuguer* et *asservir* ôtent la liberté. Soumis ou *assujetti*, on peut être encore libre; *subjugué* ou *asservi*, on est esclave.

1129. Soupçon, suspicion. *Soupçon* est le terme vulgaire; *suspicion* est un terme de palais. Le *soupçon* roule sur toutes sortes d'objets; la *suspicion* tombe proprement sur les délits. Le *soupçon* entre dans les esprits défiants; la *suspicion*, dans le conseil des juges. Le *soupçon* peut être sans fondement; la *suspicion* doit avoir une raison apparente.

1130. Souris, sourire. Le *sourire* est l'action; le *souris*, l'effet. Le *sourire* est un des attraits les plus touchants de la figure; le *souris* est une des expressions les plus énergiques du sentiment.

EXERCICES (1124, 1125, 1126, 1127, 1128, 1129, 1130).

Le (..) est embarrassé de sa personne; le (...) a l'air libre et assuré; l'(..........) passe à l'effronterie. Chez nous, tout est (......); c'est notre caractère. L'invasion (.....) des Turcs jeta l'épouvante dans tout le monde chrétien. Les armées carthaginoises étaient presque entièrement composées de troupes étrangères, qui n'avaient d'autre intérêt que d'être bien (........) avec le moins de risque possible. Le sénat romain arrêta et prévint beaucoup de désordres, lorsqu'il ordonna que les soldats seraient à l'avenir (........) aux dépens du public, par une imposition nouvelle dont aucun citoyen ne serait exempt. L'humilité chrétienne fait (......) les mépris sans ressentiment. La politique fait (.......) le joug qu'on n'est pas en état de secouer. La politesse fait (........) dans la société une infinité de choses qui déplaisent. Le (......) fait qu'on est soupçonné; la (........) suppose qu'on est suspect. Il n'y a moyen d'(.......) un peuple et de changer la démocratie en monarchie que par citadelle. L'auteur odieux des proscriptions devient le père de la patrie qu'il avait désolée, et meurt adoré des Romains qu'il avait (........). Philippe (........) toute la Grèce. Les femmes sont naturellement (........) à leurs maris. Les Athéniens se sont trouvés (.......) sans s'en apercevoir. Une femme artificieuse compose habilement son (......); mais à un (.....) général de l'assemblée, on voit que personne ne s'y trompe. On voit le (......), il repose sur le visage; on aperçoit le (.....), il s'évanouit bientôt.

1131. **Souvent, fréquemment.** *Souvent* indique la pluralité des actes; *fréquemment* annonce une habitude formée. Celui qui voit *souvent* les ministres, visite *fréquemment* les antichambres.

1132. **Stabilité, constance, fermeté.** La *stabilité* empêche de varier; la *constance*, de changer; la *fermeté*, de céder. La *stabilité* des lois; la *constance* contre l'adversité; la *fermeté* de caractère.

1133. **Stérile, infertile.** Ce qui est *stérile* ne porte point de fruit, quoique de nature à en porter; ce qui est *infertile* ne rapporte guère, rien, ou presque rien. Une femme *stérile*; un sol *infertile*.

1134. **Stoïcien, stoïque.** *Stoïcien* va proprement à l'esprit et à la doctrine; *stoïque*, à l'humeur et à la conduite. Les maximes *stoïciennes* sont celles que Zénon ou ses disciples ont enseignées; des maximes *stoïques* sont celles qui persuadent un attachement inviolable à la vertu la plus rigide.

1135. **Subreptice, obreptice.** Ces mots sont des termes de palais et de chancellerie qui caractérisent des grâces obtenues par surprise. Il y a *subreption*, lorsqu'on avance comme vraie une chose fausse; il y a *obreption*, lorsqu'on suppose dans son exposé une vérité qui empêcherait l'effet de la demande. Un titre *obreptice* et *subreptice* tout à la fois, a les caractères les plus certains de réprobation. Par extension, *subreptice* se dit de certaines choses qui se font furtivement et illicitement. Édition *subreptice*.

EXERCICES (1131, 1132, 1133, 1134, 1135).

En administration comme à la guerre, pour réussir il faut (.......) montrer du caractère. On voit (......) changer le ministère dans différents gouvernements : il faut bien le changer (...........), lorsque les maux sont tels, qu'il n'est guère possible d'y remédier. Il n'y a point de (.......) dans les choses du monde. La (........) affermit l'homme, soutient l'homme contre les adversités. La (......) de caractère, quand elle se trouve jointe à la faculté de généraliser, fait les hommes supérieurs. La fleur (.....) est celle où ne s'opère point la fécondation. On voit des femmes qui avaient été (......) pendant un grand nombre d'années devenir fécondes dans la suite. Les habitants des terres (........) deviennent industrieux. Une vertu (......) est une vertu courageuse et inébranlable ; une vertu (.........) pourrait bien n'être qu'un masque de représentation. Un titre (........) peut avoir été obtenu de bonne foi, mais manque néanmoins de solidité : il ne donne pas un droit réel. Un titre (.........) a été obtenu de mauvaise foi, et, loin de donner un droit réel, il est sujet à l'animadversion du collateur.

1136. **Subsistance, nourriture, aliments.** On fait des provisions pour la *subsistance* ; on apprête à manger pour la *nourriture* ; on choisit entre les mets les *aliments* convenables. La *subsistance* a un rapport particulier au besoin ; la *nourriture*, à la satisfaction de ce besoin ; les *aliments*, à la manière de le satisfaire.

1137. **Subsistances, denrées, vivres.** Les *subsistances* embrassent nos besoins réels et surtout les divers objets de nécessité ; les *denrées* sont des objets d'un commerce journalier et d'une consommation commune ; les *vivres* se bornent à la nourriture et aux consommations journalières.

DES SYNONYMES.

1138. **Subsistance, substance.** La *subsistance* est ce qui sert à nourrir, à entretenir, à faire subsister, de quelque part qu'on le reçoive ; la *substance* est tout le bien qu'on a pour subsister étroitement, ce qui est absolument nécessaire pour pouvoir se nourrir et pour pouvoir vivre.

1139. **Subtilité d'esprit, délicatesse.** La *subtilité* d'esprit annonce la ruse, la chicane : elle s'accorde souvent avec l'extravagance ; la *délicatesse* d'esprit, de pensée, ne s'accorde qu'avec le bon sens, la raison : elle exige un goût exquis.

1140. **Suffisant, important, arrogant.** Le *suffisant* est celui en qui la pratique de certains détails, que l'on honore du nom d'affaires, se trouve jointe à une très-grande médiocrité d'esprit ; un grain d'esprit de plus en fait l'*important*. Dès que l'important cesse de faire rire et qu'il donne lieu à des plaintes, il devient *arrogant*.

EXERCICES (1136, 1137, 1138, 1139, 1140).

Les Romains, sous leur gouvernement primitif, qui était agricole en même temps que militaire, cultivaient habilement et recueillaient abondamment des (..........) jusque dans l'intérieur des villes, et ce fut une des principales causes méconnues de leur première prospérité. Dans la conduite des armées, la (..........) doit être un des objets du général ; les troupes à qui la (..........) manque perdent nécessairement de leur valeur, et se relâchent aisément sur la discipline ; il ne faut pourtant pas que les (........) en soient délicats, mais il est nécessaire qu'ils soient bons dans leur espèce et en quantité suffisante. Dans le Bengale, un des pays de l'univers le plus abondant en (..........), le monopole des denrées, exercé par la compagnie anglaise, a, de nos jours englouti les (......) et causé la destruction d'un peuple immense. Combien de partisans qui s'engraissent de la pure (.........) du peuple, et qui mangent en un jour la (.........) de cent familles ? La délicatesse est la finesse du sentiment ; la finesse est la (.........) de l'esprit. Le (........) juge de tout, s'attache à la superficie, sans rien approfondir ; il décèle son ignorance par un ton dédaigneux et décidé, qui le rend insupportable dans la société. Rien n'est plus propre à faire un (...

......) qu'une bête qui sait se taire. Ce qui ressemble le plus à un ballon, c'est un (........) ; il en a le vide et l'enflure.

1141. **Suggestion, inspiration, insinuation, instigation, persuasion.** La *suggestion* met dans notre esprit une idée que nous n'aurions pas; l'*inspiration* fait naître des pensées ou des sentiments qui semblent naître comme d'eux-mêmes; l'*insinuation* se glisse dans notre esprit et s'empare de notre volonté sans que nous nous en doutions; l'*instigation* nous excite secrètement à faire ce qui nous répugne; la *persuasion*, par le charme du discours et par la force des raisons, gagne entièrement notre esprit. *Suggestion* et *instigation* ne se prennent qu'en mauvaise part.

1142. **Suivre les exemples, imiter les exemples.** On *suit les exemples* de celui qu'on prend pour guide; on *imite les exemples* de celui qu'on prend pour modèle. Les disciples *suivent les exemples* de leurs maîtres; les petits *imitent* les grands autant qu'ils le peuvent.

1143. **Superbe, orgueil.** La *superbe* est un orgueil arrogant, insolent, fastueux, dédaigneux; l'*orgueil* est une haute opinion de soi-même, qui fait qu'on n'estime que soi.

1144. **Suppléer une chose, suppléer à une chose.** *Suppléer une chose*, c'est la fournir, pour compléter un tout : vous *suppléez* ce qui manque pour parfaire une somme de cent francs; *suppléer à une chose*, c'est mettre à sa place une autre chose qui en tient lieu : si votre troupe est inférieure à celle de l'ennemi, la valeur suppléera au nombre.

1145. **Supposition, hypothèse.** La *supposition* est une proposition vraie ou avouée; l'*hypothèse* est une supposition purement idéale. Dans l'*hypothèse* que la terre tourne autour du soleil, vous expliquez divers phénomènes de la nature; dans la *supposition* que tout est bien, vous regardez les désordres apparents comme les suites nécessaires et convenables d'un ordre caché.

EXERCICES (1,141, 1,142, 1,143, 1,144, 1,145).

L'(..........), ce talent de se concilier ceux auxquels on s'adresse, est souvent nécessaire dans la simple conversation, et il l'est aussi dans tous les genres de composition. Notre France a un vieux génie oriental dont les (..........) sommeillent souvent, mais souvent aussi se réveillent avec un éclat sublime. L'Europe ne doit rien faire à l'(..........) de l'Angleterre. C'est l'honneur de la pensée humaine de ne pouvoir être vaincue que par la force accompagnée de la persuasion. C'est par la (..........) qu'on gagne les esprits. Ne cédons jamais aux (..........) de l'amour-propre. La vie de Jésus-Christ est la règle et le modèle du chrétien : sa règle, en ce qu'elle retrace ce qu'il doit faire par les (..........) qu'elle lui donne à (.....); son modèle, en ce qu'il lui montre ce qu'il doit tâcher d'être dans les (........) qu'elle lui offre à (......). Tout, jusqu'à l'humilité, sert de pâture à l'(......); la (......) se repait de vaine gloire, mais surtout de son propre encens. Rien ne peut (......) dans l'instituteur (..) volonté de bien faire. La routine, en beaucoup de choses, (........) l'esprit. Les remèdes de la force ne peuvent (...........) remèdes de la raison. De (...........) fausses en (...........) fausses, nous nous sommes égarés parmi une multitude d'erreurs. Notre bonheur est en (........), et notre malheur en réalité. L'(........) absurde du matérialisme est aussi funeste à la société que désespérante pour celui qui l'admet.

1146. **Suprême, souverain.** *Souverain* marque l'idée de puissance ; *suprême* indique l'idée de la plus haute élévation. Un remède *souverain* est efficace au *suprême* degré

1147. **Surface, superficie.** *Surface* se dit de ce qui est extérieur et visible, sans aucun égard à ce qui ne paraît point; *superficie*, de ce qui paraît au dehors en opposition avec ce qui ne paraît pas. La *surface* de la terre; la *superficie* d'un jardin.

1148. **Surprendre, étonner.** Ce qui arrive subitemen

surprend; ce qui frappe puissamment, extraordinairement, *étonne*. Un trait d'esprit *surprend*; un coup de génie *étonne*.

1149. Surprendre, tromper, leurrer, duper. On *surprend* en induisant l'esprit en erreur; on *trompe* en blessant la probité ou la fidélité; on *leurre* en attaquant directement l'attente ou le désir; on *dupe* dans les choses où il est question d'intérêt ou de profit.

1150. Survivre à quelqu'un, survivre quelqu'un. *Survivre quelqu'un* est un terme de palais qui entre dans la conversation familière; il désigne la survie de la personne dont l'existence avait des rapports avec la personne qui meurt la première. Une femme a *survécu* son mari. Selon l'ordre de la nature, les enfants doivent *survivre à* leur père; par des événements particuliers, le père *survit* les enfants.

EXERCICES (1146, 1147, 1148, 1149, 1150).

Dieu est l'Être (.......), en tant qu'il est l'être par excellence et par essence; il est le (........) seigneur de toutes choses, en tant qu'il est le Tout-Puissant et auteur de toutes choses. De tous les animaux qui couvrent la (......) de la terre, il n'y a que l'homme qui soit capable de connaître toutes les propriétés de ce globe; et, entre les hommes, la plupart n'en aperçoivent que la (........); il n'y a que l'œil perçant d'un petit nombre de philosophes qui sache en pénétrer l'intérieur. Vous avez vu l'éclair, le bruit de la foudre ne vous (........) plus; mais s'il est si violent qu'il abatte toutes les forces de vos organes et de votre esprit, il vous (......). Il est difficile que la religion du prince ne soit pas (.......) par l'un ou l'autre des partis, lorsqu'il y en a plusieurs dans ses états. Il y a des gens à qui la vérité est odieuse: il faut nécessairement les (.......) pour leur plaire. L'art des grands est de (......) les petits par des promesses magnifiques; et l'art des petits est de (.....) les grands dans les choses que ceux-ci commettent à leurs soins. Il y a des contrées où il est honteux à une femme de (........) son mari, aucune où il soit honteux à un mari de (........) sa femme.

T

1151. Tact, toucher, attouchement. Le *tact* est le sens qui reçoit l'impression des objets, comme la vue, l'ouïe, le goût, l'odorat; le *toucher* est l'action de ces sens; l'*attouchement* est l'acte de toucher, l'application de la main.

1152. Taille, stature. La *stature* indique la hauteur du corps; la *taille* en exprime la forme, la coupe, la figuration. Un homme de *haute stature*; une femme d'une *taille* svelte.

1153. Taire, celer, cacher. *Taire* marque le pur silence qu'on garde sur la chose; *celer*, le secret qu'on en fait; *cacher*, le mystère dans lequel on veut l'ensevelir.

1154. Se tapir, se blottir. *Se tapir*, c'est se cacher; *se blottir*, c'est s'accroupir, se ramasser, se rouler sur soi-même pour se cacher. Le lièvre *se tapit*; la perdrix *se blottit*.

1155. Tapisserie, tenture. La *tapisserie* est faite pour couvrir quelque chose; la *tenture*, pour être tendue sur quelque chose. La *tapisserie* est tenture en tant qu'elle est placée, étendue sur un mur; la *tenture* est tapisserie en tant qu'elle revêt et pare le mur.

1156. Tarder, différer. *Tarder*, c'est être longtemps à venir, à faire; *différer*, c'est remettre, renvoyer à un autre temps. Ne *tardez* pas à cueillir le fruit s'il est mûr; s'il n'est pas mûr, *différez*.

1157. Tas, monceau. *Tas* marque un amas fait exprès; *monceau*, une portion détachée par accident d'une masse ou d'un amas. Un *tas* de pierres sont des matériaux préparés pour faire un bâtiment; un *monceau* de pierres sont les restes d'un édifice renversé.

EXERCICES (1151, 1152, 1153, 1154, 1155, 1156, 1157).

Quelle différence entre le (...) obtus de l'ouvrier sans cesse occupé à de rudes travaux, et le (...) si délicat d'une femme mondaine qui use convenablement de bains et de parfums! Le (......) n'est que le tact lui-même, mais exercé par la partie de la peau qui est disposée de manière à pouvoir embrasser les contours des corps extérieurs. Les accusés se purgeaient autrefois d'un crime par l'(..........) innocent d'un fer chaud. Notre Seigneur guérissait les malades par un simple (............). L'homme de courte (......) a le pouls plus fréquent et plus rapide que les individus de haute (.....). La longueur des jambes doit être proportionnée à la (....) du cheval. Par paresse, par timidité, par caprice, par égard, par raison ou sans raison, vous (.....) ce que vous pourriez dire ; par prudence, par charité, par justice, par des motifs d'intérêt, par de bonnes raisons, vous le (....) ; par une grande crainte, par un dessein profond, par de puissants intérêts ou de grands motifs, vous le (......). La terre aux environs est toute bossue de grosses roches noires, où se (........) loin du soleil les mousses et les capillaires. Les perdrix se (.........) devant le chien. Les (.........) des Gobelins sont des chefs-d'œuvre d'après les plus grands maîtres. D'épais tapis, de larges et splendides (.......) ornaient les murs de la prison. Il n'y a pas à (......) quand la chose presse. Pendant que vous (......), l'occasion est passée. Comme l'aigle fond sur sa proie, je me jetai sur le premier (...) de monnaie d'or qui se présenta devant moi. Les plus vastes entreprises humaines sont comme le (.......) de sable amassé par les fourmis autour des brins d'herbe : le moindre choc les détruit.

1158. **Taux, taxe, taxation.** Le *taux* est la valeur même de l'objet ; la *taxe*, le règlement qui la détermine ; la *taxation*, l'opération de la taxe.

1159. **Taverne, cabaret, guinguette.** La *taverne* est un lieu où l'on donne à boire et à manger ; le *cabaret*, un lieu où l'on ne donne qu'à boire ; la *guinguette*, un lieu où le peuple va boire, manger et danser.

1160. **Tel, pareil, semblable.** Un objet *tel* qu'un autre ne diffère pas de celui-ci ; un objet *pareil* à un autre ne le cède point à celui-ci ; un objet *semblable* à un autre s'assortit avec celui-ci.

1161. **Temple, église.** *Temple* est du style pompeux ;

église, du style ordinaire, du moins à l'égard de la religion romaine. A l'égard du paganisme et de la religion protestante, on se sert du mot *temple*, même dans le style ordinaire. Le *temple* de Janus ; le *temple* protestant ; l'*église* Saint-Sulpice.

1162. **Ténèbres, obscurité, nuit.** Les *ténèbres* désignent une obscurité profonde ; l'*obscurité* est une pure privation de clarté ; la *nuit* est la cessation du jour, le temps où le soleil n'éclaire plus l'horizon.

1163. **Terme, limites, bornes.** Le *terme* est où l'on peut aller ; les *limites* sont ce qu'on ne doit pas dépasser ; les *bornes*, ce qui empêche de passer outre. On s'approche ou l'on s'éloigne du *terme* ; on resserre ou l'on étend les *limites* ; on avance ou l'on recule les *bornes*.

EXERCICES (1158, 1159, 1160, 1161, 1162, 1163).

La (......) a été flétrie parmi nous, sans doute à cause des excès qui s'y commettaient autrefois. Plus on voit de jours de fête, plus on en voit perdre dans les (........). La (.........) est le rendez-vous du petit peuple. Cinq pour cent est un (....) raisonnable. Le port des lettres se paie suivant la (....). Pour chacun, les femmes, les fleurs les plus belles sont celles qui lui paraissent (....). Ces deux écoliers ont une (.......) ardeur pour l'étude. L'égalité de fait n'est pas dans la nature ; elle ne crée pas deux individus parfaitement (.........). L'univers entier est le (......) que Dieu remplit de sa gloire et de sa présence. Jérusalem n'est plus, et son (......) est en poudre. Rien de profane ne doit entrer dans le (......) du Seigneur. On ne devrait permettre, dans une (.....), que ce qui peut contribuer à l'édification des chrétiens. Les tours, lorsqu'elles sont d'une bonne proportion, donnent aux (......) une belle apparence. La cour est une région de (.......), où la vérité est étouffée par le mensonge. Le cheval se repait dans l'(.......) comme à la lumière. Que la (....) parait longue à la douleur qui veille ! Le soleil, parvenu au (.....) de sa majestueuse carrière, verse la pourpre et l'or sur l'azur des cieux. L'Europe ne sera tranquille que lorsqu'elle aura ses (......) naturelles. L'Espagne a pour (.....) les deux mers et les Pyrénées.

1164. **Termes propres, propres termes.** Les *termes propres* sont ceux que l'usage a consacrés; les *propres termes* sont ceux qui ont été employés par la personne que l'on fait parler, ou par l'écrivain que l'on cite.

1165. **Terreur, épouvante, effroi, frayeur.** La *terreur* est une violente peur qui abat le courage, et jette le corps dans un tremblement universel; l'*épouvante* est une grande peur qui donne les signes de l'étonnement, de l'aversion, et ne permet pas la délibération; l'*effroi* est une peur extrême, qui bouleverse également les sens et l'esprit; la *frayeur* est un violent accès de peur qui fait frissonner le corps et trouble nos pensées.

1166. **Tête, chef.** *Tête* s'emploie lorsqu'il est question de place ou d'arrangement; *chef*, lorsqu'il s'agit d'ordre ou de subordination. Être à la *tête* d'une armée; commander en *chef*.

1167. **Tic, manie.** Le *tic* regarde les habitudes du corps; la *manie*, les travers de l'esprit. Le *tic* est désagréable; la *manie* est déraisonnable.

1168. **Tissu, tissure, texture, contexture.** Le *tissu* est l'ouvrage formé de l'entrelacement de différents fils, avec plus ou moins de longueur et de largeur; la *tissure* est la qualité donnée à l'ouvrage par le travail ou la manière d'unir ou de lier les fils ensemble; la *texture* est l'ordonnance ou l'économie résultant de la disposition et de l'arrangement des parties d'un tout; la *contexture* est l'ordonnance et la concordance des rapports que les parties ont les unes avec les autres et avec le tout. Un *tissu* de cheveux; une *tissure* serrée; la *texture* des tendons; la *contexture* des os, des muscles, des fibres.

1169. **Tolérer, souffrir, permettre.** On *tolère* ce qu'on pourrait empêcher; on *souffre* ce qu'on ne saurait empêcher; on *permet* ce qu'on autorise. *Tolérer* et *souffrir* se disent pour des choses mauvaises; *permettre* se dit pour le bien et pour le mal.

EXERCICES (1164, 1165, 1166, 1167, 1168, 1169).

La justesse, dans le langage, exige que l'on choisisse scrupuleusement les (............). La confiance dans les citations dépend de la fidélité que l'on a à rapporter les (...........) des livres ou des actes que l'on allègue. Nos flottes portaient au loin la (......) et la victoire. L'invasion subite des Turcs jeta, dans tout le monde chrétien, l'étonnement et l'(........). La superstition et le fanatisme sont la honte et l'(....) de l'humanité. Regarder tous les devoirs de la société civile sans une espèce de (......), c'est marquer qu'on ne s'est jamais mis en peine de les observer comme il faut. Le pape est le (...) visible de l'Église. Le roi est le (....) de l'État. Le garde des sceaux est le (....) de la justice. Le roi de France commandait en (....) à la (...) de ses troupes. Il y a des gens qui ont le (...) de mettre la main à tout ce que vous faites, ou leur mot à tout ce que vous dites, et qui ne savent que gâter; d'autres qui ont la (.....) de vouloir tout réformer, tout changer, tout perfectionner, et qui ne feraient que bouleverser. Les filles du soleil, dans l'intérieur de leur palais, étaient occupées, les unes à filer, les autres à ourdir les précieux (.....) dont le pontife et le roi sont vêtus. La (......) de cette étoffe est inégale. Les corps inorganiques n'ont pas une véritable(.........). Nul n'aime à (.....) les fripons, s'il n'est fripon lui-même. On (......) tout à ses enfants. Il faut bien (........) ce qu'on ne peut empêcher. Dans certains pays, on ne permet pas l'or et l'argent sur les habits.

1170. **Tombe, tombeau, sépulcre, sépulture.** La *tombe* et le *tombeau* sont des monuments élevés; le *sépulcre* et la *sépulture* ne sont que des fosses creusées et des souterrains fermés.

1171. **Tomber par terre, tomber à terre.** *Tomber par terre* se dit de ce qui, étant déjà à terre, tombe de sa hauteur; *tomber à terre*, de ce qui, étant élevé au-dessus de la terre, tombe de haut. Un arbre *tombe par terre*; les fruits de l'arbre *tombent à terre*.

1172. **Tonnerre, foudre.** Le *tonnerre* fait le bruit; la *foudre* exprime la matière, ses propriétés, ses effets. Au figuré, l'un se prend pour l'autre.

1173. **Tors, tortu, tordu, tortué, tortillé.** *Tors* indique la direction d'un corps qui va en tournant en long et en biais, mais sans marquer de défaut; *tortu* emporte une idée de défaut ou de censure; *tordu* indique des efforts pour faire changer à un corps sa direction propre ou naturelle; *tortué* se dit d'un objet déformé, et qui conserve une direction contraire à sa destination; *tortillé* se dit de ce qui est tordu sur plusieurs tours plus ou moins serrés. Du fil *tors*; un homme, un esprit *tortu*; un compas *tortué*; des cheveux *tortillés*.

1174. **Tort, injure.** Le *tort* regarde les biens et la réputation; l'*injure*, les qualités personnelles. Le premier nuit; la seconde offense.

1175. **Tort, préjudice, dommage, détriment.** Le *tort* blesse le droit de celui à qui on le fait; le *préjudice* nuit au intérêts de celui à qui on le porte; le *dommage* cause une perte à celui qui le souffre; le *détriment* détériore la chose de celui qui le reçoit.

EXERCICES (1170, 1171, 1172, 1173, 1174, 1175.)

La plus belle (.....) est la plus modeste. Plusieurs des rois d'Égypte qui avaient foulé leurs peuples pour élever des pyramides immenses, furent privés des (........) qu'ils s'étaient eux-mêmes construits. Notre-Seigneur appelait les hypocrites des (........) blanchis. Les anciens croyaient que les âmes des morts privés de (........) ne pouvaient entrer dans les enfers. Saint-Denis est la (........) des rois de France. Les pyramides d'Égypte sont des (.........). Lors donc que Jésus leur eut dit : « c'est moi, ils furent renversés et tombèrent (...) terre. » Le (.......) tombe d'ordinaire sur les lieux les plus élevés. Les paratonnerres préservent les édifices de la (......). Les ceps de vigne sont toujours (......). Le bois de ronce est un petit bois dur et (....). La noble régularité des lignes droites est préférable au (......) des maniéristes. Quand tout le monde a (...), tout le monde a raison. Un homme sage est au-dessus de toutes les (......) qu'on peut lui dire. La grêle fait bien du (...). Les chevaliers errants réparaient, redressaient les (....). On est naturellement porté à abuser du pouvoir, même à son (.........). Tout homme qui contribue, de quelque manière que ce soit, à un (........), doit le réparer.

1176. **Toucher, émouvoir.** Ce qui *touche* excite la sensibilité; ce qui *émeut* excite une passion. On est *touché* de pitié; on est *ému* de colère.

1177. **Toucher, manier.** On *touche* légèrement; on *manie* à pleine main. On *touche* une colonne; on *manie* une étoffe.

1178. **Toujours, continuellement.** Ce qu'on fait *toujours* se fait en tout temps et en toute occasion; ce qu'on fait *continuellement* se fait sans interruption et sans relâche. Pour plaire en société, il faut y parler *toujours* bien, mais non pas *continuellement*.

1179. **Tour, tournure.** *Tour* est un mot vague qui se prend de mille manières; *tournure*, un mot précis qui n'a qu'un son déterminé. Le *tour* donne la *tournure*.

1180. **Tour, circonférence, circuit.** Le *tour* est la ligne qu'on décrit, ou l'espace qu'on parcourt en suivant la direction courbe des parties extérieures d'un corps ou d'une étendue, de manière à revenir au point d'où l'on était parti; la *circonférence* est la ligne courbe décrite ou formée par les parties d'un corps ou de l'espace, les plus éloignées du centre; le *circuit* est la ligne ou le terme auquel aboutissent et dans lequel se renferment les parties d'un corps ou d'une étendue, en s'éloignant de la ligne droite, ou en formant des tours, des détours, des retours.

1181. **Tout, chaque.** *Tout* exprime la généralité; *chaque*, l'individualité. *Tout* le monde; *chaque* homme.

1182. **Traduction, version.** La *traduction* est en langue moderne; la *version*, en langue ancienne. La Bible française de Paris est une *traduction;* les Bibles latines, grecques, arabes et syriaques sont des *versions*.

EXERCICES (1176, 1177, 1178, 1179, 1180, 1181, 1182).

Les meilleures raisons ne sont pas bonnes pour (*toucher*)

l'esprit de ceux qui ont peur. Plus on a le cœur tendre et l'imagination vive, plus on doit éviter ce qui tend à le (........). L'homme est une machine que l'on ne peut toucher ni mouvoir sans danger, lorsqu'on ne le connaît pas. Les gens d'affaires (........) beaucoup d'argent. Il faut (........) préférer son devoir à son plaisir. Il est difficile d'être (..............) appliqué au travail. Les affaires prennent une bonne (........). Avec les chemins de fer on peut faire rapidement son (....) de France. Toutes les lignes droites tirées du centre et terminées à la (..........) sont égales en longueur. En affaires comme en voyage, celui qui veut marcher son droit chemin doit éviter les (......). (....) homme a des passions ; c'est une suite nécessaire de sa nature. (........) homme a sa passion dominante ; c'est une suite nécessaire de la diversité des tempéraments. Une nouvelle (........) de Virgile et d'Horace pourrait encore plaire après toutes celles qui ont paru. L'auteur et le temps de la (......) des Septante sont inconnus.

1183. Train, équipage. Le *train* regarde la suite ; l'équipage, le service. Un grand *train* ; un bel *équipage*.

1184. Traîner, entraîner. *Traîner* exprime une force qui triomphe de la résistance, mais quelquefois avec lenteur ; *entraîner* exprime une grande force qui triomphe de toute résistance, mais avec promptitude et un grand effet. On *traîne* à sa suite ; on *entraîne* dans son cours.

1185. Traite, trajet. La *traite* vous mène à un lieu, il faut en parcourir la longueur, pour arriver au terme ; le *trajet* vous sépare d'un lieu, il faut aller par-delà pour parvenir au terme. Les chemins sont continus, il faut les suivre, c'est une *traite*. Quand on va de Calais à Douvres, c'est un *trajet*.

1186. Traité, marché. Le *traité* est une convention, un accommodement sur des affaires d'importance ; le *marché* est le prix de la chose qu'on achète suivant certaines conventions, certaines conditions. On fait des *traités* de commerce ; on fait des *marchés* pour l'acquisition des choses vénales, l'exécution de quelque ouvrage.

1187. Tranchant, décisif, péremptoire. Ce qui lève les difficultés et aplanit les obstacles tout d'un coup, est *tranchant*; ce qui ne laisse plus de doute et entraîne le jugement est *décisif*; ce qui ne souffre plus d'opposition et interdit la réplique est *péremptoire*.

1188. Tranquillité, paix, calme. Ces mots expriment une situation exempte d'agitation. La *tranquillité* ne regarde que la situation en elle-même et dans le temps présent; la *paix* regarde cette situation par rapport aux ennemis qui pourraient la troubler; *calme* s'emploie comme succédant à une situation agitée, ou comme la précédant. On a la *tranquillité* en soi; la *paix* avec les autres; le *calme* après l'agitation.

1189. Transcrire, copier. On *transcrit* pour mettre au net; on *copie* pour multiplier. *Transcrire* ne se dit que de l'écriture; *copier* se dit aussi des tableaux, des dessins et de tout ce qui s'imite.

EXERCICES (1183, 1184, 1185, 1186, 1187, 1188, 1189).

Il n'appartient qu'aux princes d'avoir des (.....) nombreux et de superbes (........). La guerre (.......) avec elle des maux sans nombre, et (.....) après elle des maux sans fin. Des chevaux (.......) un char, le char (.......) les chevaux dans une pente rapide. Quand on est jeune, on aime à faire de longues (.....). Les îles Madives ne sont séparées les unes des autres que par de petits (......) de mer. On négocie pour faire un (.....); il y a des intérêts considérables à régler. On marchande pour faire un (.......); il s'agit d'obtenir un bon prix. Si l'on manque le moment (......), surtout en révolution, on court fortune de ne jamais le retrouver. Les gens médiocres sont (.........), parce qu'ils ne savent rien faire de mieux. Dans les grandes discussions, il faut des raisons (...........). Les gens inquiets n'ont point de *tranquillité* dans leur domestique. Les querelleurs ne sont guère en (....) avec leurs voisins. Plus la passion a été orageuse, plus on goûte le (.....). Pour conserver la (.... .....) de l'État, il faut faire valoir l'autorité sans abuser du pouvoir. Pour maintenir la (....), il faut être en état de faire la guerre. Ce n'est pas toujours en mollissant qu'on rétablit le (.....) chez un peuple mutiné. Un marchand (.......) chaque jour la feuille de ses ventes et de ses achats sur ses livres de compte, pour être en règle. Démosthènes, pour perfectionner son style, en le rendant plus concis et plus nerveux, (....) jusqu'à huit fois l'histoire de Thucydide.

1190. **Transes, angoisses.** Les *transes* sont les violentes agitations de la peur; les *angoisses*, les tortures de la douleur.

1191. **Transport, translation, transporter, transférer.** *Transporter* et *transport* marquent le terme du changement, sans rien marquer de l'état précédent de la chose transportée; *transférer* et *translation* ajoutent à l'idée du changement celle d'une sorte de consistance de la chose transférée dans le premier état d'où elle sort. On *transporte* des marchandises; on *transfère* un tribunal.

1192. **Travail, labeur.** Le *travail* est une application soigneuse; le *labeur*, un travail pénible. L'homme est né pour le *travail;* le malheureux est condamné au *labeur*.

1193. **A travers, au travers.** *Au travers*, toujours suivi de la préposition *de*, marque obstacle; *à travers*, non suivi de la préposition, n'en marque point. *Au travers* des ennemis; *à travers* les airs.

1194. **Trébucher, broncher.** On *trébuche* lorsqu'on perd l'équilibre et qu'on va tomber; on *bronche* lorsqu'on fait un faux pas. Celui qui n'a pas le pied ferme est sujet à *trébucher;* celui qui marche dans un mauvais chemin est sujet à *broncher*.

1195. **Trépas, mort, décès.** *Trépas* est poétique et emporte l'idée du passage d'une vie à l'autre; *mort*, du style ordinaire, signifie la cessation de la vie; *décès*, du style du palais, marque le retranchement du nombre des vivants. Il est une vie au-delà du *trépas;* personne n'est exempt de la *mort;* on *constate* les *décès*.

DES SYNONYMES. 279

EXERCICES (1190, 1191, 1192, 1193, 1194, 1195).

Ce ne fut qu'après avoir subi les plus mortelles (........) que nous le revîmes parmi nous. Dans les (......), l'âme est saisie d'une grande peur qui l'engourdit, qui émousse ses sensations. Constantin n'eut pas plutôt (........) le siége de l'empire de Rome à Constantinople que tous les grands abandonnèrent l'Italie pour se (..........) en Orient. La (..........) des cendres de Napoléon eut lieu le 28 décembre 1840. L'homme a-t-il été réduit par la tyrannie à n'espérer d'un (......) opiniâtre que ce qui était de nécessité première? Au commencement, le (......) n'était pas nécessaire à l'homme pour vivre. Un espion passe habilement et adroitement (..........) le camp ennemi, et se sauve. Le soldat se jette tout (........) d'un bataillon et l'enfonce. Il ne faut qu'un petit caillou pour vous faire (........); si vous perdez l'équilibre, vous (........). Il y a beaucoup plus de naissances que de (....). La (......) d'un homme vertueux est un malheur pour l'humanité. Mourir pour la patrie est un glorieux (......).

1196. **Très, bien, fort.** *Bien* dit moins que les deux autres; *très* dit moins que *fort*. Il est *bien* riche, *très*-riche, *fort* riche.

1197. **Tromper, décevoir, abuser.** *Tromper*, c'est induire dans l'erreur ou le faux; *décevoir*, y engager par des moyens séduisants ou spécieux; *abuser*, y plonger par un abus odieux de ses forces et de la faiblesse d'autrui. On *trompe* celui qui se laisse tromper; on *déçoit* celui qui se laisse capter; on *abuse* celui qui se laisse captiver.

1198. **Troupe, bande, compagnie.** Plusieurs personnes jointes pour aller ensemble font la *troupe*; plusieurs personnes séparées des autres pour se suivre, et ne se point quitter, font la *bande*; plusieurs personnes réunies par l'occupation, l'emploi ou l'intérêt, font la *compagnie*. Une *troupe* de soldats; une *bande* de voleurs; une *compagnie* d'assurance.

1199. **Trouver, rencontrer.** Nous *trouvons* les choses

inconnues ou celles que nous cherchons; nous *rencontrons* les choses qui sont en notre chemin ou qui se présentent à nous, et que nous ne cherchons point. *Trouver* un trésor; *rencontrer* un ami.

1200. **Tumultueux, tumultuaire.** *Tumultueux* signifie plein de tumulte; *tumultuaire*, qui a rapport au tumulte. Les assemblées du peuple sont *tumultueuses*, et il prend des résolutions *tumultuaires*.

1201. **Tuyau, tube.** *Tuyau* se dit des cylindres préparés par la nature pour l'économie animale, ou par l'art pour le service de la société; *tube* se dit de ceux dont on se sert pour faire des observations et des expériences en physique, en astronomie, en anatomie. Un *tuyau* de plume; un *tube* capillaire.

1202. **Type, modèle.** Le *type* porte l'empreinte de l'objet; le *modèle* en donne la règle. Un *type* fidèle; un bon *modèle*.

EXERCICES (1196, 1197, 1198, 1199, 1200, 1201, 1202).

C'est une (...)-mauvaise politique de changer par les lois ce qui doit être changé par les manières. On (......) plus habile que soi; on (.....) les gens qui s'en rapportent aux apparences; on (.....) les personnes faibles. Il n'est pas honnête de se séparer de sa (.....) pour faire (......) à part, et il faut toujours prendre l'intérêt de la (.........) où l'on se trouve engagé. Les plus infortunés (.......) toujours quelque ressource dans leur disgrâce. Les gens qui se lient aisément avec tout le monde sont sujets à (.........) mauvaise compagnie. Il y a des gens qui, à leurs mouvements (........... .....), paraissent toujours pressés de soins, et ils n'ont rien à faire. Il y en a qui sont si longtemps à délibérer de sang-froid sur ce qu'ils ont à faire qu'ils finissent par se déterminer (...............). Le typographe travaille sur des (....); le sculpteur, comme le peintre, travaille d'après des (........).

U

1203. **Uni, plain.** Ce qui est *uni* n'est pas raboteux; ce qui est *plain* n'a ni enfoncement, ni élévation. Le marbre le plus *uni* est le plus beau ; un pays où il n'y a ni montagnes, ni vallées, est un pays *plain*.

1204. **Union, jonction.** L'*union* regarde deux choses différentes qui se trouvent ensemble ; la *jonction* regarde deux choses qui se rapprochent l'une de l'autre. Le mot d'*union* renferme une idée d'accord ou de convenance ; celui de *jonction* suppose un marché ou quelque mouvement. L'*union* des couleurs ; la *jonction* des armées. *Union* s'emploie au figuré. L'*union* fait la force.

1205. **Unique, seul.** Une chose est *unique* lorsqu'il n'y en a point d'autre de la même espèce ; elle est *seule* lorsqu'elle n'est pas accompagnée. Un enfant qui n'a ni frère ni sœur est *unique*. Un homme abandonné de tout le monde reste *seul*.

1206. **Usage, coutume.** L'*usage* semble être plus universel ; la *coutume* paraît être plus ancienne. Ce que la plus grande partie des gens pratiquent est en *usage* ; ce qui s'est pratiqué depuis longtemps est une *coutume*.

1207. **User, se servir, employer.** *User* exprime l'action de faire usage d'une chose, selon le droit ou la liberté qu'on a d'en disposer à son gré et à son avantage ; *se servir* exprime l'action de tirer un service d'une chose, selon le pouvoir et les moyens qu'on a de s'en aider dans l'occasion ; *employer* exprime l'action de faire une application particulière d'une chose, selon les propriétés qu'elle a, et le pouvoir que vous avez d'en régler la destination. On *use* de son droit ; on *se sert* de tous ses moyens ; on *emploie* les choses et les personnes.

1208. **Usurper, envahir, s'emparer.** *Usurper*, c'est prendre injustement par voie d'autorité et de puissance ; *envahir*, c'est prendre tout d'un coup, par voie de fait, sans prévenir par aucun acte d'hostilité ; *s'emparer*, c'est se rendre maître d'une chose, en prévenant tous ceux qui peuvent y prétendre avec plus de droits. Le mot d'*usurper* renferme quelquefois une idée de trahison ; celui d'*envahir* fait entendre qu'il y a de la violence ; celui de *s'emparer* emporte une idée d'adresse et de diligence.

1209. Utilité, profit, avantage. L'*utilité* naît du service qu'on tire des choses ; le *profit*, du gain qu'elles produisent ; l'*avantage*, de l'honneur, de la commodité qu'on y trouve. Un meuble a son *utilité ;* une terre, son *profit ;* une grande maison, son *avantage*.

EXERCICES (1203, 1204, 1205, 1206, 1207, 1208, 1209).

La surface d'un fanon est (....), polie, et semblable à celle de la corne. Les grandes batailles se livrent en (.....) campagne. L'(.....) soutient les familles et fait la puissance des États. La (.......) des ruisseaux forme les grands fleuves. Il est quelquefois plus à propos de se conformer à un (.......) usage que de se distinguer même par quelque chose de bon. Bien des gens suivent la (.......) dans la façon de penser comme dans le *cérémonial* ; ils s'en tiennent à ce que leurs mères et leurs nourrices ont pensé avant eux. Il n'y a que la vertu dont personne ne peut mal (....), parce qu'elle ne serait plus vertu si l'on en faisait un mauvais usage. Dieu irrité (......) des hommes mêmes pour exercer sur eux ses vengeances. C'est une folie d'(........) son argent à acheter un repentir. On n'(......) point la couronne lorsqu'on la reçoit des mains de la nation. Prendre des provinces après que la guerre est déclarée, c'est en faire la conquête et non les (en-.....). Il n'y a point d'injustice à (........) des choses qui nous appartiennent, quoique nos droits et nos prétentions soient contestés. Les Hollandais parvinrent à (.........) du cabotage de l'Asie. Je souhaite que cet ouvrage soit (....) au lecteur ; qu'il fasse le (.....) du libraire, et qu'il me procure ,"(........) de l'estime publique.

V

1210. Vacances, vacations. *Vacances* se dit de la cessation des études publiques dans les écoles et dans les collèges ; *vacations*, de la cessation des séances des gens de justice. Les écoliers perdent le temps durant les *vacances ;* les avocats étudient durant les *vacations*.

1211. Vacarme, tumulte. *Vacarme* emporte l'idée d'un

grand bruit ; *tumulte*, l'idée d'un grand désordre. *Vacarme* ne se dit qu'au propre ; *tumulte* se dit, au figuré, du trouble et de l'agitation de l'âme. On tient mal une résolution qu'on a prise dans le *tumulte* des passions.

1212. **Vaillant, vaillance, valeureux, valeur.** La *vaillance* est la vertu ou la force courageuse qui règne dans le cœur, et constitue l'homme essentiellement *vaillant;* la *valeur* est cette vertu qui se déploie avec éclat dans l'occasion de s'exercer, et qui rend l'homme *valeureux* dans les combats. Il faut que l'officier soit *vaillant*, et le soldat *valeureux*.

1213. **Vaincre, surmonter.** *Vaincre* suppose un combat contre un ennemi qu'on attaque, et qui se défend ; *surmonter* suppose des efforts contre quelque obstacle qu'on rencontre et qui fait de la résistance. Il faut du courage et de la valeur pour *vaincre;* de la patience et de la force pour *surmonter*.

1214. **Vaincu, battu, défait.** Une armée est *vaincue* quand elle perd le champ de bataille ; elle est *battue* quand elle le perd en laissant beaucoup de morts et de prisonniers ; elle est *défaite* quand elle est dissipée et affaiblie au point de ne pouvoir plus tenir la campagne.

1215. **Vainement, inutilement, en vain.** Vous avez travaillé *vainement*, lorsque vous n'êtes pas récompensé de votre travail ou qu'il n'est pas agréé ; vous avez travaillé *inutilement*, lorsque votre travail ne profite pas ; vous avez travaillé *en vain*, si vous n'êtes pas venu à bout de ce que vous vouliez faire.

CORRIGÉ DES EXERCICES (1210, (1211, 1212, 1213, 1214, 1215).

C'est l'Université qui fixe la durée des (......), les époques où elles commencent et où elles finissent. Les tribunaux criminels n'ont point de (........). Une seule personne fait quelquefois du (......) ; mais le (......) suppose toujours qu'il y a un grand nombre de gens. Condé paraîtra peut-être plus (........) que Turenne. Turenne était-il moins (......)? La (.....) n'attend pas le nombre des années.

Le lion du héros exprime la (........). Des larmes sincères ont la puissance de (......) le cœur le plus dur. Les femmes peuvent moins (........) leur coquetterie que leurs passions. La raison supporte les disgrâces, le courage les combat, la patience et la religion les (..........). On a dit de plusieurs généraux qu'ils avaient été (......) sans avoir été (......), parce que le lendemain de la perte d'une bataille ils étaient en état d'en donner une nouvelle. Mithridate, souvent (....), ne perdit jamais courage. Si vous me parlez sans que je vous entende, vous parlez (........), si vous me parlez sans me persuader, vous parlez (.......).

1216. **Valet, laquais.** Le *valet* est un homme de service; le *laquais*, un homme de suite. Le premier emporte une idée d'utilité; le second, une idée d'ostentation.

1217. **Valétudinaire, maladif, infirme, cacochyme.** Le *valétudinaire* est d'une santé chancelante; le *maladif* est sujet à être malade; l'*infirme* est affligé de quelque dérangement d'organes; le *cacochyme* est plein de mauvaises humeurs.

1218. **Valeur, courage.** Le valeureux peut manquer de *courage*; le courageux est toujours maître d'avoir de la *valeur*. La *valeur* brave les horreurs de la mort; le *courage*, plus grand, brave la mort et la vie.

1219. **Valeur, prix.** Le mérite des choses en elles-mêmes en fait la *valeur*, et l'estimation en fait le *prix*.

1220. **Vallée, vallon.** *Vallée* désigne un espace étendu; *vallon* en marque un plus resserré. La *vallée* de Josaphat; le sacré *vallon*.

1221. **Vanter, louer.** On *vante* une personne pour lui procurer l'estime des autres; on la *loue* pour témoigner l'estime qu'on fait d'elle.

1222. **Variation, changement.** La *variation* consiste à être tantôt d'une façon et tantôt d'une autre; le *changement* consiste seulement à cesser d'être le même. Les *varia-*

tions sont ordinaires aux personnes qui n'ont point de volonté déterminée; le *changement* est le propre des inconstants.

EXERCICES (1216, 1217, 1218, 1219, 1220, 1221, 1222.)

Quand on a plusieurs (.....), on est souvent moins bien servi que si l'on en avait qu'un. L'habit le plus magnifique n'est qu'un habit de livrée quand celui qui le porte a l'âme et les mœurs d'un (.......). Les femmes sont plus (............) que les hommes. L'habitude du vice rend l'homme (.......). Quand on devient vieux, on devient (......). Les individus (..........) sont faibles, languissants, disposés à être atteints plus facilement que les autres de toutes les maladies. La (......) outragée se venge avec éclat, tandis que le (......) pardonne en silence. De deux choses, celle qui est d'une plus grande (......) vaut mieux, et celle qui est d'un plus grand (....), vaut plus. Rosny est une petite ville située dans une petite (.....) agréable et fertile. Brunoy est situé dans un (.....) où coule la rivière d'Hyères. On (....) les forces d'un homme; on (...) sa conduite. Il y a peu d'hommes qui aient un caractère fixe : le cœur est aussi sujet aux (..........) que le visage. Il se peut que notre globe ait éprouvé autant de (..........) que les États ont éprouvé de révolutions.

1223. **Variation, variété**. Les changements successifs dans le même sujet font la (*variation*); la multitude des différents objets fait la *variété*. La *variation* du temps; la *variété* des couleurs.

1224. **Variété, diversité, différence**. La *variété* est opposée à l'uniformité; la *diversité*, à la conformité; la *différence*, à l'identité. *Variété* de mets; *diversité* d'opinions; *différence* de sexe.

1225. **Vaste, grand**. *Grand* dit moins que *vaste*. Un *grand* palais, un *vaste* empire.

1226. **Védette, sentinelle.** La *védette* est à cheval; la *sentinelle*, à pied.

1227. **Veiller à, veiller sur, surveiller.** Les soldats *veillent* à leurs postes; les officiers *veillent sur* eux; le général *surveille* tout.

1228. **Vélocité, vitesse, rapidité.** La *vélocité* est la qualité du mouvement fort et léger; la *vitesse*, du mouvement prompt et accéléré; la *rapidité*, du mouvement impétueux et violent. *Vélocité* d'un oiseau; *vitesse* d'un cheval; *rapidité* d'un torrent.

EXERCICES (1223, 1224, 1225, 1226, 1227, 1228).

Il n'y a point de gouvernement où il n'y ait eu des (..........). Il n'y a point d'espèces dans la nature où l'on ne remarque beaucoup de (........). La (......) suppose plusieurs choses dissemblables et rassemblées comme sur un même fond; la (........) suppose une opposition et un contraste; la (........) suppose la ressemblance. Créteil est un village traversé par la (......) route de Paris à Troyes. Les (......) palais de Fontainebleau ont été baignés de larmes. Les (........) et les (..........) veillent à la sûreté du corps dont elles sont détachées, et pour la garde duquel elles sont mises en faction. La fortune veille (.) ce que l'homme ne soit jamais sans douleurs. Chacun doit veiller (...) soi-même. Le temps fuit avec (........). Rien ne peut être comparé à la (........) de la pensée. Dans les villes principales, l'argent circule avec plus de (......).

1229. **Vénal, mercenaire.** La chose *vénale* est à vendre; le *mercenaire* est au plus offrant, aujourd'hui pour, et demain contre. Un fonctionnaire *vénal*; un écrivain *mercenaire*.

1230. **Vendre, aliéner.** *Vendre*, c'est céder pour de l'argent; *aliéner*, c'est transférer la propriété d'un bien. On *vend* ce que quelqu'un achète; on *aliène* ce qu'un autre acquiert.

1231. **Vénération, révérence, respect.** La *vénération* est l'hommage de l'humilité ou de la supplication; la *révérence* est l'hommage de la soumission ou de la faiblesse; le *respect* est l'hommage de l'infériorité ou de l'abaissement volontaire.

1232. **Venimeux, vénéneux.** *Venimeux* se dit des animaux; *vénéneux*, des plantes. Un serpent *venimeux*; une flèche *vénéneuse*.

1233. **Vérifier, avérer.** On *vérifie* un rapport pour savoir s'il est véritable ou fidèle; on *avère* un fait, en assurant qu'il est vrai ou réel.

1234. **Verser, répandre.** Tous deux énoncent effusion, mais le second y joint l'idée accessoire de dispersion. *Verser* du vin; *répandre* des larmes.

EXERCICES (1229, 1230, 1231, 1232, 1233, 1234).

Les grandes dignités ne doivent point être (......). On ne doit pas marchander le salaire d'un (.........). Les rois ne peuvent (......) les domaines de la couronne. (......) sa conscience est une bassesse. La (.........) est un profond respect; la (........), une crainte respectueuse; le *respect*, une distinction honorable. Le scorpion et la vipère sont des animaux (........). Le suc de la ciguë est (........). L'écriture et la signature d'un billet étant (........) et reconnues conformes à la main du souscripteur, l'obligation est (.....) ou constatée. Dieu (.....) ses grâces avec abondance sur ses élus. Le soleil (......) la lumière dans toute l'étendue de sa sphère.

1235. **Vestige, trace.** Les *vestiges* sont les restes de ce qui a été dans un lieu; les *traces*, les marques de ce qui y a passé. On voit les *vestiges* d'un vieux château; on remarque les *traces* d'un cerf ou d'un sanglier.

1236. **Vêtement, habillement, habit.** *Vêtement* exprime ce qui sert à couvrir le corps depuis la tête jusqu'aux pieds ; l'*habillement* renferme dans son idée un rapport à la forme, à la façon dont on est vêtu ; *habit* ne signifie que ce qui est robe ou ce qui tient de la robe. Un *vêtement* léger, un bel *habillement*; un *habit* de cour.

1237. **Vêtu, revêtu, affublé.** *Vêtu* se dit des habits ordinaires ; *revêtu*, des habillements qui distinguent les honneurs et les dignités; *affublé*, des habillements extraordinaires et de caprice. L'ecclésiastique et le magistrat doivent être *vêtus* décemment; Les ducs ne sont *revêtus* du manteau ducal que dans les occasions de cérémonies ; elle s'était *affublée* d'une vieille casaque.

1238. **Vexer, molester, tourmenter.** Vous êtes *vexé* par la violence qui vous tourmente pour vous dépouiller injustement ; vous êtes *molesté* par des charges, des attaques, des poursuites qui vous harcèlent et vous fatiguent; vous êtes *tourmenté* par toutes sortes de peines dont la force et la continuité ne vous laissent point de repos.

1239. **Viande, chair.** *Viande* se dit d'une portion de substance animale mêlée de parties molles et de parties dures; *chair* ne se dit que des parties molles. *Viande* de boucherie; *chair* de perdrix, de poulet, de lièvre, etc.

1240. **Vibration, oscillation.** Le mouvement de *vibration* mesure les sons; celui d'*oscillation* mesure les temps. Les *vibrations* d'une corde ; les *oscillations* d'un pendule.

1241. **Vice, défaut, imperfection.** *Vice* marque une mauvaise qualité morale qui procède de la dépravation ou de la bassesse du cœur; *défaut* marque une mauvaise qualité de l'esprit ou une mauvaise qualité extérieure ; *imperfection* est le diminutif de défaut. La négligence dans le maintien est une *imperfection*; la difformité et la timidité sont des *défauts;* la cruauté et la lâcheté, des *vices*.

1242. **Vice, défaut, ridicule.** Les *vices* partent d'une dépravation de cœur; les *défauts*, d'un vice de tempérament; le *ridicule*, d'un défaut d'esprit.

EXERCICES (1335, 1236, 1237, 1238, 1239, 1240, 1241, 1242).

Nulle route, nulle communication, nul (.....) d'intelligence dans les lieux sauvages. Les ruines nous intéressent, nous émeuvent ; nous y retrouvons des (.....) et des restes de la vie Quelque simples que nos (........) puissent être, la vanité n'est-elle pas encore plus grande? Bien des gens, dans le monde, ressemblent aux comédiens, qui changent d'(.....) selon le rôle qu'ils ont à jouer. L'(..........) des Egyptiens était fort simple. Les femmes peuvent être (.....) galamment, mais toujours selon les lois de la pudeur. Le mousquetaire est (.....) de sa soubreveste quand il va à l'ordre. On achetait le droit de justice; on la faisait rendre ou vendre par son valet (......) d'une robe. On ne doit (....) personne. On peut bien se divertir sans (.......) qui que ce soit. L'ornement cariatidique ne convient qu'à la tyrannie qui se plaît à (.... ......) et à courber les hommes; ils ne doivent jamais être avilis, même dans les fictions. La (....) du renard est moins mauvaise que celle du loup. On ne mange point de (......) en carême. Les (........) d'une corde tendue ou d'un ressort viennent de son élasticité. Les petites (.........) du pendule sont isochrones. Les (....) des langues sont sensibles surtout dans les mots dont l'acception n'est pas déterminée. On ne doit point reprocher aux hommes leurs (....) naturels. Le trop d'attention à observer les (......) d'autrui fait qu'on meurt sans avoir eu le temps de connaître les siens. C'est sur les (...........) des grands hommes qu'il faut attacher sa critique. Il y a toujours quelque (.......) à parler de soi.

1243. **Viduité, veuvage.** La *viduité* est l'état actuel du survivant des deux conjoints qui n'a point encore passé à un autre mariage ; le *veuvage* est le temps que dure cet état.

1244. **Vieux, ancien, antique.** *Antique* enchérit sur *ancien*, et *ancien* sur *vieux*. Une mode est *vieille* lorsqu'elle cesse d'être en usage ; elle est *ancienne* lorsque l'usage en est entièrement passé ; elle est *antique* lorsqu'il y a déjà longtemps qu'elle est *ancienne*. *Récent* est l'opposé de *vieux*; *nouveau*, l'opposé d'*ancien*; *moderne*, l'opposé d'*antique*.

1245. **Vigoureux, fort, robuste.** Un homme *vigou-*

reux attaque avec violence ; un homme *fort* porte d'un air aisé ce qui accablerait un autre ; un homme *robuste* est à l'épreuve de la fatigue.

1246. **Viol, violement, violation.** Le *viol* est le crime de celui qui attente par force à la pudicité d'une fille ou d'une femme ; *violement* ne se dit que de l'infraction de ce qu'on doit observer ; *violation* se dit des choses sacrées, quand elles sont profanées.

1247. **Violent, emporté.** Le *violent* va jusqu'à l'action ; l'*emporté* s'arrête au discours. Un homme *violent* frappe aussitôt qu'il menace ; un homme *emporté* est prompt à dire des injures et se fâche aisément.

1248. **Vis-à-vis, en face, face à face,** *Vis-à-vis* désigne le rapport de deux objets en vue l'un de l'autre ; *en face* ne marque qu'un simple rapport de perspective ; *face à face* marque un double rapport de réciprocité.

1249. **Viscères, intestins, entrailles.** Le cerveau, le cœur, le foie, les poumons, les boyaux sont des *viscères* ; les *intestins* sont les substances charnues qui servent à digérer, à distribuer le chyle, et à vider les excréments ; tout cela est renfermé dans les *entrailles*. Elles ont pris un caractère moral : on dit des *entrailles* paternelles, les *entrailles* de la miséricorde.

EXERCICES (1243, 1244, 1245, 1246, 1247, 1248, 1249).

Plusieurs saintes femmes ont passé de la (......) à la profession religieuse ; mais aujourd'hui que la plupart des mariages se contractent par des vues que la religion, et la saine religion proscrivent également, un (.......) d'un an paraît un fardeau bien lourd. Ce qui est récent n'est pas (.....) ; ce qui est nouveau n'est pas (.........) ; ce qui est moderne n'est pas (.....). On est (.......) par le mouvement et par les efforts qu'on fait. On est (...) par la solidité et par la résistance des membres. On est (......) par la bonne conformation des parties qui servent aux fonctions naturelles. Quand les mœurs d'une nation sont corrompues, au point que le (........) des bienséances fait partie des manières reçues, et que l'impudicité ose se permettre impunément la (........) publique des saints lieux, on ne saurait plus répondre que le (....) ne sera pas bientôt traité comme une pure galanterie. Deux arbres sont (.......) l'un de l'autre. On a fait l'autopsie du corps et toutes les (........) ont été trouvées saines. On évalue, dans l'homme, la longueur des (.......) à six ou sept fois celle de son corps. Les (........) et les glandes font les fonctions nécessaires pour entretenir et réparer les forces.

1250. **Vision, apparition.** La *vision* se passe dans les sens intérieurs, et ne suppose que l'action de l'imagination; l'*apparition* frappe de plus les sens extérieurs, et suppose un objet au-dehors. Saint Joseph fut averti par une *vision* de fuir en Egypte avec sa famille; La Magdeleine fut instruite de la résurrection du Sauveur par une *apparition*.

1251. **Visqueux, gluant.** Ce qui est *gluant* possède la qualité de s'attacher; ce qui est *visqueux* a la propriété essentielle ou très-énergique de se coller. La chose *gluante* est telle; la chose *visqueuse* est faite pour produire un tel effet.

1252. **Vite, tôt, promptement.** L'opposé de *vite* est lentement; l'opposé de *tôt* est tard; l'opposé de *promptement* est longtemps. On avance en allant *vite*, mais on va sûrement en allant lentement; le crime est toujours puni, *tôt* ou tard; il faut être longtemps à délibérer, mais il faut exécuter *promptement*.

1253. **Vivacité, promptitude.** La *vivacité* tient de la sensibilité et de l'esprit; la *promptitude*, de l'humeur et de l'action. On oppose l'indolence à la *vivacité*: la lenteur à la *promptitude*.

1254. **Vogue, mode.** La mode est un usage régnant et passager; la *vogue*, un concours excité par la réputation. Une marchandise est à la *mode*; un marchand a la *vogue*.

1255. **Voie, moyen.** La *voie* est la manière de s'y prendre pour réussir; le *moyen*, ce que l'on met en œuvre pour cet effet. La première a un rapport particulier aux mœurs, et le second, aux événements. On suit les *voies* ; on se sert des *moyens*.

1256. **Voir, apercevoir.** Les objets qui ont quelque chose ou qui se montrent, sont *vus*; ceux qui fuient ou qui se cachent sont *aperçus*. On *voit* dans un visage la régularité des traits; on *aperçoit* dans les yeux les mouvements de l'âme.

1257. **Voir, regarder.** On *voit* ce qui frappe la vue; on *regarde* où l'on jette le coup d'œil. Nous *voyons* les objets qui se présentent à nos yeux; nous *regardons* ceux qui excitent notre curiosité.

EXERCICES (1250, 1251, 1252, 1253, 1254, 1255, 1256, 1257).

Les cerveaux échauffés et vides de nourriture croient souvent avoir des (......). Les esprits timides et crédules prennent quelquefois pour des (..........) ce qui n'est rien ou ce qui n'est qu'un jeu. Le jus des confitures est (......). Il y a des feuilles qui sont couvertes d'un enduit (........). Qui commence (...) et travaille (....), achève (..........). Le mors et l'éperon sont deux moyens qu'on a imaginés pour obliger les chevaux à recevoir le commandement : le mors pour la précision, et l'éperon pour la (..........) des mouvements. La (.......) des passions cause la (.......) des douleurs. La (.......) qui augmente en vieillissant ne va pas loin de la folie. La plupart des gens ne jugent des hommes que par la (.....) qu'ils ont, ou par leur fortune. Une femme surtout doit tribut à la (....). Il n'est pas dans nos (.....) d'aimer tendrement et tranquillement qui nous hait. Les richesses sont un (.....) d'avoir tout ce qu'on désire. L'amour qui se fait (....) tombe dans le ridicule aux yeux des spectateurs ; celui qui se laisse seulement (........), fait sur le théâtre du monde une scène amusante pour ceux à qui plaît le jeu des passions. Les hommes indifférents (.....), comme les autres, les agréments du sexe ; mais ceux qui en sont frappés, les (........).

1258. **Vol, volée, essor.** Le *vol* est l'action de s'élever dans les airs et d'en parcourir un espace ; la *volée* est un vol soutenu et prolongé ou varié ; l'*essor* est un vol hardi, haut et long, le plein vol d'un grand oiseau. Le *vol* de la perdrix n'est pas long ; les hirondelles passent la mer tout d'une *volée* ; le faucon mis en liberté prend quelquefois son *essor* si haut, qu'on l'a bientôt perdu de vue.

1259. **Volonté, intention, dessein.** La *volonté* est une détermination fixe ; l'*intention*, un mouvement qui fait tendre à quelque chose ; le *dessein*, une idée adoptée qui suppose quelque chose de médité.

1260. **Volume, tome.** La reliure sépare les *volumes* ; la division de l'ouvrage distingue les *tomes*.

1261. **Volupté, débauche, crapule.** La *volupté* suppose beaucoup de choix dans les objets, et même de la modération dans la jouissance ; la *débauche* suppose le même choix dans les objets, mais nulle modération dans la jouissance ; la *crapule* exclut l'un et l'autre.

1262. **Vouer, dévouer, dédier, consacrer.** *Vouer*, c'est engager irrévocablement ; *dévouer*, c'est livrer sans réserve ; *dédier*, c'est mettre sous les auspices ; *consacrer*, c'est dévouer religieusement. On *voue* un enfant à Dieu ; on se *dévoue* à son pays ; on *dédie* une chapelle à la Vierge ; on *consacre* une église.

1263. **Vouloir, avoir envie, souhaiter, désirer, soupirer, convoiter.** On *convoite* un objet illicite et défendu par la loi de Dieu. On *veut* un objet présent, et l'on en *a envie* ; mais on le *veut* avec plus de connaissance et de réflexion, et l'on en a *envie* avec plus de sentiment et plus de goût. On *souhaite* et l'on *désire* des choses plus éloignées ; mais les *souhaits* sont plus vagues et les *désirs* plus ardents. On *soupire* pour des choses plus touchantes.

1264. **Vrai, véridique.** L'homme *vrai* ne peut dire que la vérité ; l'homme *véridique* se plaît à la dire.

1265. **Vrai, véritable.** *Vrai* tombe sur la réalité de la chose, il signifie qu'elle est telle qu'on la dit ; *véritable* se rapporte à l'exposition de la chose, et il signifie qu'on la dit telle qu'elle est.

Z

1266. **Zéphyr, zéphyre**. Le *zéphyr* sans *e* est un vent doux et léger; *Zéphyre* avec un *e* est une divinité de la fable; c'est le zéphyr personnifié.

EXERCICES 1258, 1259, 1260, 1261, 1262, 1263, 1264, 1265, 1266).

Tout oiseau prend son (...). Vous donnez la (....) à celui à qui vous donnez la liberté de s'envoler. L'oiseau de proie prend son (....) d'autant plus véhément qu'il a été plus longtemps contraint. Personne n'aime à être contrarié dans ses (.......), ni trompé dans ses (........), ni traversé dans ses (.......). Il ne faut pas toujours juger de la science de l'auteur par la grosseur du (.......). Il y a beaucoup d'ouvrages en plusieurs (.....), qui seraient meilleurs s'ils étaient réduits en un seul. Les vices nous quittent; on ne se dégage jamais de la (.......). Il faut fuir les gens qui excitent à la (........). Les justes seront abreuvés dans un torrent de (........). Les poëtes ont, pour la plupart, (.......) leurs veilles à célébrer la beauté des femmes. Les martyrs se sont (.......) à la mort pour le triomphe de la religion. Le monde est un vaste temple (.....) à la discorde. Nous (......) ce qui peut nous convenir; nous avons (.....) de ce qui nous plaît; nous (.........) ce qui nous flatte; nous (........) ce que nous estimons; nous (........) pour ce qui nous attire. Dieu est (....) par essence; l'écrivain inspiré par lui est contraint d'être (........). Il n'est pas (....) qu'il y ait eu une papesse Jeanne, et l'histoire qu'on en a faite n'est pas (........). (........) caresse Flore. Les doux (.......) reviennent au printemps.

FIN

OMISSION

Énergie, force. Le premier dit plus que le second et s'applique principalement aux discours qui peignent, et au caractère du style. Joindre la *force* du raisonnement à l'*énergie* des expressions. Peinture *énergique*, images *fortes*.

Enfant, puéril. *Enfant* se dit des personnes, et *puéril* de leurs discours ou de leurs actions. Cet homme est *enfant;* tout ce qu'il dit est *puéril*.

TABLE ALPHABÉTIQUE

DES

SYNONYMES

A

		Abuser.........	189	Acquiescer.......	76
			279	Acquitté.........	16
Abaissement......	9	Académicien......	14	Acquitter........	212
Abaisser.........	9	Académiste.......	14	Acre............	16
—	51	Accablement.....	14	Acreté...........	16
Abandonnement...	10	Accélérer........	149	Acrimonie........	16
Abandonner......	10	Accepter.........	235	Acte............	17
Abattement......	14	Accès (avoir)....	14	Acteur..........	17
Abattre.........	10	Accident.........	128	Action...........	17
Abdication.......	10		182	Actions (bonnes)..	17
Abdiquer........	10	Accidentellement..	14	Actions (bonnes)..	58
Abhorrer........	11	Accompagner.....	14	Actuellement.....	18
Abîme..........	221	Accompli........	14	Adage...........	18
Abject..........	52	Accomplir.......	202	Adhérent........	18
Abjection........	11	Accord..........	76	Adhérer.........	76
—	53	—	81	Adhésion........	40
Abjurer.........	241	Accord (tomber d')	76	Adjectif.........	18
Abolir..........	12	Accorder........	15	—	125
Abominable......	12	Accoster........	14	Admettre........	19
Abondamment....	55	—	166	Administration...	19
Aborder.........	14	Accoter.........	40	—	145
—	166	Accoucher.......	00	—	237
Abrégé..........	12	Accroire (faire)...	88	Adorer..........	19
Abréger.........	12	Accumuler......	31	Adoucir.........	19
Abri (à l').......	16	Accusateur......	15	Adresse.........	19
Abrogation......	99	Accuser.........	158	—	20
Absolution.......	12	Acerbe..........	48	Adroit..........	20
Absorber........	13	Achat...........	119	Adulateur.......	20
Abstraction......	221	Achever.........	16	Adversaire......	00
Abstrait.........	13	Acquiescer......	16	Affabilité........	20

TABLE DES SYNONYMES.

Affable	152	Aimer	67	Amourette	33
Affamé	21	Aimer mieux	26	Amoureux	31
Affectation	21	Aimer plus	26	Amphibologique	177
Affecté	39	Ainsi que	96	Ampoulé	33
Affecter une chose	21	Air	26	Amusement	33
Affection	21	Ais	26	Amusement	236
—	32	Aise	27	Amuser	33
Affermer	22	Aisé	27	An	34
Affermir	22	Aisé	131	Analogie	233
Afféterie	21	Aises	27	Ancêtres	34
Affirmer	44	Ajouter	27	Ancien	289
Affliction	22	Ajustement	28	Anciennement	34
—	100	Alarme	28	Ane	35
Afflictions	88	Aliéner	286	Anéantir	35
Affligé	22	Aliment	29	Anecdotes	151
Affluence	23	Aliments	264	Anesse	35
Affranchir	23	Alimenter	198	Angoisses	23
Affres	23	Allé (être)	29	—	278
Affreux	23	Allégir	29	Animal	53
Affront	24	Allégorie	209	—	54
Affublé	288	Alléguer	29	Animer	26
Afin	220	—	70	—	129
Agir	24	Alliance	30	Annales	151
—	132	Allonger	30	Année	34
Agitation	24	Allures	30	Annexé	18
Agité	24	Almanach	62	Annuler	35
Agrandir	24	Altercation	106	Antagoniste	00
Agréable	25	Altier	149	Antécédent	36
—	145	Amant	30	Antérieur	36
Agréger	25	—	31	Antipathie	148
--	44	Amasser	31	Antiphrase	36
Agrément	40	Ambassadeur	31	Antique	289
—	76	Ambiguité	31	Antre	36
Agréments	145	Ame faible	32	Apaiser	37
Agriculteur	25	Amendement	32	Apercevoir	292
Aider	25	Aménuiser	29	Aphorisme	50
Aïeux	34	Ami	30	Apocryphe	37
Aiguillonner	26	Amitié	32	Apologie	167
Aiguiser	29	Amollir	114	Apophthegme	50
Ailleurs (d')	98	Amonceler	31	Aposter	220
Aimable	258	Amour	32	Apothéose	37
Aimer	26	—	33	Appareils	37

TABLE DES SYNONYMES

Apparence	130	Arranger	41	qu'un	46
Apparition	291	Arrêter	42	Attendre	126
Appas	37	Arrogant	246	Attention	46
—	47	—	265	Attentions	116
Appât	37	Arroger (s')	40	Atténuer	46
Appeler	37	Art	42	Attitude	46
—	197	Articuler	227	Attouchement	269
Appétit	132	Artifice	20	Attraction	46
Applaudissements	38	Artisan	42	Attraits	37
Application	38	Artiste	42	—	47
Appliquer	38	Ascendant	42	Attribuer	47
Appointements	141	Asile	42	Attribuer (s')	40
Apporter	219	Aspect	43	Attristé	22
Apposer	38	Aspirer	43	Auberge	61
Apprécier	39	Assembler	43	Aucun	200
Appréhender	86	Asservir	262	Audace	47
Appréhension	28	Assez	43	—	149
—	86	Assiéger	201	Audacieux	115
Apprendre	39	Assiette	257	Augmenter	24
—	00	Assister	25	—	27
—	128	Associé	75	—	47
Apprêté	39	Associer	25	—	88
Apprêter	39	—	44	Augure	47
Apprêts	37	Assujettir	262	Auspices	230
Apprivoisé	40	Assujettissement	44	Aussi	00
Approbation	40	Assuré	65	Austère	47
Approcher	14	Assurer	22	—	48
Approfondir	87	—	44	Auteur	113
Approprier (s')	40	—	233	Authentique	259
Appui	40	Astronome	44	Autorité	48
Appuyer	40	Astuce	137	Autour	48
Apre	16	Athée	45	Autrefois	34
—	48	Atrabilaire	45	Avanie	34
Aptitude	41	Atroce	146	Avant	48
—	106	Attache	45	Avantage	49
Aride	41	Attaché	18	—	282
Arme	41	Attaché à l'argent	45	Avantageux	145
Armes	41	Attachement	45	Avare	45
Armoiries	41	Attacher	174	—	49
Armure	41	Attaquer quelqu'un	46	Avaricieux	49
Aromate	41			Avenir	49
Arracher	41	Attaquer (s') à quel		Aventure	128

TABLE DES SYNONYMES.

Avérer,	287	Bassesse	53	Blême	209
Aversion	148	Bataille	53	Blessure	56
Avertir	49	Bâtir	78	Blottir (se)	269
Avertissement	49	Battre	53	Bluette	57
—	76	Battu	283	Bois	57
Aveu	49	Bavard	51	Boiter	57
Aveugle (à l')	50	Bavardage	51	Bonheur	57
Aveuglément	50	Béatification	53	—	58
Avidité	73	Béatitude	58	Bonté	58
Avilir	9	Beau	53	—	59
Avis	49	Beaucoup	53	—	184
—	76	—	54	Bord	59
—	253	—	55	Bornes	274
Avis (donner)	49	Bégayer	52	Boucherie	186
Avisé	50	Bénéfice	142	Bouderie	59
Avoir	50	Benêt	51	Boue	175
Avorton	50	Béni	54	Bouffi	122
Axiome	50	Bénignité	58	Bouffon	59
		Bénin	54	Boulevard	59
B		Bénit	54	Bourbe	175
		Berger	212	Bourg	149
Babil	51	Besace	54	Bourgeois	147
Babillard	51	Besoin	212	Bourrasque	205
Babiole	190	Bête	35	Bourrique	35
Badaud	51	—	54	Boursoufflé	33
Badin	137	Bêtise	55	Bout	60
Bafouer	152	Bévue	55	Bravoure	17
Bagatelle	190	Bien	54	—	85
Bâillement	51	—	55	Bredouiller	52
Baisser	51	—	279	Bref	60
Balancer	52	Bienfaisance	56	Brillant	112
Balbutier	52	Bienfait	56	Briser	64
Bande	176	Bienséance	91	Broncher	278
—	279	Bienveillance	56	Brouiller	60
Bandit	173	Biffer	113	Broyer	46
Bannir	129	Bigarrure	103	Brute	35
Banqueroute	52	Bigot	152	—	54
Barbarie	52	Bijou	166	But	60
Barre	176	Bissac	54	Butin	227
Bas	52	Bizarre	56		
Bassesse	9	Blafard	209	**C**	
—	11	Blâmer	56	Cabale	61

TABLE DES SYNONYMES.

Cabane	61	Célébrité	243	Chérir	26
Cabaret	61	Céler	269	—	67
—	270	Célébrité	229	Chétif	68
Cacher	61	Censure	87	Cheval	86
—	269	Censurer	56	Choir	68
Cacochyme	284	Cependant	220	Choisir	68
Caducité	62	Certain	65	Choix	116
Cafard	152	Certainement	65	Choix (faire)	68
Cagot	152	Certes	65	Choquer	69
Cajoler	63	Certitude (avec)	65	Chroniques	151
Calamité	62	Cesser	137	Ciel	69
Calculer	62	Cession	10	Cime	260
Calendrier	62	Chagrin	22	Circonférence	275
Calme	277	—	65	Circonlocution	214
Calmer	37	—	109	Circonspect	50
Candeur	62	Chair	288	Circonspection	69
—	194	Chaleur (la)	67	—	116
Canonisation	53	Chance	57	Circonstance	69
Capable	147	Chanceler	65	—	202
Capacité	63	Chancir	65	Circuit	275
Caprice	152	Change	66	Cité	69
Capricieux	56	Changeante	171	Citer	29
Captieux	162	Changement	66	—	70
Captif	63	—	193	Citoyen	147
Caquet	51	—	284	Civil	152
Caqueter	165	Chantre	66	Civilité	20
Caresser	63	Chaque	275	—	70
Carnage	186	Charge	66	Civisme	70
Carnassier	63	—	204	Clairvoyant	112
Carnivore	63	Charme	66	Clameur	87
Cas	202	Charmes	37	Clarté	70
Casser	35	—	47	—	178
—	64	Charmille	67	Clocher	57
Catalogue	176	Charmoie	67	Cloître	70
Catastrophe	97	Chasteté	67	Clore	70
Causer	165	—	230	Clystère	70
Caustique	64	Château	180	Coalition	30
Caution	64	Châtier	67	Cœur	71
Caverne	36	Chaud (le)	67	Cœur faible	32
Céder	16	Chaumière	61	Col	101
Célèbre	132	Chef	272	Colère	71
Célébrité	64	Chemin	257	—	72

TABLE DES SYNONYMES.

Colérique	72	Conduite	237	Consumer	77
Collection	237	Confédération	30	Conte	78
Collègue	75	Conférer	74	Contenance	180
Colloque	82	Confession	49	Content	250
Coloris	84	Confier (se)	74	Contentement	78
Combat	53	Confirmer	44	Contention	38
Comble	260	Confiseur	75	Conter	194
Comédien	17	Confiturier	75	Contestation	106
Commandement	72	Conformation	131	Contexture	272
Comme	96	Conformité	243	Contigu	79
Commentaire	72	Confrère	75	Continence	67
Commentaires	151	Congratulation	135	—	230
Commerce	72	Conjecture	223	Continu	79
Commis	72	Conjoncture	202	Continuation	79
Commisération	217	Conjuration	61	Continuel	79
Commodités	27	Connaissance	75	—	215
Commun	205	Connexion	75	Continuellement	275
Compagnie	279	Connexité	75	Continuer	79
Comparaison	256	Consacrer	293	Continuité	79
Compassion	817	Conscience	213	Contraindre	80
Complaire	72	Conseil	49	—	201
Complaisance	73	—	76	Contravention	80
Complet	00	Consentement	40	Contre	80
Complexion	195	—	76	Contrefaçon	81
Complot	61	—	81	Contrefaction	81
Composé	39	Consentir	76	Contrefaire	153
Comprendre	00	Conséquence	73	Contrevenir	81
Compter	62	Considérable	77	Contre-vérité	36
Conception	126	Considération	69	Contribution	155
Concerner	237	—	77	Contristé	22
Concevoir	00	—	243	Contrition	81
Concilier	15	Considérations	198	Contusion	56
Concis	168	Consommer	77	Convaincre	81
—	221	Conspiration	61	Convenance	91
Conclure	161	Constance	78	Convention	76
Conclusion	73	—	135	Convention	81
Conjoncture	202	—	263	Conversation	82
Concours	23	Constant	78	Conviction	82
Concupiscence	73	—	110	Convier	83
Condescendance	73	Consternation	127	Convoiter	293
Condition	74	Constitution	195	Convoitise	73
Conduire	74	Construire	78	Copie	83

TABLE DES SYNONYMES.

Copier	153	Cri	87	Déclin	90
—	277	Crime	87	Décombres	90
Copieusement	55	—	138	Décorer	206
Coquetterie	83	Critique	87	Découler	118
Corne	57	Croire (faire)	88	—	226
Correction	32	Croître	47	Découragement	14
—	83	—	88	Décours	90
Corriger	83	Croix	88	Découverte	92
Corrompre	251	Crotte	175	Découvrir	91
Corruption	83	Croyance	86	—	92
Cosmogonie	83	—	88	Décréditer	92
Cosmographie	83	Cruauté	52	Décrépitude	62
Cosmologie	83	Cultivateur	25	Décret	92
Côte	59	Cupidité	73	Décrier	92
Côtés (de tous)	100	Cure	88	Dédaigneux	246
Couler	84	Curieusement	258	Dédain	135
Couleur	84	Curieux	258	Dédale	168
Coup (tout à, tout d'un)	84	**D**		Dedans	164
Coup d'œil	203			Dédier	293
Couple	85			Dédire (se)	92
Cour (de, de la)	85	Danger	89	Dédommager	158
Courage	71	Dans	89	Défait	283
—	85	Darder	169	Défaite	93
—	284	Davantage	218	Défaut	134
Courir	85	Débat	106	—	184
Courre	85	Débattre	89	Défectuosité	134
Courroux	71	Débauche	293	—	288
Coursier	86	Débonnaireté	58	Défendre	93
Court	60	Debout	89	—	168
Coutume	86	Débris	90	Défense	93
—	281	Décadence	90	Déférence	73
Couvent	70	Déceler	91	—	77
Couvert (à)	16	—	92	Déférer	74
Craindre	86	Décence	91	Défiance	187
Crainte	28	—	243	Défier (se)	187
Crainte	86	Décès	278	Défilé	101
—	169	Décevoir	279	Dégoûtant	93
Crapule	293	Décider	91	Dégrader	99
Créance	86	Décisif	277	Degré	94
Crédit	87	Décision	91	—	126
Creuser	87	Déclarer	92	Déguiser	49
				—	61

TABLE DES SYNONYMES.

Dehors	130	Dénouement	97	Destinée	100
Déification	37	Denrée	184	Détestable	12
Délaisser	10	Denrées	264	Détester	11
Délateur	15	Dense	98	Détourner	100
—	95	Dénué	98	—	107
Délectable	25	Dépêcher	149	Détriment	274
—	95	Déplorable	169	Détroit	101
Délibérer	95	Dépouiller une		Détruire	10
Délicat	95	chose	98	—	35
—	136	Dépouiller d'une		—	97
Délicatesse	136	chose (se)	98	Devancer	101
—	265	Dépourvu	98	Devant	48
Délicieux	52	Dépravation	83	Dévaster	234
—	95	Déprimer	99	Développer	112
Délié	95	Dépriser	99	Devin	102
—	136	Député	31	Devise	118
—	188	Déraciner	130	Devoir	102
Délire	96	Dériver	226	Dévot	102
Délit	87	Dérober	99	Dévotieux	102
Délivrer	23	Dérogation	99	Dévotion	240
—	177	Déroute	93	Dévouement	21
Demande	96	Désapprouver	99	—	45
Demander	231	Désastre	182	Dévouer	293
Démanteler	97	Désert	99	Dextérité	19
Démarches	30	Déserteur	99	Diable	102
Démêlé	103	Déshériter	129	Dialecte	170
Démêler	106	Déshonnête	99	Dialectique	177
Démesuré	154	—	201	Dialogue	82
Démettre (se)	10	Désigner	185	Diaphane	103
Demeurant (au)	96	Désir	100	Diction	117
Demeure	148	Désirer	293	Dictionnaire	103
—	243	Désistement	10	Diffamant	103
Demeurer	96	Désobéissance	80	Diffamatoire	103
Démission	10	Désoccupé	100	Diffamé	181
Démolir	10	Désœuvré	100	Différence	103
—	97	Désolation	109	—	285
Démon	102	Désoler	234	Différent	103
Démonstrations	97	Dessein	60	Différer	269
Dénigrer	197	—	100	Difficulté	104
Dénombrement	176	—	228	Difformité	104
Dénonciateur	15	—	293	Diffus	104
—	94	Destin	100	Digne (être)	189

Dignité	91	Divorce	108	Éclairé	112
Dilapider	143	Docte	108	Éclat	112
Diligence	229	—	126	—	178
Diligent	105	—	147	Éclipser	112
Direction	237	Docteur	108	Écolier	116
Discernement	105	Docile	108	Économie	113
Discerner	106	—	137	Écornifleur	209
Disciple	116	Domicile	148	Écouter	124
Discontinuer	137	—	243	Écriteau	113
Discord	105	Dommage	274	Écrivain	113
Discorde	105	Don	108	Écrouler (s')	111
Discours	105	Donner	109	Effacer	113
Discrétion	105	Douceur	184	Effaré	111
Discuter	89	Douleur	109	Effarouché	113
Disert	106	Doute	157	Effectivement	113
Disette	133	Douter (se)	224	Effectuer	234
—	312	Douteux	109	Efféminer	114
Disparité	103	—	226	Effervescence	111
Disposer	39	Doux	54	Effet (en)	113
Disposition	41	—	108	Effigie	114
—	106	Droit	89	Efforcer (s')	114
—	257	—	109	Effrayant	115
Dispute	103	Droit canon, canonique	190	Effroi	28
—	106			—	272
Dissimuler	61	Droiture	236	Effronté	115
Dissipateur	227	Duper	268	—	156
Dissiper	143	Durable	110	Effronterie	47
Distinction	106	Durée	110	—	149
Distinguer	106	**E**		Effroyable	23
Distraire	108			—	115
—	107	Ébahi	110	Effusion	125
Distrait	13	Ébauche	110	Égaler	115
Diurne	107	Ébaubi	110	Égaliser	115
Diversité	193	Ébouler (s')	111	Égards	69
—	106	Ébullition	111	—	77
—	285	Écart (mettre à l')	117	—	116
Divertir	33	Écarter	117	Égarement	96
—	100	Échange	66	Église	270
—	107	Échanger	111	Égoïste	116
Divertissement	33	Échappé (être, avoir)	112	Éhonté	156
—	236			Élaguer	116
Diviser	108	Éclaircir	112	Élargissement	116

Élargissure	116	Employer	281	Ensemencer	252
Élection	116	Emporté	119	Entasser	31
Élégance	116	—	290	Entendement	126
Élément	225	Emportement	71	Entendre	124
Élève	116	Emporter	119	Entendre raillerie,	
Élever	173	—	219	la raillerie	124
Élire	68	Empreindre	120	Entendu	20
Élocution	117	Empressement	120	Enterrer	161
Éloge	117	Ému	34	Entêté	124
Éloigner	117	Émulateur	120	Entêtement	135
Éloquence	116	Émulation	120	Entêter	161
Éloquent	106	—	166	Entier	124
Éluder	140	Émule	120	Entier (en)	124
Émaner	118	En	89	Entièrement	124
Emaner	226	Enceindre	120	Entour (à l')	48
Émanciper (s')	174	Enchaînement	120	Entourer	120
Embarras	118	Enchaînure	120	Entrailles	290
Emblême	118	Enchantement	66	Entraîner	276
Embrasement	157	Enclore	120	Entreprise	100
Embrouiller	60	Encore	121	Entretien	82
Embryon	50	Encourager	26	Envahir	281
—	119	—	129	Envie	124
Embûche	37	Endroit	175	Envie (avoir)	293
Émerveillé	110	Endurant	121	Envie(avoir,porter)	125
Émeute	163	Endurer	262	Envier	125
Émissaire	119	Énergie	294	Environner	120
Émolument	142	Enerver	114	Envoyé	31
Émonder	116	Enfant	294	Épais	98
Émouvoir	275	Enfanter	122	—	146
Emparer (s')	281	Enfin	122	Epanchement	125
Empêchement	104	Enflé	122	Épargne	113
—	202	Enfreindre	81	—	188
Empêcher	93	Engager	200	Épigraphe	113
Empereur	246	Engager (s')	228	Épithète	18
Emphatique	33	Engendrer	122	—	125
Empire	42	Engloutir	13	Épître	126
—	48	Enjoué	142	—	173
—	119	Ennemi	122	Épitomé	12
Emplette	119	Enoncer	122	Epouvantable	23
Emplir	119	Énorme	146	—	115
Emploi	204	Enquérir (s')	122	Épouvante	28
Employé	72	Enseigner	123	—	272

Époux	185	Évêque	219	Face (en)	290
Épreuve	129	Evident	65	Facétieux	59
Épurer	230	Éviter	140	—	131
Equipage	276	Évoquer	37	Fâché	186
Équitable	167	Exactitude	46	Fâcheux	22
Équité	167	—	83	Fâcherie	59
Équivoque	31	Excellent (être)	129	Facile	27
—	177	Exceller	129	—	131
Ériger	137	Excepté	129	Façon	131
Errer	126	Excessif	154	Factice	135
Erreur	55	Exciter	26	Faction	131
Érudit	126	—	129	Faculté	221
Érudition	176	Excuse	129	Fade	131
Escalier	126	Exécration	155	Faillir	68
Esclavage	254	Exécrable	12	Faillite	52
Esclave	63	Exécrer	11	Faim	132
Escorter	14	Exécuter	234	Fainéant	158
Espérance	126	Exemption	154	Fainéantise	210
Espérer	126	Exhausser	173	Faire	24
Espion	119	Exhéréder	129	—	132
Espoir	126	Exiger	129	Faire savoir	123
Esprit	143	Exiler	129	Faîte	260
Esprit faible	32	Exister	127	Faix	66
Esquisse	110	Expédient	129	Fallacieux	132
Essai	129	Expéditif	105	Famélique	21
Essor	293	Expérience	129	Fameux	732
Est	206	Expliquer	112	Famille	133
Estimer	39	Exploits	230	—	232
Établir	137	Expression	192	Famine	133
État	74	Exprimer	122	Fanée	133
—	257	Extérieur	130	Fange	175
Été (avoir)	29	Extirper	130	Fantaisie	152
Eternel	215	Extraordinaire	256	Fantasque	56
Étincelle	57	Extravagant	138	Fantôme	256
Étonner	267	Extrémité	60	Fardeau	66
Étonnement	127	Euménides	140	Farouche	133
Étouffer	127			—	250
Être	127	**F**		Fasciner	161
Étroit	128			Faste	179
Etudier	128	Fable	78	Fastes	151
Éveiller	128	Fabrique	131	Fastidieux	94
Événement	128	Face à face	290	Fat	261

Fatal	133	Flatter	63	Fripon	170
Fatigué	171	Flatteur	20	Frivole	140
Faute	87	Flétrie	133	Frugal	257
—	134	Flexible	137	Fugitif	140
—	184	Flots	205	Fuir	140
Faveur	87	Fluide	137	Funérailles	140
—	145	Fœtus	50	Funeste	133
Favorable	134	—	119	Fureur	140
Fécond	135	Foi	88	Furibond	141
Félicitation	135	Foison (à)	55	Furie	140
Félicité	58	Folâtre	137	Furies	140
Ferme	78	Fonder	137	Furieux	141
Fermentation	111	Force	294	—	183
Fermer	70	Forcer	80	Fustiger	138
Fermeté	135	Forfait	87	Futile	140
—	263	—	138	Futur	49
Férocité	52	Forme	131	Fuyard	140
Fertile	135	Fort	279	**G**	
Fictif	135	—	289		
Fidélité	78	Fortuitement	14		
Fier	145	Fortuné	138	Gages	141
—	246	Fou	138	Gager	141
Fier (se)	74	Foudre (le, la)	138	Gai	142
Fierté	135	—	273	Gaillard	142
Figure	114	Fouetter	138	Gain	142
—	131	Fougueux	155	Gaieté	166
Filet	169	Foule	23	Galant	30
Fin	20	Fourbe	138	Galanterie	33
—	60	Fourberie	138	—	83
—	136	Fragile	139	Galimatias	142
Fin (à la)	122	Franc	178	Garde	143
Finalement	122	Franchise	139	Garder	143
Financier	230	—	173	—	202
Finesse	20	Frapper	53	Gardien	143
—	136	Frayeur	28	Garant	64
—	137	—	216	Garantir	143
Fini	210	—	272	Gaspiller	143
Finir	16	Frêle	139	Général	143
—	137	Fréquemment	263	Générosité	146
Flageller	138	Fréquenter	140	Génie	126
Flagorner	63	Friand	140	—	143
Flagorneur	20	Friches	170	—	145

Gens	143	Gronder	231	Héritage	150
Gentil	190	Gros	146	Héroïcité	150
Gentils	144	Grossier	155	Héroïsme	150
Gentillesse	190	Grotte	36	Héros	150
Gibet	144	Guère	215	Hésiter	52
Giron	251	Guérison	88	Hétérodoxe	150
Glisser	84	Gueux	212	Heureux	138
Gloire	64	Guider	74	Heurter	69
—	144	Guinguette	270	Hiatus	51
Glorieux	145			Histoire	151
Glose	72	**H**		Historien	151
Glossaire	103			Historiographe	151
Glouton	140	Habile	20	Homme d'honneur	151
Gluant	291	—	147	Homme de bien	147
Goinfre	140	Habile homme	147	—	151
Gonflé	122	Habileté	19	Homme de bon sens	152
Gorge	101	—	63		
Gouffre	221	Habillement	287	Homme franc (l')	162
Goulu	140	Habit	287	Homme personnel	116
Gourmand	140	Habitant	147	Homme savant	250
Goût	145	Habitation	148	Homme vrai (l')	152
Goût (bon)	57	Habitude	86	Honnête	152
Gouvernement	19	Haine	148	Honnête homme	147
—	145	Haïssable	208	—	151
—	237	Haleine	149	Honnêteté	225
Grâce	56	Hameau	149	Honneur	144
—	145	Hanter	140	—	226
Grâces	145	Harangue	103	Honnir	152
Gracieux	25	Harassé	171	Honoraires	145
—	145	Hardes	196	Honorer	19
—	152	Hardi	115	Honte	152
Grain	146	Hardiesse	47	Hormis	129
Graine	146	—	149	Horrible	23
Grand	77	Hasarder	149	Hors	129
—	146	Hâter	149	Hôtel	180
—	285	Hâtif	149	Hôtellerie	61
Grandeur d'âme	146	Hausser	173	Humain	54
Grand homme	150	Haut	149	Humanité	59
Gratitude	236	Hautain	149	Humeur	59
Grave	146	Hâve	209	—	152
Gravité	91	Hérédité	150	Humilier	9
—	215	Hérétique	150	Hutte	61

TABLE DES SYNONYMES.

Hymen	152	Imprécation 155	Induire 161
Hyménée	152	Imprévu 155	Induire à, en 159
Hypocrite	152	Imprimeur 120	Inébranlable 78
Hypothèse	266	Improuver 99	Ineffable 159
		Imprudent 156	Ineffaçable 160
I		— 181	Ineffectif 160
		Impudicité 171	Inefficace 160
Ici	153	Imputer 47	Inégalité 103
Idée	153	Inadvertance 157	Inénarrable 159
—	213	Inaptitude 157	Inespéré 155
Idiôme	170	Inattendu 155	Inexorable 160
Idiot	54	Inattention 157	Inexprimable 159
Ignominie	161	Incapacité 157	Infaillible 154
Ignorant	35	Incendie 157	Infamant 103
Illustre	132	Incertain 109	Infamie 161
Image	114	— 226	Infatuer 161
Imagination	153	Incertitude 157	Infection 161
Imaginer	153	— 165	Inférer 161
Imaginer (s')	153	Inclination 32	Infertile 263
Imbécile	138	— 157	Infidèle 161
Imiter	153	Incompréhensible 162	Infirme 284
Imiter les exemples	266	Inconcevable 162	Infirmier 35
Immanquable	154	Inconstante 171	Inflexible 78
Imminent	163	Incrédule 155	— 160
Immodéré	154	Incroyable 158	Influence 42
Immoler	248	Incurable 158	Informer 49
Immortel	215	Inculper 158	— 123
Immunité	154	Incursion 158	Informer (s') 122
Imperfection	134	Indécis 164	Infortune 62
—	828	Indélébile 160	Ingénieux 20
Impéritie	157	Indemniser 158	Ingénuité 62
Impertinent	154	Indépendant 173	— 194
—	261	Indicible 159	Ingrat à, envers 161
Impétueux	119	Indifférence 158	Inguérissable 158
—	155	Indigence 212	Inhabité 99
Impie	155	Indigent 212	Inhabileté 157
Impitoyable	160	Indigné 208	Inhumer 161
Implacable	168	Indiquer 185	Inimitié 162
Impoli	155	Indolent 158	Inintelligible 162
Important	265	— 193	Injonction 72
Imposition	155	Industrie 159	Injure 274
Impôt	155	Industrieux 20	Injurier 162

TABLE DES SYNONYMES.

Inopiné	155	Irrésolu	164
Inscription	113	Irrésolution	157
Insensé	138	—	165
Insensibilité	158	Irriter	26
Insidieux	162	Irruption	158
Insigne	254	Issue	245
Insinuation	266	Ivre	165
Insinuer	163		
Insipide	131	**J**	
Insolent	154		
Inspiration	266	Jaboter	165
Instant	163	Jadis	34
—	191	Jaillir	165
Instigation	266	Jalousie	124
Instituteur	137	—	166
Instruire	123	Jamais (à, pour)	166
Instruire (s')	39	Jargon	170
Instruit	112	Jaser	165
Instrument	208	Joie	78
Insuffisance	157	—	166
Insulte	34	Joindre	43
Insurgé	234	—	166
Insurrection	163	Joli	53
Intégrité	225	—	190
Intelligence	126	Jonction	281
Intention	293	Joufflu	179
Intéressé	45	Jour	166
Intérieur	164	Journalier	107
Interne	164	Journée	166
Interroger	231	Joyau	166
Intestins	290	Jugement	105
Intrépidité	71	—	126
Intrinsèque	164	—	166
Inutilement	283	Juger	91
Invectiver	162	Jurement	254
Inventer	164	Jurisconsulte	167
Invention	92	Juriste	167
Inviter	83	Juron	254
Inviter à dîner	224	Jussion	72
Invoquer	37	Juste	167
Irréligieux	155	Justesse	109
Irrésolu	109	—	167

Justice	167
Justification	167
Justifier	168

L

Là	153
Labeur	278
Labyrinthe	168
Lâche	168
—	218
Laconique	168
Lacs	169
Ladre	172
Laideur	104
Laine	169
Lamentable	169
Lamentation	169
Lancer	169
Landes	170
Langage	170
Langue	170
Languissant	170
Langoureux	170
Laquais	284
Lares	170
Largesse	173
Larmes	170
Larron	170
Las	171
Lasciveté	171
Lavement	70
Légal	171
Légère	171
Légère (à la)	171
Légèrement	171
Légitime	171
Légiste	167
Lépreux	172
Lettre	126
—	173
Lettre (à la)	176

TABLE DES SYNONYMES.

Leurre... 37	Lourd... 178	Malhabileté... 181
Leurrer... 268	Loyal... 178	Malheur... 62
Levant... 206	Lubricité... 171	— 182
Lever... 173	Lucre... 142	Malheureux... 182
Lever un plan, faire un plan... 173	Lueur... 178	Malhonnête... 99
	Lui... 258	Malice... 182
Libéralité... 173	Lui-même... 258	Malicieux... 182
Liberté... 173	Lumière... 178	Malignité... 182
Libertin... 173	Lunatique... 183	Malin... 182
Libre... 173	Lustre... 112	Malintentionnés... 187
Licencier (se)... 174	Luxe... 179	Maltôtier... 230
Licite... 171		Maltraiter... 183
— 174	**M**	Manége... 184
Lier... 174		Maniaque... 183
Lieu... 175	Macérer... 186	Manie... 272
Lignée... 232	Machination... 184	Manier... 275
Ligue... 30	Machiner... 207	Manière... 131
Limer... 175	Mafflu... 179	Manières... 26
Limites... 271	Magnanimité... 146	— 131
Limon... 175	Magnificence... 179	Manifeste... 184
Liquide... 137	Maint... 179	Manifester... 91
Lisière... 176	Maintenant... 18	— 92
Liste... 176	Maintenir... 180	Manigance... 184
Littéralement... 176	Maintien... 180	Manœuvre... 184
Littérature... 176	Maison... 133	Manouvrier... 184
Livide... 209	— 148	Manufacture... 131
Livrer... 177	— 180	Manque... 184
Logement... 177	— 232	Manquement... 184
Loger... 96	Maison de campagne... 180	Mansuétude... 184
Logique... 177		Marchandise... 184
Logis... 177	Maison des champs 180	Mari... 185
Loi... 92	Mal... 109	Marquer... 185
Loisir... 177	Maladif... 284	Marri... 186
Longtemps... 177	Maladresse... 181	Marche... 94
Longuement... 177	Malaise... 189	Marché... 276
Lorsque... 177	Malavisé... 181	Masquer... 94
Louange... 117	Malcontent... 181	Massacre... 186
Louanger... 38	Malédiction... 155	Mater... 186
Louangeur... 20	Malentendu... 181	Matérialiste... 45
Louche... 177	Malfaisant... 181	Matière... 186
Louer... 22	Malfamé... 181	Matinal... 187
— 284	Malgré... 80	Matineux... 187

Mauvais	68	Mignard	190	Mutuel	193
—	182	Mignon	190	Moyen	291
Maxime	50	Mince	188	Multitude	23
Méchanceté	182	Mine	26		
Méchant	182	Ministère	204	**N**	
Mécontent	181	Minutie	190		
Mécontents	187	Miracle	226	Nabot	193
Médicament	240	Mirer	190	Naïf	194
Médication	38	Misérable	182	Naïveté	62
—	46	Misère	190	—	194
Méfiance	187	Miséricorde	188	Naïveté (une, la)	194
Méfiant	205	Mitiger	19	Narrer	194
Méfier (se)	187	Mixtionner	187	Nation	194
Mélanger	187	Mode	291	Naturel	194
Mélancolie	65	Modèle	83	—	195
Mélancolique	45	—	280	Nautonnier	195
Mêler	187	Modérer	19	Navire	195
Même que (de)	96	Modestie	243	Nef	195
Mémoire	151	Moisir	65	Nègre	195
—	188	Molester	288	Néanmoins	220
Ménage	188	Moment	191	Nécessité	212
Ménagement	188	Monarque	246	Nécessiteux	212
Ménagements	69	Monastère	70	Négligent	158
—	116	Morceau	269	Négoce	72
Mendiant	212	Monde	191	Néologie	195
Mener	74	Monde (le grand,		Néologisme	195
Mensonge	188	le beau)	191	Net	196
Menterie	188	Monologue	259	Neuf	196
Menu	188	Mont	192	Niais	51
Méprise	55	Montagne	192	Nigaud	51
Mercenaire	286	Montée	126	Nippes	196
Merci	188	Moquerie	192	Nocher	195
Mériter	189	Mordant	64	Nonchalant	158
Merveille	226	Morne	260	Nonobstant	80
Mésaise	189	Mort	278	Noir	195
Mésuser	189	Mot	192	Noircir	197
Métail	189	Mortifié	22	Noise	197
Métal	189	Mortifier	186	Nom	197
Métamorphose	189	Mou	193	Nomenclature	176
Métier	42	Mur	193	Nommer	197
Mettre	190	Muraille	193	Nonnain	198
Mettre à l'écart	117	Mutation	193	Nonne	198

Nonnette	198	Observer	202	Orient	206
Notes	198	—	240	Origine	206
Notifier	198	Obstacle	104	Orner	206
Notion	213	—	202	Os	207
Notoire	184	Obstiné	124	Oscillation	288
Nourricier	198	Occasion	202	Ossements	207
Nourrir	198	Occurrence	69	Ostentation	209
Nourrissant	199	—	202	Ouïr	124
Nourriture	29—264	Odeur	202	Ouragan	205
Nouveau	196	Odieux	203	Ourdir	207
Nuage	199	Odorant	203	Outil	208
Nuancer	200	Odoriférant	203	Outragé	24
Nue	199	Œil (coup d')	203	Outrageant	208
Nuée	199	Œillade	023	Outrageux	208
Nuer	200	Œuvre	204	Outre cela	98
Nuisible	181	Œuvres (bonnes)	17	Outré	154
Nuit	271	—	58	—	208
Nul	200	Office	204	Ouvrage	204
Numéral	200	Office (bon)	56	—	227
Numérique	200	Officieux	254	Ouvrage de l'esprit, d'esprit	208
Nutritif	199	Offrande	204		
		Offrir	109	Ouvrier	42

O

		—	223		
		Offusquer	204	**P**	
Obéissance	200	Oiseux	204		
Oblation	204	Oisif	204	Pacage	208
Obligation	102	Oisiveté	177	Pacifique	209
Obligeant	254	Ombrageux	205	Paie	212
Obliger	80	Ondes	205	Païens	144
—	200	Opiner	95	Paire	85
Obreptice	263	Opiniâtre	154	Paisible	209
Obscène	201	Opiniâtreté	135	Paix	277
Obscur	201	Opinion	253	Palais	180
Obscurcir	112	Opprobre	161	Pâle	209
—	204	Orage	205	Papelard	211
Obscurité	271	Oraison	105	Parabole	209
Obséder	201	Ordinaire	205	Parade	209
Obsèques	140	Ordre	72	Paradis	69
Observance	202	—	206	Paradoxal	158
Observation	202	Orgueil	206	Paraître	252
Observations	77	—	266	Paralogisme	209
—	198	Orgueilleux	145	Parasite	209

TABLE DES SYNONYMES.

Parcimonie	113	chose (avoir, avoir de la)	213	Perspicacité	249
Pardon	12			Persuader	81
—	129	Peiner	88	—	162
Pareil	270	Penchant	41	Persuasion	82
Parer	206	—	157	—	266
Paresse	210	Pénates	170	Pesant	178
Paresseux	158	Pénétrable	214	Pesanteur	215
Parfait	14	Pénétrant	213	Pestifère	215
—	210	Pénétration	136	Pestilent	215
Parfum	41	Pensée	153	Pestilentiel	215
Parier	141	—	213	Pestilentieux	215
Parler (mal), parler		—	253	Petit	129
mal	183	Pensées	77	Peu	215
Parole	192	Penser	213	Peuple	194
Parole (donner)	228	Penser à	260	Peur	28
Part	210	Perçant	213	—	216
Parts (de toutes)	100	Perception	213	Peur (avoir)	86
Partager	108	—	253	Phébus	142
Parti	131	Péremptoire	277	Physionomie	26
Partie	210	Pères	34	Piège	37
Partisan	230	Perfide	161	Piété	240
Parure	28	Perfidie	137	Pieux	102
Pas	101	Péril	89	Pilote	195
—	211	Périphrase	214	Piquant	216
Passer	211	Perméable	214	Piquer d'une chose	
Passer (se)	211	Permettre	272	se (se)	21
Pasteur	212	Permis	174	Pire	216
Patelin	211	Permission	76	Pis	216
Patelineur	211	Permutation	66	Pitié	217
Patient	121	Permuter	111	Place	175
Pâtis	208	Pernicieux	181	Placer	190
Patois	170	Perpétuel	215	Plaie	56
Pâtre	212	Perplexité	165	Plain	280
Patriotisme	70	Persévérer	79	Plaindre	217
Pâturage	208	—	215	Plaire	72
Pâture	208	Persister	79	Plaisant	59
Pauvre	212	—	215	—	131
Pauvreté	212	Personnage	215	Plaisanterie	192
Payer	212	Personnel (homme)	116	Plaisir	56
Péché	87			—	78
Peine	22	Personnages	143	Planche	26
Peine à faire une		Perspicacité	70	Plan (lever, faire	

un)	173	Pouvoir	48	Prier à, de dîner	224
Plein	217	—	221	Primitif	222
Plier	217	Précédent	36	Prince	246
Pleurs	170	Précéder	101	Principe	225
Ployer	217	Précepte	72	Priser	39
Plus	218	Précipice	221	Prisonnier	63
Plusieurs	179	Précis	12	Privé	40
Plus (de)	98	—	221	Privilége	223
Plusieurs	53	Précision	167	Prix	225
Poids	215	—	221	—	284
Poignant	216	Précoce	149	Prix (remporter le)	119
Point	211	Prédécesseurs	34	Probité	225
Point du jour (le)	218	Prédication	221	—	226
Pointe du jour (la)	218	Préférer	68	Problématique	226
Poison	218	Préjugé	222	Procéder	226
Poli	352	Préjudice	274	Prochain	226
—	218	Prélat	219	Proche	79
Policé	218	Prématuré	149	—	223
Polir	175	Premier	222	—	226
Politesse	20—70	Préoccupation	222	Prodige	226
Poltron	168	Préparatifs	37	Prodigue	227
—	218	Préparer	39	Production	227
Pontife	219	Prérogative	223	Profanation	227
Porter	219	Près	223	Proférer	227
Porter à	26	Présage	47	Profession	42
Portion	210	Présent	108	Profit	49
Portrait	114	Présent (à)	18	—	142
Polir	175	Présentement	18	—	282
Poser	190	Présenter	109	Prohibé	93
Position	257	—	223	Prohiber	93
Posséder	50	Préserver	143	Prohibition	93
Poster	220	Présomption	206	Proie	227
Posture	46	—	223	Projet	100
Potence	144	Presque	231	—	228
Potentat	246	Pressant	163	Prolixe	104
Poudre	220	Presser	149	Prolonger	30
Pour	220	Pressentir	224	Promenade	228
Pour moi	231	Prétendre	43	Promenoir	228
Poursuivre	79	Prétexte (sous le, sur le)	224	Promettre	228
Pourtant	220			Prompt	105
Pousser à	26	Prêtrise	224	Promptement	291
Poussière	220	Prévention	222	Promptitude	229

TABLE DES SYNONYMES. 317

Promptitude...... 291	Quitte............ 16	Rébellion........ 234
Prononcer....... 227	Quinteux 56	Rebours......... 244
Prophète........ 102	Quotidien........ 107	Récalcitrant..... 244
Propice......... 134	**R**	Raconter........ 194
Propre.......... 196		Ragot........... 193
Propre à, pour... 229	Rabaisser........ 9	Raillerie........ 192
Proroger........ 30	Race............ 232	Récent.......... 196
Prospérité...... 58	Raccommoder.... 15	Recevoir........ 19
Prosternation.... 229	Raconter 194	— 235
Prostration...... 229	Radieux......... 232	Rechigner....... 235
Protection....... 230	Ragot........... 193	Rechute......... 235
Protéger........ 93	Raide........... 247	Récidive........ 235
Prouesses....... 230	Raillerie........ 192	Réciproque...... 193
Provenir........ 226	Raillerie, la raille-	Réclamer........ 236
Proverbe........ 18	rie (entendre)...	Récolter........ 236
Prude.......... 146	Raison.......... 126	Récompense..... 225
Prudence....... 249	Râle 233	Réconcilier...... 15
Prudent........ 50	Râlement....... 233	Reconnaissance... 236
Puanteur....... 161	Rancidité 233	Récréation...... 33
Public......... 184	Rancissure..... 233	— 236
Publicain....... 230	Rancune........ 162	Rectitude....... 236
Pudeur..... 152—243	Rangé.......... 239	Recueil......... 237
Pudicité........ 230	Ranger 41	Recueillir....... 236
Puéril.......... 294	Rapetasser...... 233	Reculer......... 237
Puissance.... 48—221	Rapidité........ 286	Redouter........ 86
Pulvériser...... 46	Rapiécer........ 233	Réflexion....... 77
Punir........... 67	Rapiéceter 233	Réflexions...... 198
Pureté.......... 230	Rapport........ 233	Réforme........ 32
Purger......... 230	Rapport à, avec.. 233	— 237
Purifier......... 230	Raser 97	Réformation..... 237
	Rassembler..... 43	Refuge 42
Q	Rassurer........ 233	Regard......... 203
Qualité......... 231	Ratification 40	Regarder....... 237
Quand......... 177	Raturer......... 113	— 292
Quant à moi.... 231	Ravager 234	Régénération.... 240
Quasi 231	Ravaler......... 9	Régie.......... 237
Quant......... 220	Ravi........... 27	Régime......... 19
Querelle.... 103—197	Ravir........... 41	— 145
Quereller....... 231	Rayer.......... 113	Règle.......... 206
Question....... 96	Rayonnant...... 232	— 238
Questionner.... 231	Réaliser 234	Réglé.......... 239
Quiproquo..... 181	Rebelle........ 234	Règlement 238

Réglément	239	Rente	242	Rétif	244
Règne	119	Renverser	10	Retourner	245
Regretter	217	Répandre	287	Rétracter (se)	92
Régulier	239	Réparer	244	Rétrograder	237
Régulièrement	239	Répartie	242	Rets	169
Rejaillir	165	Repentant	186	Réussite	245
Réjouissance	33	Repentir	81	Rêve	245
—	236	Réplique	242	Revêche	244
Réjouissant	142	Répondant	64	Réveiller	128
Relâche	239	Réponse	242	Révéler	91
Relâchement	239	Reprendre	83	—	92
Relations	151	—	242	Revendiquer	236
Relevé	240	Représenter	242	Revenir	245
Religion	240	Réprimander	56	Revenu	242
Remarques	198	—	83	Rêver	213
Remarquer	240	—	242	Révérence	249
Remède	70	Réprouver	99	—	287
—	240	Répudiation	108	Révérer	19
Remettre	240	Répugnance	148	Rêverie	245
Réminiscence	188	Réputation	77	Revêtu	288
Rémission	12	—	243	Révolte	163
Remontrer	242	Réserve	105	—	234
Remords	81	Réserve	243	Révolution	193
Rempart	59	Résidence	243	Révoquer	35
Rempli	217	Résigner	10	Ridicule	246
Remplir	119	Résolution	91	—	288
Remporter le prix	119	Respect	77	Rigide	247
Renaissance	240	—	287	Rigoureux	47
Rencontrer	240	Respirer	243	—	247
—	279	Respirer après	243	Rigueur	254
Rendre	240	Ressemblance	243	Risible	246
Rendre (se)	16	Ressemblant	243	Risque	89
Renfrogner	235	Ressource	129	Risquer	149
Renier	241	Ressouvenir	188	Rivage	59
Renom	197	Restaurer	244	Rivalité	120
Renommé	132	Reste (au, du)	96	Rive	59
—	197	Rester	96	Rixe	197
Renommée	243	Restituer	240	Robuste	289
Renoncement	241	Rétablir	244	Roc	246
Renoncer	241	Retenir	42	Roche	246
Renonciation	10	—	143	Rocher	246
—		241 Retenue	243	Rogue	236

TABLE DES SYNONYMES.

Roi	246	Satirique	64	Sentiment	253
Rôle	176	Satisfaction	78	Sentinelle	286
—	215	Satisfait	250	Séparation	106
Roman	78	Sauvage	133	Séparer	106
Rompre	64	—	250	Sépulcre	273
Rondeur	247	Sauver	143	Sépulture	273
Rosse	86	Savant	126	Serf	63
Rôt	247	—	147	Sérieux	146
Rôti	247	Savant homme	250	Serment	254
Rotondité	247	Savior (faire)	223	Sermon	221
Rouler	84	Savoir-faire	159	Serviable	254
Route	247	Savoureux	250	Service	56
Royaume	119	Science	75	Servir (se)	281
Rude	48	—	176	Servitude	254
Ruine	90	Sec	41	Seul	281
Ruines	90	Secourir	25	Sévère	47
Ruiner	10	Secret (en)	251	—	48
Ruse	20	Secrètement	251	Sévérité	254
—	137	Séditieux	251	Signal	255
Rusé	20	Sédition	163	Signalé	254
Rustaud	248	Séduire	251	Signature	254
Rustique	155	Sein	251	Signe	255
Rustre	248	Seing	251	Signifier	198
S		Séjour	148	Silencieux	255
		Selon	252	Similitude	256
Saccager	234	Semblable	243	Simplesse	256
Savoir	176	—	270	Simplicité	256
Sacerdoce	224	Sembler	252	Simulacre	256
Sacrifier	248	Semer	252	Sincérité	139
Sacrilége	227	Sempiternel	215	Singulier	256
Sagesse	249	Sens	166	Sinueux	257
Sagacité	136	Sens (bon)	57	Situation	257
—	249		126	Sobre	257
Sain	249	Sens (double)	31	Sociable	258
Salaire	212	Sensation	213	Soi	258
Salubre	249	—	253	Soi-même	258
Salut	249	Sens froid, rassis,		Soigneusement	258
Salutaire	249	(de)	250	Soigneux	258
Salutation	249	Sensible	252	Soin	259
Sang froid, rassis,		Sensibilité	59	Solde	212
(de)	250	Sentence	50	Solennel	259
Satire	87	Senteur	202	Solide	259

Solidité.......... 259	Sourire.......... 262	Suggérer......... 163
Soliloque........ 259	Souris........... 262	Suggestion....... 266
Solitaire......... 99	Soutenir......... 93	Suite............ 79
Sollicitude....... 259	— 180	Suivant.......... 252
Sombre.......... 201	Soutien.......... 40	Suivre les exemples 266
— 260	Souvent.......... 263	Sujet............ 186
Sommaire........ 12	Souvenir......... 188	Sujétion 44
Somme........... 260	Souverain........ 267	Superbe.......... 266
Sommeil......... 260	Spectre.......... 256	Superficie........ 267
Sommet......... 260	Splendeur,...... 178	Suppléer une chose
Somptuosité..... 179	Stabilité......... 263	à une chose.... 266
Son de voix...... 260	Stature.......... 269	Supplier......... 224
Songe 245	Stérile........... 263	Support.......... 40
Songer.......... 213	Stipendier....... 261	Supporter........ 262
Songer à........ 270	Stoïcien......... 263	Supposé......... 37
Sophisme........ 209	Stoïque.......... 263	Supposition...... 266
Sort............ 66	Strict........... 128	Supputer........ 62
— 100	Stupéfait........ 110	Suprême......... 267
Sot............. 261	Stupide.......... 54	Sûr 65
Sottise.......... 55	Style............ 117	Surface.......... 267
Souci........... 259	Subit............ 261	Surmonter....... 283
Soudain......... 261	Subjuguer....... 262	Surplus (au)..... 96
Soudoyer........ 261	Sublime......... 240	Surprendre 267
Souffle 149	Suborner........ 251	— 268
Souffrir......... 262	Subreptice 263	Surprise......... 127
— 272	Subside......... 155	Surveiller........ 286
Souhait.......... 100	Subsistance 29	Survivre à quel-
Souhaiter........ 293	— 264	qu'un, à quelque
Soûl............ 165	— 265	chose........... 268
Soulever........ 173	Subsistances..... 264	Suspicion........ 262
Soumettre....... 262	Subsister........ 137	Sustenter........ 198
Soumission...... 200	Substance....... 265	
Soupçon 262	Subtil........... 136	**T**
Soupçonner...... 224	Subtilité d'esprit.. 265	
Soupçonneux..... 205	Subvention....... 155	Tâcher.......... 114
Soupirer......... 243	Succès.......... 245	Taciturne........ 255
— 293	Succinct......... 60	Tact............ 269
Soupirer après... 243	— 221	Taille........... 155
Souple.......... 20	Succulent........ 250	— 269
— 137	Suffisamment..... 43	Taire........... 269
Souplesse........ 20	Suffisant........ 265	Talent.......... 143
Source.......... 206	Suffoquer........ 127	— 231

TABLE DES SYNONYMES.

Tapir (se)	269	Tombeau	273	Transférer	278
Tapisserie	269	Tomber	68	Transformation	189
Tarder	269	Tomber par terre,		Transfuge	99
Tas	269	à terre	273	Trangresser	81
Taux	270	Tome	293	Translation	278
Taverne	61	Ton de voix	260	Transparent	103
—	270	Tonnerre	273	Transport	278
Taxation	270	Tordu	273	Transporter	219
Taxe	155	Tors	273	—	278
—	270	Tort	274	Trapu	193
Tel	270	Tortillé	275	Travail	278
Témoignages	97	Tortu	273	Travers (à, au)	278
Tempérament	195	Tortué	273	Travestir	94
Tempérant	257	Tortueux	257	Trébucher	278
Tempête	205	Tôt	291	Trépas	278
Tempérer	19	Toucher	237	Très	279
Temple	270	—	269	Tribut	155
Temps	110	—	275	Tristesse	22
Tendre	252	Toujours	275	—	95
Tendresse	32	Tour	275	—	109
Ténèbres	271	Tourment	24	Trivial	205
Ténébreux	201	Tourmenter	288	Troc	66
Tenture	269	Tournure	275	Tromper	268
Terme	192	Tout	175	—	279
—	271	Toutefois	220	Trompeur	132
Termes propres, propres termes.	272	Trace	287	Troquer	111
		Traction	46	Troublé	24
Terminer	16	Traduction	275	Troupe	279
Terreur	28	Trafic	72	Trouver	92
—	216	Train	276	—	164
—	272	Traîner	276	—	240
Terrible	115	Traitant	230	—	279
Tête	272	Traite	276	Tube	280
Têtu		Traité	276	Tuerie	186
Texture	272	Traiter mal	183	Tumulte	282
Tic	272	Trajet	276	Tumultuaire	280
Timidité	118	Tramer	207	Tumultueux	251
Tissu	272	Tranchant	277	—	280
Tissure	272	Tranquillité	277	Turbulent	251
Toison	169	Transcrire	277	Tuyau	280
Tolérer	272	Transes	23	Type	280
Tombe	273	—	278		

U

Uni	280	Variété	103	Violation	290
Union	281	—	285	Violement	290
Unique	281	Vaste	285	Violent	155—119—290
Unir	43	Védette	286	Violenter	80—201
Univers	191	Véhément	155	Violer	81
Universel	143	Veiller à, sur	286	—	201
Urgent	163	Vélocité	286	Vis-à-vis	290
Usage	281	Vénal	286	Viscères	290
User	281	Vendre	286	Viser	190
Usurper	281	Vénéneux	287	Vision	291
Utilité	49	Vénération	287	Visqueux	291
—	282	Venimeux	287	Vite	291
		Venin	218	Vitesse	229
		Véracité	139	—	286

V

Vacances	282	Véridique	293	Vivacité	291
Vacarme	282	Vérifier	287	Vivres	264
Vacations	282	Véritable	293	Vocabulaire	103
Vaciller	65	Vérité	139	Vœu	254
Vagabond	173	Verser	287	Vogue	291
Vaguer	126	Version	275	Voie	247
Vagues	205	Vertu	226	—	291
Vaillance	283	—	249	Voir	292
Vaillant	283	Vestige	287	Voisin	226
Vain (en)	263	Vêtement	287	Vol	293
Vaincre	282	Vétille	190	Volage	171
Vaincu	283	Vêtu	288	Volée	293
Vainement	283	Veuvage	289	Voler	99
Valet	284	Vexer	288	Voleur	170
Valétudinaire	284	Viande	288	Volonté	293
Valeur	71	Vibration	288	Volume	293
—	85	Vice	134	Volupté	293
—	283	—	288	Voter	95
—	284	Viduité	289	Vouer	293
Valeureux	283	Vie	151	Vouloir	293
Vallée	284	Vieux	289	Vrai	293
Vallon	284	Vigilance	46	Vue	43
Vanité	206	Vigoureux	289	Vues	60
Vanter	284	Vil	52	Vulgaire	205
Variation	66	Vilipender	152		

Z

—	284	Village	149	Zèle	120
—	285	Ville	69	Zéphyr	294
Variété	66	Viol	290	Zéphyre	294

Paris.—Impr. Paul Dupont, rue de Grenelle-St-Honoré, 45.

OUVRAGES BESCHERELLE
En vente chez les mêmes Lib[raires]

Éléments de la Grammaire de Lhomond, avec Questions et exercices, 1 volume in-12, cartonné.

Petite Grammaire nationale ou Grammaire de toutes écoles, la plus exacte et la plus complète, 1 vol. in-12, cartonné.

    Exercices, 1 vol. in-12, cartonné.
    Corrigé, 1 vol. in-12, cartonné.

Abrégé de la petite Grammaire nationale, 1 volume [in-12] cartonné.

    Exercices, 1 volume in-12, cartonné.
    Corrigé, 1 volume in-12, cartonné.

Dictionnaire des Verbes Français, classés par catégories et conjugués par ordre alphabétique de terminaisons, à l'aide duquel peut, en très peu de temps, savoir la conjugaison, le mécanisme et l'orthographe des verbes réguliers et irréguliers de la langue française, remarques grammaticales très-nombreuses et très-importantes, 1 vol. in-12, cartonné.

Dictionnaire grammatical et usuel des participes français, classés par catégories et par ordre alphabétique de [...] avec la solution analytique et raisonnée de toutes les difficultés que les peuvent donner lieu les participes sous le rapport de leur orthographe, de leur usage, de leur construction et de leur syntaxe, 1 vol. [in-12] cartonné.

Dictionnaire des Verbes latins, classés par catégories, et [cha]cune desquelles se trouve un modèle entièrement conjugué, [avec] remarques latines et étymologiques, 1 vol. in-12, cartonné.

Manuel de correspondance administrative, commerciale et familière. Modèles de Pétitions, Mémoires, Réclamations, [actes] sous seing privé, Préceptes généraux sur le cérémonial des [...] Service des postes, la Correspondance télégraphique, le Timbre et [l'en]registrement, 1 beau volume in-18 jésus.

MANUEL CLASSIQUE ET PRATIQUE DES SYNONYMES FRANÇAIS.

    Livre du maître, 1 vol. in-12, cartonné.
    Livre de l'élève, 1 vol. in-12, cartonné.

LA PREMIÈRE ORTHOGRAPHE D'USAGE AVEC EXERCICES ET CORRIGÉ.

    Livre du maître, 1 vol. in-12, cartonné.
    Livre de l'élève, 1 vol. in-12, cartonné.

Petit Cours de Littérature théorique et pratique, 1 vol. in-12, cartonné.

Nouveau traité du subjonctif et de la concordance, 1 [petit] volume in-12, cartonné.

CLICHY. — Imp. de Maurice Loignon et Cie, rue du Bac[...]

www.ingramcontent.com/pod-product-compliance
Lightning Source LLC
Chambersburg PA
CBHW070625160426
43194CB00009B/1368